# Contradicciones, incoherencias y paradojas en la fraseología del español

STUDIEN ZUR ROMANISCHEN SPRACHWISSENSCHAFT UND INTERKULTURELLEN KOMMUNIKATION

Herausgegeben von
José Juan Batista Rodríguez, Dolores García-Padrón und
Encarnación Tabares Plasencia

Begründet von Gerd Wotjak †

BAND 219

PETER LANG
Berlin · Bruxelles · Chennai · Lausanne · New York · Oxford

Carmen Mellado Blanco, Carsten Sinner y Encarnación
Tabares Plasencia (eds.)

# Contradicciones, incoherencias y paradojas en la fraseología del español

PETER LANG
Berlin · Bruxelles · Chennai · Lausanne · New York · Oxford

**Información bibliográfica publicada por la Deutsche Nationalbibliothek**
La Deutsche Nationalbibliothek recoge esta publicación en la Deutsche Nationalbibliografie; los datos bibliográficos detallados están disponibles en Internet en http://dnb.d-nb.de.

**Library of Congress Cataloging-in-Publication Data**
Names: Mellado Blanco, Carmen editor | Sinner, Carsten editor | Tabares Plasencia, Encarnación editor
Title: Contradicciones, incoherencias y paradojas en la fraseología del español / Carmen Mellado Blanco, Carsten Sinner, Encarnación Tabares Plasencia (eds.).
Description: Berlin ; New York : Peter Lang, 2026. | Series: Studien zur romanischen Sprachwissenschaft und interkulturellen Kommunikation, 1436-1914 ; Band 219 | Includes bibliographical references.
Identifiers: LCCN 2025047846 (print) | LCCN 2025047847 (ebook) | ISBN 9783631915677 hardback | ISBN 9783631915806 pdf | ISBN 9783631915813 epub
Subjects: LCSH: Spanish language--Phraseology | LCGFT: Essays
Classification: LCC PC4395 .C59 2026 (print) | LCC PC4395 (ebook)
LC record available at https://lccn.loc.gov/2025047846
LC ebook record available at https://lccn.loc.gov/2025047847

Esta publicación se ha realizado en el marco del proyecto de investigación PID2024-161338OB-I00, "Creativity through the lens of Construction Grammar: a corpus and AI-based resitory of constructional idioms in German, Spanish and English" (CREA-CONSTRIDIOMS), financiado por MICIU/AEI /10.13039/501100011033 y por FEDER, UE.

ISSN 1436-1914
ISBN 978-3-631-91567-7 (Print)
ISBN 978-3-631-91580-6 (ePDF)
ISBN 978-3-631-91581-3 (ePUB)
DOI 10.3726/b21649


Publicado por Peter Lang GmbH, Berlin (Alemania)

info@peterlang.com

Esta publicación ha sido revisada por pares.

**www.peterlang.com**
Contacto sobre el Reglamento relativo a la seguridad general de los productos (RSGP): gpsr@peterlang.com

# Índice

# Índice de imágenes, gráficos, figuras y esquemas

# Índice de tablas

# Contradicciones, incoherencias y paradojas en la fraseología del español[1]

*Carmen Mellado Blanco*
(Universidade de Santiago de Compostela)

*Carsten Sinner*
(Universität Leipzig)

*Encarnación Tabares Plasencia*
(Universität Leipzig)

## 1 Tipos de contradicciones, incoherencias y paradojas en la fraseología

De acuerdo con el *DLE* una *incoherencia* es una "cosa que carece de la debida relación lógica con otra". El término aparece relacionado con otros como "incongruencia", "contradicción" o "paradoja". Siguiendo con las definiciones del *DLE*, en Filosofía, una *contradicción* es un "conjunto de proposiciones que al oponerse recíprocamente se invalidan", y una *paradoja* es "un hecho

[1] Este trabajo se enmarca en los proyectos de investigación CONSTRIDIOMS *Construction Grammar and Phraseology: German and Spanish Constructional Idioms in contrast through Corpora* (FFI2019-108783RB-100) y CREA-CONSTRIDIOMS *Creativity through the lens of Construction Grammar: a corpus and AI-based repository of constructional idioms in German, Spanish and English* (PID2024-161338OB-I00), ambos financiados con fondos FEDER por el Ministerio de Ciencia e Innovación y dirigidos por Carmen Mellado Blanco desde la Universidade de Santiago de Compostela. Igualmente, se ha desarrollado en el marco del proyecto *Variación y codificación fraseológica en la historia del español (siglos XIII–XVIII)* (CODIFRAS) (PID2023-152770NB-I00), financiado por el Ministerio de Ciencia, Innovación y Universidades de España (Proyectos Generación de Conocimientos 2023) y gestionado por la Universidad de Jaén a través del Departamento de Filología Española. El proyecto forma parte del Programa Estatal para Impulsar la Investigación Científico-Técnica y su Transferencia, Subprograma Estatal de Generación de Conocimiento, y está dirigido por el Dr. Francisco Pedro Pla Colomer y el Dr. Santiago Vicente Llavata.

o expresión aparentemente contrarios a la lógica". Finalmente, en Retórica, una paradoja remite al "empleo de expresiones o frases que encierran una aparente contradicción entre sí".

En este contexto preliminar, el título del volumen nos remite, por partida triple, a la esencia misma de la fraseología, esto es, a su carácter contradictorio, el cual se despliega en muchas facetas y formas e impregna los diferentes tipos de unidades fraseológicas de manera global. Sin embargo, como buena paradoja, en fraseología nada es lo que parece y la mayoría de los rasgos considerados como contradictorios no lo son tanto, como veremos a continuación.

El marco elegido para estudiar la fraseología es de gran actualidad y se puede aplicar a otras disciplinas. Así lo demuestran las contribuciones en monografías aparecidas recientemente y en congresos internacionales celebrados en los últimos tiempos (cfr. Adelstein / Bernal / Sinner 2025: 7). Kertész / Rákosi (2022: i) señalan, en este sentido, que en el desarrollo de las teorías lingüísticas la incoherencia es una de las mayores faltas que puede cometerse en la investigación.

En este capítulo introductorio *Contradicciones, incoherencias y paradojas en la fraseología del español* presentaremos el fenómeno de las contradicciones, incoherencias y paradojas en la fraseología atendiendo, por una parte, a la vertiente de la forma canónica y su realización discursiva, y, por otra parte, al aspecto de la incongruencia semántica y pragmática, siguiendo el siguiente esquema:

1. Incoherencias formales:
   a. Entre forma plurimembre y significado unitario.
   b. En la manera de abordar la desautomatización fraseológica.
   c. Incoherencias lexicográficas.
2. Incoherencias y significados incongruentes en las construcciones fraseológicas.

### 1.1 Incoherencias en las realizaciones discursivas de la forma canónica

Parece ser contradictorio que una estructura formal plurilexemática esté vinculada a un significado unitario y no composicional, ya sea idiomático o pragmático (con excepción de las colocaciones, cfr. Corpas Pastor 1996). Esto significa que el significado fraseológico no es deducible de la suma de los significados parciales de los constituyentes fraseológicos, es decir, es indivisible (Tristá 1988: 20). En este contexto podría hablarse incluso de *arbitrariedad*, de manera equiparable a la del signo lingüístico (palabras).

Este fenómeno sería el primero y más contundente caso de incoherencia: que un todo no se explique por sus partes. Sin embargo, en muchos casos es solo una incongruencia aparente, porque el significado particular de los integrantes del fraseologismo no desaparece, sino que permanece, no solo aportando diferentes matices al significado global,[2] sino también condicionando las operaciones sintácticas que un fraseologismo tolera o no tolera, como pueden ser la pasivización o la pronominalización (Dobrovol'skij 2002). De esta manera, los significados individuales de cada constituyente motivan el significado fraseológico.

Además de esto, el significado fraseológico es solo en apariencia unitario o simple, pues la imagen es una sombra alargada que se proyecta en el uso y que es la responsable de las llamadas *desautomatizaciones* o juegos creativos en el discurso. De hecho, la potencialidad textual inherente a los fraseologismos está íntimamente ligada a su imagen, a su forma interna (Dobrovol'skij 2016; Mellado Blanco 2010), la cual sigue viva tras el proceso de fraseologización (Sánchez López 2018: 250-251), como se aprecia en (1) en el componente *corazón*.

1) *Ojos que no ven... corazón que tiene que ser más fuerte*. Estar presente todo lo que puedas. Las relaciones a distancia se deben cuidar de otra manera. [esTenTen23 5773081]

De acuerdo con las definiciones más comunes, la desautomatización alude a un cambio ocasional, voluntario e intencionado por parte del hablante[3]

---

2 Dobrovol'skij (1987) adopta para ello la terminología de *semas latentes*, los cuales pueden reactivarse en el discurso. Pongamos por caso el fraseologismo *meter la pata*, que utilizamos coloquialmente con el sentido de 'equivocarse' o 'cometer un fallo o imprudencia'. El verbo de acción *meter* aporta la idea de una equivocación contundente, debida a una torpeza y con consecuencias negativas. El origen de la expresión parece remontarse al mundo de la caza y a las trampas en las que los animales metían la pata, con lo que acababan siendo cazados.

3 El error o lapsus, por tanto, quedaría fuera de la desautomatización por no ser intencionado, aunque algunos autores lo consideran como *desautomatización inintencionada* (Martí Sánchez 2015: 120). En todo caso, está demostrado empíricamente que muchos de los lapsus o errores pasan totalmente desapercibidos para los oyentes (cfr. Elspass 2002), dado el alto umbral de tolerancia de estos a los cambios que no provocan efectos comunicativos, es decir, que no entorpecen la comunicación.

(cfr. Mena Martínez 2004: 501; Timofeeva 2009: 252-253; Martí Sánchez 2015), debiendo ser la expresión modificada novedosa, es decir, no usual. Asimismo, debe producir extrañamiento en el oyente (Penadés Martínez 2014: 285) y ser percibida como una modificación por parte de este (Mena Martínez 2003).

Los fraseologismos presentan una fuerte tendencia a la desautomatización, y, por tanto, a ser incoherentes con respecto a la forma bajo la que aparecen lematizados en los diccionarios. Así, pueden presentar extensiones de sus constituyentes, inversiones, anaforización, pronominalización o sustitución léxica. Este hecho constituye, de nuevo, una incoherencia con respecto al criterio de la fijación, que es un criterio definitorio de los fraseologismos (Zuluaga 1980; Corpas Pastor 1996; García-Page Sánchez 2008). En cierta manera, es el propio concepto de la fijación el que propicia la variación, porque solo lo que está muy fijado permite cambios sin perder su esencia, puesto que se trata de secuencias lo suficiente automatizadas que pueden ser reconstruidas sin problema por el oyente en el caso de sufran una desautomatización (Corpas Pastor 1996).

Los motivos de esta propensión a usos desacordes con la forma registrada en los diccionarios son, entre otros:

1. El hecho de que los fraseologismos consten de varios constituyentes favorece la divisibilidad semántica y, con ella, la autonomización de dichos constituyentes.
2. La imagen literal aporta semas "latentes" al significado que pueden reactivarse en el discurso (vid. nota 2).
3. Los fraseologismos con variantes léxicas favorecen la desautomatización y la creación de nuevas variantes.

Dicho esto, es preciso hacer notar que la definición tradicional de desautomatización lleva implícitas algunas incoherencias. La desautomatización vista como desviación de lo usual implica, por definición, la clara existencia de una forma canónica. Así, en (1), la forma canónica reza *Ojos que no ven, corazón que no siente*. En los lexemas simples, decidir cuál es el lema no reviste ninguna dificultad. De esta manera, en los verbos la convención es que sea el infinitivo, en los adjetivos el masculino genérico singular, etc., sin embargo, en los fraseologismos no siempre existe consenso sobre cuál es la forma fija que ha de ser la que se recoja en los diccionarios (Oliveira da Silva 2007). Prueba de ello es la disparidad de formas canónicas que pueden responder a un mismo fraseologismo, especialmente en el caso de los verbales y adverbiales, así como de las formas rutinarias, dependiendo del diccionario escogido. En los fraseologismos verbales se registran incongruencias sobre todo en el número de actantes en el lema. De igual manera, observamos disparidad en cuanto a los componentes que forman el núcleo de los fraseologismos, de tal manera que en algunos diccionarios ciertos lexemas son nucleares y en otros aparecen en el contorno (Mellado Blanco 2018). Este punto tiene especial relevancia a la hora de decidir si se trata de locuciones verbales o, por el contrario, adverbiales o sustantivas.

Veamos algunos ejemplos de incoherencias lexicográficas en este sentido (2-3):

2) (2a) *DFDEA*: *a cántaros* (locución adverbial).
   (2b) *DFEM*: *llover a cántaros* (locución verbal).
3) (3a) *DFEM*: *darse/pegarse la gran vida* (locución verbal).
   (3b) *DFDEA*: *la gran vida (o la vida padre)*[4] (locución sustantiva).

En el caso de locuciones con variantes léxicas, el número de formas varía, igualmente, de unos diccionarios a otros. Así en (4):

4) (4a) *DiLEA*: *restregar por las narices.* infor [alguien, a alguien/algo, a alguien]
   (4b) *DFDEA*: *pasar (restregar, refrotar o refregar)* [algo a alguien] *por las narices.*
   (4c) *DFE*: *Pasar/Refregar/Refrotar/Restregar por las narices.*

Es evidente que los diccionarios no siempre reflejan el número real de variantes léxicas. Así, el *DFDEA* recoge, en el caso del fraseologismo *echar margaritas a los puercos/a los cerdos*, solo la forma verbal *echar*, aunque el corpus esTeTen23 ofrece 90 ocurrencias con *echar*, 68 con *dar* y 38 con *tirar*.

Una ojeada rápida en esTenTen23 permite reconocer usos de las tres locuciones arriba citadas con otros verbos distintos y sustantivos (en el caso de 7) a los registrados en los diccionarios:

---

4 La definición que se da de este fraseologismo es: 'una vida sumamente placentera y con poco trabajo', junto al comentario: Gralm. *con vs. como darse o pegarse*.

5) Eso, eso, cacho perros, *rebozádnoslo por las narices* a los pobres ilusos que no hemos podido sacar entradas, y que al menos tendremos que esperar una semana más. [esTenTen23 14608494]
6) Tom *está viviendo la gran vida* en un penthouse, mientras Jerry está con el estómago vacío buscando comida. [esTenTen23 5855802799]
7) Decía mi abuela que era inútil *regalarles margaritas a los chanchos…* Un refrán, claro [esTenTen23 35745882]

Este hecho, además de constituir en sí una incoherencia con respecto a los lemas de los diccionarios, plantea el problema de que ejemplos de esta naturaleza no pueden considerarse como casos de desautomatización porque no parecen responder a un deseo creativo por parte del hablante, sino que han surgido por analogía con las formas lexicalizadas. Sobre este punto volveremos más adelante.

Por otra parte, también descubrimos divergencias de tipo morfológico con respecto a la forma citativa dada en los diccionarios. Así, según el *DFDEA*, la forma canónica de *haber nacido de pie* conlleva el pretérito perfecto.[5] Sin embargo, en los corpus aparecen ejemplos en presente (8) y en la locución *deshojar la margarita* (DFDEA) es posible encontrar ejemplos de corpus con el sustantivo en plural, *margaritas*[6] (9).

8) Mariano Rajoy debe ser uno de esos recién nacidos que *nacen de pie*, que tienen suerte en la vida. [esTenTen23 14485681192]
9) El PSOE, ha dicho, ha decidido "liderar el país desde la oposición" […], con un Gobierno "dividido que está *deshojando margaritas* a ver quién va a ser el sucesor de Rajoy, y en estado de shock" por la subida de Cs en las elecciones catalanas. [esTenTen23 9327680827]

Ejemplos de corpus como los anteriores ponen de manifiesto el grado de variabilidad léxica y morfológica que presentan los fraseologismos en el uso real (cfr. Corpas Pastor 2018), uso que escapa a las formas recogidas en los diccionarios y que, a la postre, hace tambalear el criterio de la fijación formal

5 Coincide en esto con *DFEM nacer* u.p. *de pie* [Solo en pasado].
6 Los sustantivos escuetos en plural pueden designar aspecto léxico durativo o iterativo (Laca 2006), por eso se usa aquí el sustantivo *margarita* en plural.

y la suposición de una forma canónica única. En este sentido, dado que la existencia de una forma canónica es, por definición, condición *sine qua non* para que se dé una desautomatización y, como hemos demostrado, no se puede dar por sentado que un fraseologismo tenga una forma canónica clara, es evidente que el fenómeno de la desautomatización descansa sobre una gran paradoja. ¿Puede darse una desviación de una forma canónica que no existe porque cada lexicógrafo la recoge de manera distinta? (Pfeiffer 2018). ¿Cómo podemos basar un fenómeno, el de la desautomatización, en un criterio no verificable? (Mellado Blanco 2020a).

Ciertamente, la incoherencia de la variabilidad se resuelve si aceptamos que por encima de una fijación formal existe una fijación cognitiva (Mellado Blanco/Ivorra Ordines 2023), de acuerdo con la cual los fraseologismos no son "frozen and unanalyzed expressions but connected both lexically and grammatically to other expressions" (Bybee 1998: 425). Muchas veces, la variabilidad de los fraseologismos en el discurso está justificada por las asociaciones analógicas que genera cada constituyente fraseológico (Zeschel 2012), pudiéndose incluso llegar a contaminaciones entre fraseologismos, como es el caso de (10) a partir de las locuciones *poner la carne/la piel de gallina* y *poner los pelos de punta*.

10) Tantos genios allí reunidos. Se me ponen *los pelos de gallina* con esta foto. [esTenTen2023 40177080]

Teniendo en cuenta lo anteriormente dicho, muchas de las modificaciones discursivas por sustitución (intencionada o no) de los constituyentes son esperables y entendibles porque pertenecen a un mismo dominio semántico y se pueden explicar por analogía. En no pocas ocasiones, el hablante realiza este tipo de cambios para contrarrestar la pérdida paulatina de expresividad de los fraseologismos. De este modo, nos encontramos con una suerte de cambio controlado dentro de lo ya conocido (cfr. Haspelmath 1999). Tal sería el caso de *no mover ni un pie*, a partir de la locución *no mover ni un dedo*.

11) En cuanto a la confianza que pueda infundir todavía el Presidente del Gobierno, para *no mover ni un pie* en contra del proyecto relativo a pensiones, nada de nada. O sea que a fin de cuentas, lo que les falta a

los futuros pensionistas es la chispa necesaria para movilizarse en su propia defensa. [esTenTen23 23516364]

Este y otros ejemplos similares confirman la noción de "fijación cognitiva", comentada más arriba, de tal manera que las variantes discursivas creadas por analogía entrarían dentro de un mismo "pocket of productivity" (Cappelle 2014) y son totalmente esperables en el marco de una noción dinámica de la fijación a nivel cognitivo. En estos casos, no siempre está claro que el hablante quiera alterar los fraseologismos con fines lúdicos e intención desautomatizadora. Así lo manifiesta Langlotz (2006: 201) cuando dice que "a variant can be interpreted as wordplay if it reflects the speaker's conscious intention of creating specific perlocutive effects".

Ciertamente, muchas de las modificaciones de los fraseologismos en el discurso no obedecen a intención humorística o creativa por parte del hablante. Además, el hecho de que determinadas formas discursivas de las locuciones no estén recogidas en diccionarios no significa que estas constituyan violaciones del uso común (Dobrovol'skij 2008: 304):

> Eine für die weitere Darstellung sehr wichtige Schlussfolgerung, die aus den korpusorientierten Studien der Idiom-Modifikationen gezogen werden kann, besteht darin, dass sich im realen Diskurs sehr viele Varianten finden, die lexikographisch nicht fixiert sind, jedoch keineswegs besonders auffällige Verletzungen des usuellen Sprachgebrauchs aufweisen.

Asimismo, hay modificaciones que no pueden considerarse como desviaciones intencionadas de la norma, sino como una mera adaptación del fraseologismo al contexto, o bien una intensificación en el caso de inserción de adjetivos valorativos (cfr. Fellbaum / Stathi 2006; Dobrovol'skij 2008, 2009; Martí Solano 2011; Keizer 2018, Mellado / Corpas / Berty 2021). Se da el fenómeno de adaptación al texto (cfr. Häcki-Buhofer / Burger 1992: 15), y no de desautomatización, en casos de:

(1) Expansión a través de un modificador, ya sea un adverbio, un adjetivo, o un sintagma preposicional (cfr. Dobrovol'skij 2009):

12) Por dar un ejemplo muy cercano, tenemos el efecto de *elefante en cacharrería de los gobiernos españoles al intervenir en el mercado de la electricidad.* [CORPES XXI Schwartz, Pedro: La economía explicada a Zapatero y a sus sucesores. En dos tardes. Madrid: Espasa, 2011.]

(2) Expansión por medio de *determinantes*, ya sean artículos, posesivos, demostrativos, numerales, indefinidos, cuantificadores, interrogativos o exclamativos, que permiten la integración de la UF en el contexto. Anaforización o pronominalización (cfr. Keizer 2018):

13) Así *mataba tres pájaros de un tiro*: practicaba la lengua griega, repasaba sus conocimientos sobre arte y conocía mejor al hijo del matrimonio que lo acogía en su casa. [esTenTen23 3642734768]

14) Original ¿verdad?, bueno a estas alturas tampoco podemos *pedir demasiadas peras al olmo* [...]. [esTenTen23 7617409]

Las incoherencias de las formas canónicas halladas en los diccionarios afectan también a los fraseologismos que poseen múltiples variantes léxicas, del tipo *importar un bledo/pepino/comino/pimiento*, etc. Al tratarse de series cuasi-abiertas, los diccionarios no pueden reflejar la totalidad de variantes. Según los resultados de la búsqueda <importar un N> en el corpus esTenTen23, las variantes canónicas con *un bledo, un carajo, un comino, un pimiento, un pito, un pepino, un rábano, un huevo, un cuerno, un higo, un pijo, un ardite*, presentan una frecuencia *token* mayor de 60 ocurrencias, es decir, su grado de lexicalización es evidente. No obstante, los corpus muestran una variedad mucho mayor, con variantes de frecuencia muy baja e incluso hápax. Al observar estos datos se plantea la cuestión de dónde colocar la frontera entre el concepto de "locución con variantes léxicas" y construcción semiesquemática productiva. Langlotz (2006: 205) comenta a este propósito:

> How then can the variation be interpreted? Are we faced with: a) a contamination, b) wordplay, c) an institutionalised usual variant that is not yet recorded idiom dictionaries or d) a systematic variant of the base-form that mirrors the idiom's systematic variability. This potential for interpretative indeterminacy illustrates that the boundaries between different idiom-variation classes are open to interpretation and thus become fluent rather than clear-cut.

## 1.2 Incoherencias y significados incongruentes en las construcciones fraseológicas

En el marco de la Gramática de Construcciones, fraseologismos con series cuasi-abiertas, del tipo del tipo *importar un bledo/pepino/comino/pimiento*, etc., son considerados como construcciones con *slots* o casillas libres actualizables en el discurso, es decir, como construcciones fraseológicas (Mellado Blanco

2020b), que en este caso podría formularse como [*importar un/una* N]: 'no importar absolutamente nada'.

En los estudios sobre fraseología se ha considerado hasta la fecha incongruente que una locución sea a la vez idiomática y productiva (Mellado Blanco 2004). En la teoría constructivista desaparece esta incongruencia, puesto que las construcciones fraseológicas presentan los dos rasgos de manera simultánea: son productivas, por permitir distintas actualizaciones de los *slots*, e idiomáticas, por contar con un significado no composicional. Así:

> The great advantage of CxGs is that variation is approached holistically in terms of productivity, analogy, regularity and schematicity, and the creative play of idioms, quotations, proverbs etc. is not interpreted as an irregular phenomenon, by simply as infrequent instantiations of constructions (Mellado Blanco 2022: 13).

Al igual que existen variantes léxicas vinculadas a las extensiones analógicas dentro de un mismo campo semántico, fenómeno que consideramos natural y esperable en las locuciones (ejemplos 5-7 y 11), también se registran variaciones creativas fuera de dichos campos, las cuales están dotadas de una gran expresividad (15-16).

15) Me encantaría hablar sobre esto. "*Me importa un culo de rata* lo que tú pienses sobre esto", le gritó Rodman a Cuomo. [esTenTen23 161461791]
16) Gothic 2 Gothic 2 es un juegazo. *Me importa una hostia* lo que digáis o penséis, lo es. [esTenTen23 20460917]

Los *types* creativos representan un interesante tipo de incongruencia que se observa en las construcciones fraseológicas (Mellado Blanco 2023b). Son formas que suelen tener una frecuencia muy baja o incluso ser hápax. Su incongruencia resulta de tener una semántica (p.ej. en el caso de *culo de rata*, ejemplo 15) que se aleja de los *types* de mayor frecuencia, con una semántica afín entre ellos. Estos *types* con frecuencia más alta suelen encontrarse entre los *clusters* más productivos respondiendo así al llamado fenómeno de *coverage* (Goldberg 2019). Así, en la construcción [*importar un/una* N]: 'no importar absolutamente nada', lo esperable en la actualización del *slot* N serían sustantivos que designan vegetales o frutos sin valor (Mellado Blanco 2020b; Mellado Blanco / Mollica / Schafroth 2022).

La incoherencia o incongruencia semántica que pueda resultar entre las variantes lexicalizadas (*comino*, *pepino*, *pimiento*, etc.) y la actualización de *types* "creativos" (*culo de rata*, *hostia*) queda resuelta si tenemos en cuenta el principio de coerción (Michaelis 2003), según el cual, el significado de la construcción *impregna* toda la estructura por encima del significado particular de sus componentes, lo que hace que el significado concreto del *slot* N se diluya a favor del significado construccional (Audring / Booij 2016; cfr. también Montoro del Arco / Sinner 2014). El contexto adopta aquí un papel clave para la interpretación de las instancias de la construcción con constructos de menor frecuencia y da relativamente igual qué lexema actualice el *slot*. En el marco de la Teoría de la Relevancia, el receptor de un enunciado incongruente, como 15-16, debe recurrir a una serie de inferencias e implicaturas para resolver el enigma que le subyace. Este proceso, que requiere un cierto esfuerzo interpretativo por parte del receptor, se verá compensado por la satisfacción que provoca la correcta interpretación del mensaje (cfr. Yus Ramos 1995-1996).

Siguiendo la teoría de la incongruencia-resolución de Yus Ramos (1995-1996: 502) y Suls (1972) desarrollada para del lenguaje humorístico, podríamos decir que la incongruencia de las construcciones fraseológicas con *types* creativos genera una *disonancia cognitiva*, la cual es superada en una segunda fase cuando el destinatario resuelve satisfactoriamente el dilema cognitivo, lo que provoca un efecto humorístico. Como hemos apuntado, el oyente resuelve esta contradicción gracias a la fuerza de la coerción del significado construccional, es decir, al reconocer la construcción, el oyente resuelve las incongruencias en la actualización de los *slots* que se puedan presentar.

En otro orden de cosas, lejos de plantear un problema, la variabilidad de las locuciones es un argumento favorable para la fijación cognitiva (*entrenchment*) y la productividad de la construcción (cfr. Ivorra Ordines / Mellado Blanco 2021). Ciertamente, a mayor número de *types* de baja frecuencia y de *hápax*, mayor productividad de la construcción y mayor fijación cognitiva (Ziem / Lasch 2013: 106). Además, la sustitución de componentes fraseológicos conlleva una condensación y un enriquecimiento semánticos muy útiles para la coherencia textual (Fellbaum / Stathi 2006: 128 y 144).

La incongruencia que supone la variación creativa en el discurso es un tipo de incongruencia lingüística, la cual ha sido objeto de numerosos estudios desde distintos puntos de vista. Especialmente en el ámbito filosófico y del humor (cfr. Raskin 1985, Morreall 1987, Latta 1990)[7] ha sido la concepción de lo cómico de Aristóteles como *απάτη* (una mezcla de sorpresa y engaño) la que ha más ha influido en el concepto de "incongruencia"[8] (Mellado Blanco 2023a). En palabras de Latta (1990: 130):

> The basic idea behind this theory is very simple. We live in an orderly world where we have come to expect certain patterns among things, properties, events, etc. When we experience something that doesn't fit these patterns, that violates our expectations, we laugh.

No se trata, por tanto, de un fenómeno meramente lingüístico, sino que trasciende esta propiedad, situándose en un nivel cognitivo y social más amplio. En numerosas ocasiones, para clasificar dos entidades como incongruentes ha de analizarse el grado de compatibilidad de tales entidades entre sí teniendo como telón de fondo nuestra experiencia con el mundo circundante. Estaríamos aquí ante una incongruencia de tipo pragmático. Así, en la construcción comparativa intensificadora [VTENER *de* ADJ *lo (mismo) que de* Y]: 'no ser ADJ en absoluto', la incongruencia entre una *coliflor* y un *bistec* está basada en nuestro saber enciclopédico de que ambos alimentos no tienen absolutamente nada en común (17).

17) Esa **coliflor** tiene de orgánico lo que tiene de **bistec**.

La incongruencia pragmática se basa, por tanto, en una falta de sintonía con la realidad circundante. En el caso de las construcciones fraseológicas, la incongruencia pragmática tiene lugar cuando existen *types* que contradicen nuestra experiencia. Esta incompatibilidad está, a menudo, ligada a la idea de extravagancia (De Wit *et al.* 2020) y genera intensificación, de acuerdo con el Principio de Intensidad, "[t]he intensifier interpretation crucially depends on the degree to which we conceptualize a situation as abnormal" (Sawada 2000: 377). De acuerdo con Díez Arroyo (2002: 273), la incongruencia pragmática

---

7 Para una revisión de los estudios sobre la incongruencia en el ámbito del humor, *vid.* Forabosco (2008).

8 El factor de la incongruencia está tradicionalmente considerado como necesario, pero no suficiente, para que se dé el humor (cfr. Latta 1990).

"surge al contravenir el conocimiento del estado de las cosas que el receptor ha adquirido a base de experiencia" (18).

18) Para mí, cualquier madridista que le desee al Barcelona, no ya que gane algo, sino que su vida deportiva no sea un infierno, tiene de madridista lo que *el balón de cuadrado*. [SkE 6228890]

Tanto los fraseologismos desautomatizados como las instancias creativas de las construcciones fraseológicas presentan extravagancia en mayor o menor grado. Siguiendo la máxima conversacional de Haspelmath (1999: 1055) sobre la extravagancia ("talk in such a way that you are noticed") (cfr. también Eitelmann / Haumann 2022: 1), la extravangancia podría resumirse como el arte de hacerse notar para alcanzar más efectividad, más relevancia y expresividad a través del mensaje, empleando recursos de distinta tipología con el afán de sorprender e impactar al destinatario. De acuerdo con De Wit *et al.* (2020: 486), el objetivo principal de la extravagancia es la "increased attention towards what is being said".

Resumiendo, podemos concluir con que lo creativo, lo incoherente semánticamente, lo extravagante, tiene como primer objetivo llamar la atención y dotar al mensaje de un elevado grado de expresividad. Por su parte, las incoherencias formales con respecto a la forma canónica pueden ser resueltas en gran medida si sustituimos el concepto de *fijación formal* por *fijación cognitiva* y aceptamos que las variaciones discursivas de los fraseologismos que surgen por analogía constituyen un fenómeno esperable y que no tiene que estar ligado necesariamente con la desautomatización, ya que no siempre se persigue un afán creativo. En todo caso, no siempre es fácil trazar una línea divisoria entre variantes léxicas y variantes creativas, por tratarse más bien de un continuum, ni tampoco es fácil saber si se trata de formas desviadas de manera intencionada o no por parte del hablante, puesto que, en última instancia, no se puede preguntar a este para verificarlo (Pfeiffer 2018).

La situación en cuanto a las paradojas, contradicciones e inconsistencias en otros ámbitos de la investigación fraseológica es comparable con el panorama que se presenta desde la perspectiva de la Gramática de Construcciones.

La frecuencia de aspectos que en Lingüística se han percibido como contradictorios, paradójicos, etc., es tan alta que incluso se han realizado intentos por establecer clases de paradojas lingüísticas (véase, por ejemplo, Smarandache 1999). De hecho, los fenómenos lingüísticos que simplemente contradicen los criterios y definiciones habituales o establecidos para determinadas categorías se consideran o se presentan, implícita o explícitamente, como paradojas. Sin embargo, lo que resulta problemático en muchos casos es la posición generalizadora de la Lingüística General o la descripción basada en determinadas lenguas preferentemente consideradas, es decir, cuando se cuestionan las suposiciones consideradas universales y basadas en determinadas variedades o lenguas y desde la perspectiva de estas.

Por ejemplo, Braxatorisová (2021, 2022) aborda lo que ella identifica como una paradoja: la existencia de modismos de una sola palabra y los denominados verbos multicomponentes, que no cumplen todos los criterios de los fraseologismos y que, precisamente por su monolexicalidad quedan excluidos de la fraseología. De hecho, en Fraseología es práctica habitual desde hace tiempo declarar tales fenómenos como excepciones para evitar la inconsistencia de las clasificaciones y, por lo tanto, el cuestionamiento de las definiciones aceptadas como válidas o, como ya propusieron Burger / Jaschke (1973), denominarlos pseudomodismos, aunque un análisis crítico pone de manifiesto que el prefijo *pseudo–* no hace justicia a la semántica de los elementos así denominados, sino que su objetivo principal es contrarrestar el cuestionamiento de la categorización fraseológica.

Ya el análisis de las definiciones comunes y de las características de las unidades fraseológicas muestra el carácter aparentemente contradictorio de la descripción de los fraseologismos (cf. Penadés Martínez 2010, 2012-2013; Corpas 1996; Sinner / Tabares 2016). Las incoherencias, contradicciones y paradojas plantean un gran problema en Fraseología, ya que la discusión sobre, por ejemplo, la fijación formal, la fijación semántica, la idiomaticidad, etc., se caracteriza por estar representada por enfoques explicativos y aclaratorios fuertemente divergentes (Montoro del Arco 2004: 593; Mogorrón Huerta 2020; Penadés Martínez 2022).

## 2 Sobre las contribuciones en este volumen

Esta monografía recoge una muestra representativa de trabajos sobre diversos aspectos y con diferentes ópticas teórico-metodológicas de la fraseología del español, pero también de su contraste con otras lenguas. Estos tienen como nexo común el análisis de las contradicciones, paradojas o incoherencias de las unidades fraseológicas (UF) o de su estudio. A continuación, presentamos brevemente las doce contribuciones que se contienen en el volumen y que agrupamos siguiendo un doble criterio: a) si se trata de estudios centrados en el español o en el español en su comparación con otra u otras lenguas; b) la proximidad de enfoque o temática.

Comenzaremos por las aportaciones centradas en la lengua española. En este grupo se encuadran tres capítulos sobre Fraseografía, dos sobre Fraseología histórica y otros dos sobre construcciones fraseológicas desde la perspectiva de la Gramática de Construcciones.

El primer capítulo sobre Fraseografía, concretamente Fraseografía histórica, corre a cargo de *Esteban Tomás Montoro del Arco* (Universidad de Granada), que, incidiendo en los problemas terminológicos (tanto denominativos como conceptuales) y en las incoherencias en el tratamiento de la categoría *locución* en la Fraseología española, aboga por el recurso a la Historiografía de la fraseología por sus beneficios para fijar los conceptos fraseológicos y evitar las mencionadas inconsistencias denominativas y conceptuales.

La crítica fraseográfica cuenta también con un espacio en esta monografía. En concreto, la aportación de *Héctor Leví Caballero Artigas* (Universidad de Málaga) destaca las incongruencias sobre el concepto de *locución* en la teoría fraseológica recogida en la *Nueva gramática de la lengua española* (*NGLE*) y en los diccionarios. Una vez que contrasta los datos de las diferentes obras lexicográficas con las que ha trabajado, llega a la conclusión de que a la fraseología le queda un largo camino por recorrer para que su estatus sea reconocido sin fisuras teóricas en los diccionarios.

*Joseph García Rodríguez y Carolina Julià Luna* (Universidad Nacional de Educación a Distancia, UNED) desarrollan, igualmente, un estudio crítico, aunque, en este caso, de la información fraseológica recogida en los diferentes atlas regionales del español europeo. La valoración detallada de esta información permite a los autores efectuar las siguientes observaciones: por un lado, en los atlas se muestra un escaso interés por la fraseología; por otro, se advierten, además, grandes incongruencias en la catalogación de las unidades y en la terminología empleada para denominarlas. Los autores reconocen, por último, la necesidad de la elaboración de un atlas fraseológico del español.

Por su parte, *Marta Prat Sabater* (Universitat Autònoma de Barcelona) aborda la cuestión de las incoherencias del *Diccionario de la lengua española* (*DLE*) en el tratamiento de las unidades pluriverbales que registra. La autora ha verificado que, a pesar de que bajo los términos de *expresión* y *expresiones* que se emplean en la obra no deberían recogerse refranes (atendiendo al criterio académico de excluir este tipo de pieza fraseológica de la obra), lo cierto es que no han terminado de desaparecer.

La Fraseología histórica se halla representada por las contribuciones de *Rosamaría Ortiz Ciscomani* (Universidad de Sonora) y *Santiago Vicente Llavata* (Universitat de València).

*Rosa María Ortiz Ciscomani* realiza un estudio específico de un tipo concreto de UF desde el punto de vista diacrónico: las unidades fraseológicas prepositivas de base adjetiva y adverbios cortos y largos con la misma base. El análisis efectuado arroja un uso relativo o moderado de estas unidades en cuestión debido a su elevado grado de lexicalización. *Santiago Vicente Llavata* (Universitat de València), por su parte, reflexiona sobre la paradoja asentada en el hecho de que, aunque se asume que las UF del español son el producto de una serie de procesos que dan lugar a su institucionalización, todavía no se han integrado en los estudios de fraseología histórica los avances de la investigación en torno a dichos procesos y que, por tanto, se sigue operando con el instrumentario propio de la teoría fraseológica (terminología, propiedades generales de los fraseologismos y procedimientos de formación de las UF) que, a todas luces, no son las más adecuadas para describir el desarrollo de las UF en su evolución temporal. Por ello, el autor aboga por su inclusión para la conformación de una teoría de la fraseología histórica.

La Gramática de Construcciones y su aplicación a la fraseología del español es otra de las vías exploradas en dos estudios de esta monografía. Así, *Pedro Ivorra Ordines* (Centro Universitario de la Defensa – Zaragoza), que, tras abordar las discrepancias en el estudio de los patrones comparativos, esto es, si deben formar o no parte de la gramática (Fillmore *vs.* Kay), se centra en la subconstrucción <más perdido que x en y>, y muestra, basándose en los datos del corpus esTenTen18, que presenta una notable productividad. *Manuel Martí Sánchez* (Universidad de Alcalá) analiza la expresión *el caso es que…* y sus variantes con el objetivo de verificar si constituye una construcción fraseológica discursiva con un patrón productivo, y considera, en conclusión, que es contradictoria y poco consolidada.

El bloque de los trabajos contrastivos se inicia con un capítulo también encuadrado en la Gramática de Construcciones. La familia de construcciones fraseológicas litotéticas en español y alemán es el tema del capítulo de *Maricel Esteban-Fonollosa* (Universitat de València). Este tipo de construcciones, que en el pasado ha estado muy relacionado con la ironía y la atenuación, es tratado por la investigadora, en el marco del proyecto CONSTRIDIOMS y sirviéndose de un corpus paralelo, como construcciones intensificadoras, que presentan semejanzas, pero también diferencias en el par de lenguas analizado.

*Sara Barroso Tapia* (Universidad de Valladolid) analiza el uso actual de 134 UF españolas y 116 alemanas que contienen los lexemas *pan* y *Brot*, respectivamente. Con ello pretende comprobar la vigencia de estos fraseologismos y su variabilidad. Tras su examen, basado en corpus, la autora hace las siguientes constataciones, a saber: los fraseologismos siguen empleándose en la actualidad, a pesar de los datos lexicográficos que marcan muchas de ellas como desusadas; las unidades presentan una tendencia notable a la reducción, en el caso de las paremias y a la variación léxica en el resto de unidades.

*Valentina Piunno* (Università degli Studi de Bergamo) se centra en la función de la negación obligatoria de expresiones fraseológicas en italiano y español desde un punto de vista tanto cuantitativo como cualitativo con el objetivo de establecer no solo cuántos tipos de negación aparecen en las UF, sino el grado de "falsedad" de la negación, y concluye que cuanto más verdadera es la negación, mayor es el grado lexicalización, fijación y especificidad de las unidades.

Para finalizar este repaso por las valiosas contribuciones de las investigadoras y los investigadores que han participado en este volumen, nos referiremos al trabajo de J. *Agustín Torijano Pérez* (Universidad de Salamanca). Este se centra en la función de los préstamos en la UF en español. En concreto, expone y sistematiza los procedimientos mediante los cuales estos se lexicalizan en las expresiones fraseológicas y su aportación a las mismas.

En esta monografía se reúnen, en resumen, un conjunto diverso de trabajos en torno al tema de las contradicciones, incoherencias y paradojas en la fraseología del español, cuestiones que siempre han planeado sobre este ámbito de la lengua española, y se ofrece, asimismo, un amplio panorama de las propuestas teórico-metodológicas que se están desarrollando en el ámbito de la Fraseología actual.

## Referencias citadas

Audring, J. y Booij, G. (2016). Cooperation and coercion. *Linguistics*, 54(4), pp. 617-637.

Adelstein, A., Bernal, E. y Sinner, C. (2025). Contradicciones, incoherencies y paradojas en la formación de palabras. En Adelstein, A., Bernal, E. y Sinner, C. (Eds.). *Contradicciones, incoherencias y paradojas en la formación de palabras* (pp. 7-15). Leipzig: Leipziger Universitätsverlag.

Braxatorisová, A. (2021). Italienische Einwortidiome unter kontrastivem Aspekt. Wortbildungsspezifität als Quelle von Interferenzfehlern. *Eruditio Educatio*, 16(2), pp. 102-117.

Braxatorisová, A. (2022). Möglichkeiten der phraseologischen Betrachtung der Einwortidiome aus der Sicht der phraseologischen Kriterien auf der Basis von slowakischen und deutschen Beispielen. *Litera* 32, 1, pp. 317-340.

Burger, H. y Jaschke, H. (1973). *Idiomatik des Deutschen*. Tübingen: Niemeyer.

Bybee, J. (1998). The emergent lexicon. *CLS*, 34, pp. 421-435.

Cappelle, B. (2014). Conventional Combinations in Pockets of Productivity: English Resultatives and Dutch Ditransitives Expressing Excess. En Boogaart, R. Colleman, T. y Rutten, G. (Eds.), *Extending the Scope of Construction Grammar* (pp. 251-282). Berlin: De Gruyter.

Corpas Pastor, G. (1996). *Manual de Fraseología española*. Madrid: Gredos.

Corpas Pastor, G. (2018). *Laughing one's head off* in Spanish subtitles: a corpus-based study on diatopic variation and its consequences for translation. En Mogorrón Huerta, P. y Albaladejo-Martínez, A. (Eds.), *Fraseología, Diatopía y Traducción* (pp. 54-106). Amsterdam: Benjamins.

De Wit, A., Petré, P. y Brisard, F. (2020). Standing out with the progressive. *Journal of Linguistics*, 56(3), pp. 479-514.

*DFDEA* = Seco, M., Andrés, O. y Ramos, G. (Eds.) (2004). *Diccionario fraseológico documentado del español actual. Locuciones y modismos españoles*. Madrid: Aguilar.

*DFE* = Cantera Ortiz de Urbina, J. y Gomis Blanco, P. (2007). *Diccionario de fraseología española: locuciones, idiotismos, modismos y frases hechas usuales en español*. Madrid: Abada.

*DFEM* = Varela, F. y Kubarth, H. (1994). *Diccionario fraseológico del español moderno*. Madrid: Gredos.

Díez Arroyo, M. (2002). Un ejemplo de estrategia retórica: la paradoja en el lenguaje publicitario. *ELIA: Estudios de lingüística inglesa aplicada*, 3, pp. 259-280.

*DiLEA* = Penadés Martínez, I. (2019). *Diccionario de Locuciones Idiomáticas del Español Actual*. Recuperado de <http://www.diccionariodilea.es>.

Dobrovol'skij, D. (1987). Textbildende Potenzen von Phraseologismen. *Linguistische Studien ZISW/A*, 164, pp. 69-85.

Dobrovol'skij, D. (2002). Grammatik der Idiome. En Hartmann, D. y Wirrer, J. (Eds.), *Wer A sägt, muss auch B sägen. Beiträge zur Phraseologie und Sprichwortsammlung aus dem Westfälischen Arbeitskreis* (pp. 56-74). Hohengehren: Schneider.

Dobrovol'skij, D. (2008). Idiom-Modifikationen aus kognitiver Perspektive. En Kämper, H. y Eichinger, L. M. (Eds.), *Sprache – Kognition – Kultur. Sprache zwischen mentaler Struktur und kultureller Prägung* (pp. 302-322). Berlin: De Gruyter.

Dobrovol'skij, D. (2009). La variación léxico-sintáctica en la fraseología: la introducción del atributo en la estructura de la locución idiomática. *Language Design*, 1, pp. 29-65.

Dobrovol'skij, D. (2016). The notion of 'inner form' and idiom semantics. *Études et travaux d'Eur'ORBEM*, pp. 21-36.

*DLE* = Real Academia Española y Asociación de Academias de la Lengua Española: *Diccionario de la lengua española*, 23.ª ed., [versión 23.8 en línea]. Recuperado de <https://dle.rae.es>.

Eitelmann, M. y Haumann, D. (2022). Extravagance in morphology. Introduction. En Eitelmann, M. y Haumann, D. (Eds.), *Extravagant Morphology: Studies in rule-bending, pattern-extending and theory-challenging morphology* (pp. 1-18). Amsterdam: Benjamins.

Elspass, St. (2002). *Alles unter den Tisch gekehrt* – Phraseologische Gebrauchsauffälligkeiten im Urteil von Sprachbenutzern. En Hartmann, D. y Wirrer, J. (Eds.), *Wer A sägt, muss auch B sägen. Beiträge zur Phraseologie und Sprichwortforschung aus dem Westfälischen Arbeitskreis* (pp. 127-160). Baltmannsweiler: Schneider-Hohengehren.

Fellbaum, Ch. Y Stathi, E. (2006). Idiome in der Grammatik und im Kontext: Wer brüllt hier die Leviten? En Proost, K. y Winkler, E. (Eds.) Von Intentionalität zur Bedeutung konventionalisierter Zeichen. Festschrift für Gisela Harras zum 65. Geburtstag (pp. 125-146). Tübingen: Narr.

Forabosco, G. (2008). Is the Concept of Incongruity Still a Useful Construct for the Advancement of Humor Research? *Lodz Papers in Pragmatics*, 4(1), pp. 45-62.

García-Page Sánchez, M. (2008). *Introducción a la fraseología española. Estudio de las locuciones*. Barcelona: Anthropos.

Goldberg, A. (2019). *Explain me this: Creativity, competition, and the partial productivity of constructions*. Princeton: Princeton University.

Häcki Buhofer, A. y Burger, H. (1992). Gehören Redewendungen zum heutigen Deutsch? *Fremdsprachen Lehren und Lernen*, 21, pp. 11-32.

Haspelmath, M. (1999). Why is grammaticalization irreversible? *Linguistics*, 37, pp. 1043-1068.

Ivorra Ordines, P. y Mellado Blanco, C. (2021). *Más tontos que el novio de la Chelo*. La intensificación de la estulticia en foros y chats por medio de comparaciones creativas: una aproximación desde la Gramática de Construcciones. *Estudios Románicos*, 30(1), pp. 39-58.

Keizer, E. (2018). Idiomatic expressions and anaphoric reference in functional discourse grammar. *Quaderns de filologia, Estudis lingüístics*, 23, pp. 177-195.

Kertész, A. y Rákosi, Cs. (2022). *Inconsistency in Linguistic Theorising*. Cambridge: Cambridge University Press.

Laca, B. (2006). Pluralidad y aspecto verbal en español. *Revista Española de Lingüística*, 36(1), pp. 7-42.

Langlotz, A. (2006). *Idiomatic Creativity. A cognitive-linguistic model of idiom-representation and idiom-variation in English*. Amsterdam: Benjamins.

Latta, R. L. (1990). The Concept of Incongruity: A Problem in the Theory of Humor. *Departmental Bulletin Paper*, 24, pp. 51-71.

Martí Sánchez, M. (2015). La búsqueda de sentido en la desautomatización fraseológica. En Mogorrón, P. y Navarro, F. A. (Eds.), *Fraseología, Didáctica y Traducción* (pp. 117-135). Frankfurt am Main: Lang.

Martí Solano, M. (2011). Phraseological Units in English: variation through lexical insertion. *Rassegna Italiana di Linguistica Applicata*, 43(1-2), pp. 389-404.

Mellado Blanco, C. (2004). *Fraseologismos somáticos del alemán. Un estudio léxico-semántico*. Berlin: Lang.

Mellado Blanco, C. (2010). La *forma interna* de los fraseologismos en la obra de Anatolij Baranov & Dmitrij Dobrovol'skij (*Aspectos teóricos da fraseoloxía*, 2009). *Verba*, 37, pp. 365-382.

Mellado Blanco, C. (2018). El contorno lexicográfico en Fraseología: naturaleza y ubicación en la microestructura de los diccionarios generales y fraseológicos. En Mogorrón Huerta, P. y Albaladejo-Martínez, J. A. (Eds.), *Fraseología, diatopía y traducción. Phraseology, Diatopic Variation and Translation* (pp. 72-93). Amsterdam: Benjamins.

Mellado Blanco, C. (2020a). La desautomatización desde el prisma de la Gramática de Construcciones: un nuevo paradigma de la variabilidad fraseológica. *Nasledje*, 45, pp. 17-34.

Mellado Blanco, C. (2020b). *(No) me importa un comino* y sus variantes diatópicas. Estudio de corpus desde la Gramática de Construcciones. *ELUA: Estudios de Lingüística*, Anexo VII, pp. 87-109.

Mellado Blanco, C. (2022). Phraseology, patterns and Construction Grammar. An introduction. En Mellado Blanco, C. (Ed.), *Productive Patterns in Phraseology and Construction Grammar. A Multilingual Approach* (pp. 1-25). Berlin: De Gruyter.

Mellado Blanco, C. (2023a). *¡Lo que yo de cura!* El 'antiprototipo' en las construcciones comparativas intensificadoras desde un punto de vista construccionista. *Revista de Filología de la Universidad de La Laguna*, 46, pp. 313-333.

Mellado Blanco, C. (2023b). *Wie Fisch und Fahrrad*. Inkongruenz als konstitutives Merkmal der verneinenden Vergleichskonstruktionen. En Mollica, F. y Stumpf, S. (Eds.), *Konstruktionsgrammatik IX. Konstruktionsfamilien im Deutschen* (pp. 165-203). Tübingen: Stauffenburg.

Mellado Blanco, C., Corpas Pastor, G. y Berty, K. (2021). El hablar y el discurso repetido: la fraseología. En Loureda, Ó. y Schrott, A. (Eds.), *Manual de lingüística del hablar / Manual of Text and Discourse Linguistics* (pp. 519-540). Berlin: De Gruyter.

Mellado Blanco, C., Mollica, F. y Schafroth, E. (2022): The expression of negative polarity in German, Italian and Spanish: a constructionist approach. En Gallez, F. y Hermann, M. (Eds.), *Kognition und Kontrast / Cognition and contrast. Festschrift für/for Prof. Dr. Sabine De Knop* (pp. 151-176). Bruxelles: Presses de l'Université Saint-Louis.

Mellado Blanco, C. y Ivorra Ordines, P. (2023). *Casi palmo de la risa*. A corpus-based study of a Spanish constructional idiom with the causal preposition *de*. *Constructions*, 15 (1). Recuperado de DOI <https://doi.org/10.24338/cons-537>.

Mena Martínez, F. (2003). En torno al concepto de desautomatización fraseológica: aspectos básicos. *Tonos digital*, 5. Recuperado de <https://digitum.um.es/xmlui/bitstream/10201/50794/1/En%20torno%20al%20concepto.pdf>.

Mena Martínez, F. (2004). Los efectos semánticos producidos por la desautomatización de las unidades fraseológicas. En Almela Pérez, R. *et al.* (Eds.), *Homenaje al profesor Estanislao Ramón Trives* (pp. 501-518). Murcia: Universidad de Murcia.

Mogorrón Huerta, P. (2020). Création, variabilité, variantes phraséologiques et diatopiques. *Cahiers de Lexicologie*, 116, pp. 173-195.

Montoro del Arco, E. T. (2004). La variación fraseológica y el diccionario. En P. Battaner y J. DeCaesaris (Eds.), *De Lexicografia. Actes del I Symposium Internacional de Lexicografia (Barcelona, 16-18 de maig de 2002)* (pp. 591-604). Barcelona: Institut Universitari de Lingüística Aplicada, Universitat Pompeu Fabra.

Montoro del Arco, E. T. y Sinner, C. (2014). Pronominale Phraseolexeme: Beschreibung und kontrastive Analyse Spanisch-Deutsch. En Mellado Blanco, C. (Ed.), *Kontrastive Phraseologie. Deutsch – Spanisch* (pp. 167-182). Tübingen: Stauffenburg.

Olímpio de Oliveira Silva, M. E. (2007). *Fraseología teórica y práctica*. Frankfurt am Main: Lang.

Penadés Martínez, I. (2010). La fraseología y el estado actual de su enseñanza-aprendizaje.. En *Actas del III Simposio Internacional de la Lengua Española del Instituto Cervantes de São Paulo (16 y 17 de abril de 2010)*. São Paulo: Instituto Cervantes. Recuperado de https://cvc.cervantes.es/ensenanza/biblioteca_ele/publicaciones_centros/PDF/saopaulo_2010/03_penades.pdf.

Penadés Martínez, I. (2012-2013). La fraseología y su objeto de estudio. Linred: *Lingüística en la Red*, 10. Recuperado de https://ebuah.uah.es/dspace/bitstream/handle/10017/24039/Fraseologia_Penades_LR_2013_11.pdf?sequence=1&isAllowed=y.

Penadés Martínez, I. (2022). La variación en las unidades fraseológicas. *Revista Nebrija de Lingüística Aplicada a la Enseñanza de Lenguas*, 16(32). Recuperado de https://revistas.nebrija.com/revista-linguistica/article/view/472/426.

Pfeiffer, Ch. (2018). Zur Identifikation modifizierter Phraseme in Texten: ein Vorschlag für die analytische Praxis. En Stumpf, S. y Filatkina, N. (Eds.), *Formelhafte Sprache in Text und Diskurs* (pp. 49-83). Berlin: De Gruyter.

Sánchez López, E. (2018). Claves para entender el fenómeno de la variación en fraseología. En Mogorrón Huerta, P. y Albaladejo-Martínez, J. A. (Eds.), *Fraseología, diatopía y traducción. Phraseology, Diatopic Variation and Translation* (pp. 243-262). Amsterdam: Benjamins.

Sawada, S. (2000): The Semantics of the 'Body Part Off' Construction. *English* Linguistics, 17(2), pp. 361-385.

Sinner, C. y Tabares Plasencia, E. (2016). El problema de las variantes fraseológicas desde la perspectiva de la lingüística de variedades. *Revista de Lingüística Teórica y Aplicada*, 54(2), pp. 13-41.

Smarandache, F. (1999). Linguistic paradoxes and tautologies. *Libertas Mathematica*, 19, 143-154. https://doi.org/10.48550/arXiv.math/0010120.

Suls, J. M. (1972). A two-stage model for the appreciation of jokes and cartoons: an information processing analysis. En Goldstein, J. H. y McGhee, P. E. (Eds.), *The Psychology of Humor* (pp. 81-100). New York: Academic Press.

Timofeeva, L. (2009). La desautomatización fraseológica un recurso para crear y divertir. *Estudios de lingüística*, 3, pp. 249-270.

Tristá, A. M. (1988). *Fraseología y contexto*. La Habana: Editorial de Ciencias Sociales.

Yus Ramos, F. (1995-1996). La teoría de la relevancia y la estrategia humorística de la incongruencia-resolución. *Pragmalingüística*, 3-4, pp. 497-508.

Zeschel, A. (2012). *Incipient productivity: a construction-based approach to linguistic creativity*. Berlin: De Gruyter.

Ziem, A. y Lasch, A. (2013). *Konstruktionsgrammatik: Konzepte und Grundlagen gebrauchsbasierter Ansätze*. Berlin: De Gruyter.

Zuluaga, A. (1980). *Introducción al estudio de las expresiones fijas*. Frankfurt am Main: Lang.

PART I

# Incoherencias en la Fraseología del Español

# La locución: paradojas y desajustes de una categoría inestable

*Esteban T. Montoro del Arco*
(Universidad de Granada)

**ABSTRACT**

Phraseology became an autonomous scientific discipline at the end of the twentieth century, overcoming the rigid theoretical frameworks of grammar that did not allow for its recognition as a differentiated linguistic phenomenon. The process of codifying phraseological units within Spanish grammatical theory was slow, gradual, and heterogeneous. This paper outlines the two main pathways through which this process was able: on the one hand, the *analogical* or morphological pathway, characteristic of adverbial, prepositional, and conjunctive idioms; on the other hand, the *analytical* or syntactic pathway, which led to the emergence of so-called lexematic units, such as verbal idioms. As a corollary, the paradoxes and inconsistencies inherent in extending the concept of phraseological unit to all verbal categories or word classes, particularly after the publication of Julio Casares' *Introduction a la lexicografía moderna* (1950), are presented. Finally, the paper argues for the benefits of a historiographical revision of the phraseological discipline in order to address these issues.

***Keywords:*** Phraseology, Idioms, History of linguistics, Grammatization

**RESUMEN**

La Fraseología se consolida como disciplina científica autónoma a finales del siglo XX, superando los rígidos moldes teóricos de la gramática que no permitieron su reconocimiento como fenómeno lingüístico diferenciado. El proceso de codificación de las locuciones en el seno de la teoría gramatical española fue lento, progresivo y heterogéneo. En este trabajo se exponen las dos principales vías por las que se produjo: por un lado, la vía *analógica* o morfológica, propia de las locuciones adverbiales, prepositivas y conjuntivas; por otro lado, la vía *analítica* o sintáctica, que permitió que afloraran las llamadas locuciones significantes, tales como la locución verbal. Como corolario, se muestran las paradojas e inconsistencias inherentes a la extensión del concepto de locución a todas las categorías verbales o clases de palabras, con la publicación de la *Introducción a la lexicografía moderna* (1950) de Julio Casares, y se postulan los beneficios de la revisión historiográfica de la disciplina fraseológica como medio para solucionar este tipo de problemas.

***Palabras clave:*** Fraseología, locuciones, historiografía lingüística, gramatización

## 1 Introducción

La ciudad de Detroit (Michigan) alcanzó gran celebridad en las primeras décadas del siglo XX, al convertirse en un importante centro de fabricación de automóviles. Sin embargo, en los años 70, con el encarecimiento del petróleo de fondo, entre otras circunstancias, entró en crisis el modelo capitalista que había imperado desde la II Guerra Mundial, merced a la fuerza de luchas y movimientos sociales. Este trance golpeó con dureza a esta ciudad estadounidense: se produjeron disturbios en los que se mezclaron motivaciones económicas y raciales, que a la larga provocaron la huida de la ciudad de la población blanca y pudiente. Esta dejó abandonados tras de sí algunos barrios importantes y, como consecuencia, el interior de los edificios se arruinó, la vegetación invadió las áreas desiertas y los animales salvajes fueron ocupando los espacios otrora habitados por los ciudadanos (Imagen 1). En otras palabras: la naturaleza se abrió paso una vez que las construcciones creadas por el hombre dejaron de retenerla o someterla.

**Imagen 1.** Michigan Central Station (imagen de Flickr por Kate Sumbler, *via* Creative Commons)

No, no piense el lector que se ha equivocado de capítulo: nos servirnos de la imagen de la *pradera urbana* de Detroit —*urban prairies*, así se denominan estos paisajes de aspecto apocalíptico— para trazar una analogía con el lugar que la fraseología ha ocupado respecto de los *edificios* gramaticales elaborados por los lingüistas a lo largo de siglos para explicarse las lenguas naturales y, en lo que aquí nos concierne, la lengua española en particular. Así, por ejemplo, el paradigma formalista del estructuralismo, como la ciudad estadounidense, alcanzó gran celebridad en las primeras décadas del siglo XX, entró también en crisis en los 70 y, por agotamiento, dio paso al reconocimiento de la antigua pulsión de lo pluriverbal, entre otros muchos fenómenos lingüísticos y pragmáticos que permanecían ocultos, obviados o desplazados por sólidos principios gramaticales.

En puridad, la fraseología estuvo siempre latente en la gramática —entendida como tipo de discurso y texto consolidado históricamente como un género (Gómez Asencio / Montoro del Arco / Swiggers 2014)— e incluso se fue colando por algunos huecos teóricos de esta. Las locuciones, las fórmulas y las expresiones pluriverbales en general representan esas hierbas que brotan por las rendijas del cemento armado y que terminan afeando la fachada, pero no la tumban; una realidad incómoda que, a pesar de su prominencia, se mantenía contenida, con mayor o menor rotundidad según la época, y que no afloró del todo al menos hasta la quiebra de los principios de un modelo teórico en el que nunca encajó.

Quizá la primera paradoja de la Fraseología consista en eso, en haber definido la singularidad de su objeto de estudio siempre frente a otras disciplinas, sin poder desgajarse de ellas, y haber recogido en su seno una gran heterogeneidad de fenómenos que con dificultad se pueden reunir juntos realmente en un mismo espacio teórico: los proverbios (*No solo de pan vive el hombre*), los aforismos (*La suerte está echada*), los refranes (*A quien a buen árbol se arrima, buena sombra le cobija*) —objeto tradicional de la paremiología (Sevilla / Crida 2013)— o las fórmulas pragmáticas (*Zapatero, a tus zapatos*), todas ellas unidades tipo *sentence-like* cuya naturaleza está anclada en contextos pragmáticos y discursivos muy concretos, conviven con secuencias muy breves y altamente gramaticalizadas del tipo *word-like*, que desempeñan funciones sintácticas puramente relacionales, como las locuciones prepositivas (*en torno a*) o las conjuntivas (*de manera que*).

Nadie duda de la oportunidad de este movimiento, necesario para sacar a la luz, desde un punto de vista teórico, una realidad lingüística que forma parte de las lenguas en la misma medida que otros componentes, y que no podía seguir siendo silenciada, sino que debía ser integrada en la descripción de la lengua española. El precio que se paga, como contrapartida, es el de la convivencia de los especialistas con los múltiples desajustes que lastran los fundamentos teóricos de la Fraseología desde su postulación como subdisciplina lingüística ya en el último tercio del siglo XX: confusión terminológica, incoherencias conceptuales, límites imprecisos entre categorías, dificultades para la categorización de fenómenos, etc. En este trabajo vamos a poner de manifiesto algunas muestras de esa difícil relación que la Fraseología ha construido con respecto —o quizá frente a— otras áreas de la lingüística, en particular con la gramática, centrándonos en las unidades que más estrechamente han estado relacionadas con esta: las locuciones.

## 2 Primera grieta: la *analogía*

Son ya abundantes los trabajos que se han ocupado de mostrar las vicisitudes por las que el hecho fraseológico ha pasado a través de los tratados gramaticales de la tradición hispánica. Algunos se ocupan de períodos más o menos amplios y de su rastro en obras seleccionadas, como los de Bargalló / Ginebra (2002); Montoro del Arco (2002, 2004a, 2004b, 2006a) y Martínez Alcalde (2023); otros siguen la pista a clases locucionales específicas, como la locución adverbial (Gómez Asencio 2003a) o la prepositiva (Gómez Asencio 2003b, 2008). Merced a todos ellos, hoy podemos hacernos una idea de cómo la teoría gramatical ha ido acomodando las locuciones, lenta pero progresivamente, a sus postulados.

Paradójicamente, las categorías adverbial, preposicional y conjuntiva —hoy, para muchos fraseólogos, unidades periféricas o no prototípicas— son las primeras fugas que aparecieron en el casco de un barco, el de la gramática española, que, basada inicialmente en el modelo latino y, por tanto, fundamentada en la unidad *palabra*, comenzó a hacer aguas ya desde los comienzos de su codificación, como atestigua la *Gramática de la lengua castellana* (1492) de Elio Antonio de Nebrija, quien atestigua tempranamente que en ocasiones las palabras latinas tenían formas perifrásticas equivalentes en la lengua vulgar:

> Otras muchas maneras ai de adverbios, que se dicen en el castellano por rodeo, como para contar: *una vez, dos veces, muchas veces*, por rodeo de dos nombres; otros muchos adverbios de calidad, por rodeo de algún nombre adjectivo & este nombre *miente* o *mente*, que significa ánima o voluntad; & así decimos *de buena miente*, & *para mientes*, & *vino se le mientes*; & de aquí decimos muchos adverbios, como *justa mente, sabia mente, necia mente*; otros decimos por rodeo de esta preposición *a* & de algún nombre, como *apenas, aosadas, asabiendas, adrede.* (Nebrija 1984 [1492]: 197-198)

En efecto, como bien señala Gómez Asencio (2003a), el sevillano acuña la expresión *por rodeo* como intento de *gramatizar*[1] todo lo pluriverbal, es decir, para dar cuenta del hecho de que algo expresado en latín a través de una forma sintética requiriese en la lengua española del concurso de varias unidades, separadas o no en la escritura:

> Lo de «por rodeo» es un artificio teórico ideado por Nebrija para dar cabida en la gramática del español conjuntos fijos de elementos que en latín constituyen o una forma gramatical (las mencionadas del verbo) o, a la vez, una forma gramatical y un elemento léxico simple (caso de los adverbios): lo que en latín se expresaba por medio de —era— *una* palabra en español necesita de un giro. Un mismo concepto (en latín y, por ende, en español) se expresa con una palabra en latín, pero necesita de un conjunto fijo de varias —de un rodeo— en español. (Gómez Asencio 2003a: 331)

En realidad, el *rodeo*, entendido como 'perífrasis' o 'circunloquio', lo aplicó Nebrija a un amplio abanico de fenómenos gramaticales que excede a lo fraseológico, y que solo tenían en común la pluriverbalidad, tales como: a) la superlación en el nombre adjetivo ("*mui* + adjetivo positivo": *mui más bueno*) (Nebrija 1984 [1492]: 169); b) las formas perifrásticas del verbo: "*ser* + participio", *so/eres amado*; "haber + participio", *io e amado, io ove amado, io*

---

1 La *gramatización* es un concepto que, siguiendo a Auroux (1994, 1995), se entiende como el proceso de codificación por el cual se crean conceptos o teorías de tipo gramatical sobre una lengua específica, teniendo en cuenta factores tanto internos de la propia lengua como también externos.

*leería*, etc. (Nebrija 1984 [1492]: 187-188); y c) como señalamos más arriba, los adverbios, que en ocasiones presentan un esquema recurrente, como los que sirven "para contar" ("por rodeo de dos nombres": *una vez, dos veces, muchas veces*) o los que se expresan "por rodeo de la preposición *a* & de algún nombre", como *a osadas, a sabiendas, adrede* o *apenas*.

Esta creación terminológica de Nebrija, tal y como dedujo más tarde el propio Gómez Asencio (2015: 50), en realidad seguía un patrón: el *rodeo* se unía a otros términos como *aposición, composición, derivación o ayuntamiento* que, cuando iban precedidos de la preposición *por* (*por rodeo, por aposición*, etc.), constituían procedimientos de formación de palabras. Las locuciones adverbiales están diluidas así junto con el resto de las formas por rodeo, que se conciben en conjunto (aunque estén diseminadas en distintas partes de la obra) como un mecanismo más de suplencia para colmar las carencias formales o léxicas del castellano frente al latín, la lengua de cultura en aquella época.

Sin embargo, la regularidad formal de las soluciones perifrásticas castellanas del paradigma verbal o de la expresión del grado superlativo de los adjetivos era bastante más patente que en el caso de los adverbios. Aunque pudiese encontrarse un patrón común en algunos grupos, este no podía aplicarse a todo el conjunto. Su carácter no prototípico o secundario provocaría que no tardara en tildarse, por oposición a lo analógico, como caprichoso e incluso residual.

Aunque en la doctrina del sevillano aún no se percibe del todo esta valoración, en los textos gramaticales posteriores sí se intuye una contraposición más clara entre lo auténtico (lo fetén) y lo excepcional u ocasional. Dicho de otro modo: en todo el metalenguaje gramatical tradicional relativo a la fraseología late implícitamente la tensión entre dos perspectivas generales sobre las lenguas que se plantearon ya en la Grecia clásica: la de los partidarios de la simetría, o *analogistas*, y la de los partidarios de la asimetría, esto es, los *anomalistas* (Robins 1984: 30-32). La mayor parte de los pensadores de la Escuela de Alejandría destacaba la regularidad de las lenguas (*analogía*) como característica fundamental en ellas; se basaban en la existencia de paradigmas formales, en los que las palabras de una misma categoría tenían las mismas terminaciones morfológicas, aspecto que garantizaba también significados analógicos o comparables en las formas resultantes. En la Escuela de Pérgamo, en cambio, la irregularidad (*anomalía*) era considerada el rasgo dominante en las lenguas: los estoicos aceptaban el lenguaje como una capacidad humana con todas sus imperfecciones, propias de una comunicación que no solo transmitía el pensamiento, sino también el sentimiento y la emotividad.

Era obvio que ninguna de las dos opciones se daba de forma absoluta en las lenguas naturales, de modo que, en la práctica, la discrepancia entre analogistas y anomalistas se medía por el peso que se le concedía a la irregularidad. La analogía era el principio que defendió Aristóteles y del que principalmente ha bebido nuestra tradición. En virtud de ello, las gramáticas de las lenguas occidentales se han asentado sobre el establecimiento de regularidades que permitieron aislar distintas clases y subclases de palabras (Calero Vaquera 2010). Sin embargo, partículas como el adverbio, entendidas como partes de la oración de pequeña entidad fónica, de carácter relacional en algunos casos, eran por definición invariables, de modo que no eran susceptibles de marcar su identidad basándose en la simetría formal de sus integrantes. En las partículas es, por tanto, donde se diluye la primacía de los principios analógicos.

Un ejemplo claro de la tensión entre analogía y anomalía en este sentido se verifica precisamente en el proceso de codificación de la *locución adverbial* (Gómez Asencio 2003a: 335), auténtica ventana por la que comienza a asomar la "maleza" fraseológica. Sin afán de exhaustividad y con un propósito tan solo panorámico, trazaremos algunos jalones que ilustran los distintos modos de gramatización de esta unidad.

Frente a la gramática de Nebrija, las *Osservationi della lingua castigliana* (1566) de Giovanni Miranda es un tratado que representa bien a las llamadas gramáticas del tipo *arte* en los Siglos de Oro,[2] que ha sido destacado por su tratamiento de la fraseología (Ridruejo 2008). Miranda, conforme a lo que es habitual en este tipo de tratados, se inclina hacia la presentación directa de los paradigmas sin detenerse demasiado en especulaciones teóricas. Así, expone una clasificación muy detallada de la tipología de los adverbios según su significado o función semántica, sin reparar en principio en la forma —monoverbal o pluriverbal— de sus integrantes. Por ello se reúnen unidades de todo tipo en la nómina de ejemplos (o *fragmentos de lengua* en este caso,

2 Se trata de las gramáticas que "comparten la interpretación de la 'gramática' como 'conjunto de reglas', que, además, debe adoptar una orientación decididamente didáctica", según la célebre etiqueta que Maquieira (1993: 266), haciéndose eco de la distinción de Llorente Maldonado entre arte / ciencia, aplica a las gramáticas destinadas a extranjeros publicadas en los Siglos de Oro.

siguiendo a Escudero Paniagua 2024) con que ilustra las subcategorías semánticas, como puede advertirse en el caso de los *avverbi di separare*, donde se hallan adverbios monoverbales (*fuera*), adverbios en mente (*apartadamente*) y también locuciones adverbiales (*a hurtadillas*):

DI SEPARARE

| **Castigliani** | **Toscani** |
|---|---|
| *a parte, a un cabo* | a un canto separatamente, |
| *detras en secreto, apartadamente, a escondidas* | indietro, di nascosto, apartatamente, partitamente, di nascosto, in secreto |
| *a una parte, a hurto, a hurtadillas, solo, solamente, tan solamente* | da una parte, appresso, appresso d'esse, solo, solamente, tanto solamente |
| *de otra manera, fuera* | altresi, fuor, furo che |
| *excepto, no embargante* | eccetto che, salvo, se non, |
| *no obstante, sino, ascuras.* | non ostante, se non, al buio |

(Miranda 2020 [1566]: 227)

No obstante, decide dedicar un apartado específico a lo que denomina *avverbi irregolari*. La cuestión es que, frente a la heterogeneidad formal del muestrario anterior, todos los considerados irregulares tienen en común, al menos en el caso español, su condición pluriverbal e idiomática:

Avverbi irregolari

Trovansi ancora alcuni avverbi particolari composti da altri, et irregolari quai sono:

| **Castigliani** | **Toscani** |
|---|---|
| *a travès, al reves, al traves* | traverso, à roverscio |
| *a vezes; a reculas, reculando* | a vicenda; andar a l'indrieto |
| *a bruças, de bruças, a gatas* | brancolone; carpone |
| *a tuerto, en balde, de baldè, a trueque* | A torto; in darno; in cambio, |
| *en lugar, a osadas, yo aseguro* | in vece, ben sa, io vi prometto |

(Miranda 2020 [1566]: 235)

Gonzalo Correas, gramático, como es sabido, muy atento al uso, llama la atención en su *Arte grande de la lengua castellana* (1626) sobre la abundancia de recursos para suplir la escasez de adverbios simples en español y utiliza múltiples términos —entre ellos, el de *locución adverbial*, por primera vez en la historia gramatical del español— para referirse a las alternativas al adverbio propiamente dicho:

> Los Adverbios son de muchas i varias maneras: los simples i primitivos son mui pocos. La causa es, porqe se suplen muchos por rodeos i zircunloqios, ó composizion i junta de palabras, i *locuziones adverbiales*, como *por cierto, donde quiera, por ventura, de verdad, acaso, nunca jamás, á lo menos, á deja prende, sin mas ni mas, una vez, dos veces, poco á poco, mucho á mucho, colla callando, burla burlando.* (Correas 1903 [1626]: 203)

Pero, contrariamente a lo que se pueda inferir de esta cita, si nos detenemos en las páginas siguientes, puede apreciarse el intento de encontrar regularidades en esta supuesta anomalía (repárese en que los trata aún "como si fueran Adverbios", pero sin serlo propiamente). Es por ello por lo que el maestro salmantino trata de ofrecer las *muestras de lengua* en torno a esquemas que, implícitamente, se infieren productivos en la formación de estas locuciones adverbiales, tales como "*á* + [Nombre acabado en -a/*-as*]", "*á* + [Nombre acabado en *-o/e*]", "*en* + [X]" o "*de* + [X]":

> Hai muchos *Adverbios de calidad i modo* i de otros propósitos, acabados en as, formados por la Preposizion á al principio de algun Nombre Adjetivo, como á *derechas,* á *tuertas,* á *las derechas,* á *penas,* á *duras penas,* á *las claras,* á *escondidas,* á *escondidillas,* á *reculas,* á *hotas,* á *osadas,* á *secas,* á *solas,* á *sabiendas,* á *tontas i* á *locas.*
>
> Algunos acaban en a: A *la sorda,* á *la callada,* á *la deshilada,* á *la vuelta.*
>
> Algunos hai varios: A *hurto,* á *soslayo,* á *tuerto ó* á *derecho,* á *diestro i* á *siniestro,* á *drede.*
>
> [...]
>
> Otros algunos, hai varios, con la Preposizion en: En*tónzes,* en*denántes* ó en*denante,* en*frente,* en *derecho,* en *fin,* en *conclusion.*
>
> Otros con de: De *veras,* de *burlas,* de *zierto,* de *repente,* de *balde,* de*lante,* de*trás,* del *revés.*
>
> Algunos de los qe aqí se ponen, son Nombres en el caso de la Preposizion, i rodeos qe suplen por Adverbios, i parece tan necesario ir advertidos, como si fueran Adverbios, simples, porque el Castellano es mui copioso en estos suplementos i conbinaziones de palavras para un sentido i conzeto. (Correas 1903 [1626]: 203-205)

Benito de San Pedro (1769) pone posteriormente en circulación el término *modos de hablar adverbial* —dentro de los que llama de forma más general *adverbios compuestos*—, y este comenzará a ser empleado como tecnicismo gramatical. Pero, en su concepción, los compuestos —y los modos adverbiales, por extensión— tampoco son todavía adverbios, razón por la que acuña dicha expresión alternativa:

> En la primera consideración son simples o compuestos.
>
> Los simples se expressan en sola una palabra, como: *luego*, *tarde*, *entonces*, *ayer*, *dulcemente*, enteramente, &c.
>
> Los compuestos se expressan en muchas palabras, i pueden llamarse con más propiedad modos de hablar adverbiales, que adverbios; tales son: *poco a poco*, *al instante*, *de repente*, *ras con ras*, &c. (San Pedro 1769:80)

La primera edición de la *Gramática de la lengua española* de la Real Academia Española, de 1771, parte también de la oposición primaria entre simples y compuestos, y añade los *modos adverbiales* como una categoría distinta, aparte de la canónica, pero con una diferencia sutil, y es que ya sí entran a formar parte de la categoría general del adverbio, a partir del uso del pronombre *otros* para referirse a ellos:

> Los adverbios se dividen en simples y compuestos: simples son los que constan de una voz sola, sin tener agregada otra ninguna parte de la oración, como son los siguientes:
>
> *Mas, menos, lexos, cerca, dentro, fuera, mucho, poco, bien, mal, tarde, temprano, quando, entónces, siempre, nunca, donde, arriba, abaxo, aquí, allí, acá, acullá, sí, no, así, peor, mejor.*
>
> Compuestos son los que se componen de dos ó mas partes de la oración.
>
> De estos hay algunos que se usan como una sola voz complexa: v. g. *amas, demas, ademas, amenos, asícomo, asimismo, adonde, sino, enfin, enhorabuena, enhoramala, buenamente*, y todos los acabados en *mente*, como: *sabiamente, facilmente.*
>
> Otros se usan disueltos, esto es, separadas las partes de la oracion de que se componen, y suelen llamarse modos adverbiales, como:
>
> [...] *De donde, desde donde, en donde, por donde, para donde, hacia donde, hasta donde, de lexos, de cerca, de repente, de veras, de valde, por ventura, por arriba, por abaxo, á sabiendas, á hurtadillas, á diestro y siniestro, á roso y velloso.* (GRAE 1771:187-189)

Y en la edición de 1854 los adverbios siguen clasificándose como simples y compuestos, pero, sin embargo, estos últimos incluyen no solo los adverbios en *-mente*, sino también los sintagmas formados por "preposición + adverbio" que siguen un esquema regular en su formación:

> Los adverbios se dividen en simples y compuestos: *simples* son los que constan de una sola voz, sin tener agregada otra ninguna sílaba ó palabra, como entre otros los siguientes:
>
> *Más, ménos, lejos, cerca, dentro, fuera, mucho, poco, bien, mal, tarde, temprano, cuando, entonces, siempre, nunca, donde, arriba, abajo, aquí, allí, acá, acullá, sí, no, así, peor, mejor.*
>
> *Compuestos* son los que se forman con los simples y alguna sílaba ó palabra que se les agrega, v gr. *demas, además, asimismo, adonde, buenamente, malamente* y todos los acabos en *mente*.
>
> Pueden tambien considerarse, si se quiere, compuestos los que van precedidos de una preposicion, v. gr.: [...] *de donde, desde donde, en donde, por donde, para donde, hacia donde, hasta donde, de lejos, de cerca.* (*GRAE* 1854: 110)

Los modos adverbiales, por su parte, dejan de ser un añadido a esta clasificación primaria e incluso son ubicados más adelante bajo un epígrafe aparte. Al final de este, además, se observa ya claramente la oposición entre adverbios y modos adverbiales al referirse a las expresiones procedentes del latín que, ya sean de uno u otro tipo, adopta el castellano:

> *Modos adverbiales.*
>
> Llámanse así ciertas locuciones que hacen en la oración oficio de adverbios, y abundan mucho en nuestra lengua, tales como *á sabiendas, á hurtadillas, á diestro y siniestro, á roso y velloso, á ciegas, á bulto, á la francesa, á la buena de Dios, á oscuras, á tientas, á tontas y á locas, á troche y moche, al revés, al anochecer, con todo, de golpe, de prisa, de nuevo, de cuando en cuando, en el acto, en efecto, en resúmen, en fin, por último, entre dos luces, por alto, por mayor, por junto, sin embargo, sin más ni más &c., &c.*
>
> Por último, son de uso frecuente en castellano algunos adverbios y modos adverbiales puramente latinos, como *ínterin, gratis, máxime, ítem, inclusive, a priori, ex profeso*; y aun otras locuciones del mismo idioma que, sin ser en su origen de naturaleza adverbial, la adquirieron al pasar á nuestra lengua, como *ipso facto, cálamo currente, &c.* (*GRAE* 1854: 118-119)

Sirviéndonos de estos datos, aunque sean solo testimoniales, podemos comprobar cómo la doctrina gramatical va acomodando poco a poco la realidad pluriverbal, hasta reconocerle cierto estatus teórico. Para Nebrija eran parte del mecanismo general de formación que denominaba *por rodeo*. Miranda los segrega y les concede una categoría, pero para considerarlos anómalos o irregulares, conforme a una tradición eminentemente analogista. Correas parte de una oposición inicial entre los adverbios simples y cualquier otra realidad alternativa que realice esa misma función (sin ser adverbios), conformando un *totum revolutum* o cajón de sastre con todo ello en el que, sin embargo, gracias a la abundancia de ejemplos utilizados, pueden adivinarse ciertas regularidades formales. Posteriormente, San Pedro consolida la oposición entre adverbios simples/compuestos y reconoce dentro de la composición a las formaciones con miembros separados en la escritura. La *GRAE* de 1771, por su parte, termina de integrar las locuciones en la noción de composición, pero las distingue, terminológica y conceptualmente, de los compuestos; ambas tienen cabida en la noción primaria de adverbio, y de este modo, aunque tímidamente, reduce el supuesto carácter anómalo de las formaciones pluriverbales. Y, finalmente, una vez comprobada y demostrada la entidad y frecuencia en español de los llamados modos adverbiales —que ya venían comprobando diversos gramáticos, como Gonzalo Correas— estos terminan separándose de los compuestos y conformando una categoría paralela a la de los adverbios propiamente dichos. Así, como resultado de todo el proceso, terminan adquiriendo mayor entidad teórica y se sitúan al mismo nivel jerárquico que el adverbio, culminándose así su particular proceso de gramatización (Tabla 1).

**Tabla 1.** Claves del proceso de gramatización de las locuciones adverbiales

<table>
<tr><td rowspan="2">Miranda (1566)</td><td colspan="3">Avverbi</td></tr>
<tr><td colspan="3">Avverbi irregolari ("composti da altri, & irregolari")</td></tr>
<tr><td rowspan="2">Correas (1626)</td><td colspan="3">Adverbios "simples i primitivos"</td></tr>
<tr><td colspan="3">"rodeos i zircunloquios ó composizion i junta de palabras, i locuciones adverbiales"</td></tr>
<tr><td rowspan="2">San Pedro (1769)</td><td colspan="3">Adverbios (simples)</td></tr>
<tr><td colspan="3">"Modos de hablar adverbiales" (adverbios compuestos)</td></tr>
<tr><td rowspan="3">GRAE (1771)</td><td rowspan="3">Adverbios</td><td colspan="2">simples</td></tr>
<tr><td rowspan="2">compuestos</td><td>"una sola voz complexa"</td></tr>
<tr><td>Modos adverbiales</td></tr>
<tr><td rowspan="3">GRAE (1854)</td><td rowspan="2">Adverbios</td><td colspan="2">simples</td></tr>
<tr><td colspan="2">compuestos</td></tr>
<tr><td colspan="3">Modos adverbiales</td></tr>
</table>

Estas fases, con variaciones, se describen también en términos generales para la preposición y la conjunción, categorías que, como el adverbio, tienen escaso valor léxico y cuyo inventario es incluso más limitado que el de este. La configuración histórica detallada de todas estas locuciones, que fueron denominadas, junto a las marcadoras, *locuciones particulares,* por su equivalencia con la categoría histórica de las *partículas*, puede consultarse en Montoro del Arco (2006c).

## 3 Segunda grieta: el *análisis gramatical*

Cuestión muy distinta era aceptar una realidad pluriverbal alternativa en otras clases de palabras de mayor complejidad morfológica. Entendemos que, para los gramáticos, explicar categorías léxicas como la del sustantivo o la del verbo, de gran riqueza flexiva y enorme variedad semántica, y con un inventario abierto, era una tarea ya de por sí muy compleja. De hecho, la morfología nominal y la verbal ocupaban conjuntamente buena parte de las páginas de tratados gramaticales, cuyo objeto descriptivo fundamental eran estas dos clases de palabras ya desde Nebrija. La existencia de una realidad pluriverbal alternativa no era relevante para los gramáticos, como sí parecía serlo en otras aproximaciones a la lengua, como la de los lexicógrafos (*vid.* Gómez Asencio / Montoro del Arco / Swiggers 2014; Montoro del Arco 2025).

Por añadidura, las expresiones pluriverbales rompían abiertamente con el principio de regularidad analógica en el que se fundamentaba la gramática occidental, que se vio especialmente acentuado con la adopción de una perspectiva racionalista sobre la gramática propia de los siglos XVIII y XIX. Tanto es así que la propia Real Academia Española terminará incluso condenando las expresiones fijas e idiomáticas en general, debido a su manifiesta irregularidad. Así se comprueba en el siguiente texto, correspondiente a la edición de 1911, en el que se rechazan varios fraseologismos (locuciones verbales, adverbiales y pronominales) por ser contrarios a las leyes de *orden natural* (concordancia, régimen y construcción) en las que se basaba la clásica doctrina sintáctica académica:

> Sin embargo de lo dicho hasta aquí, forman parte del caudal de nuestra lengua muchas locuciones, construcciones y modismos peculiares de ella, donde aparecen como rotas y menospreciadas las más obvias leyes de la concordancia, régimen y

> construcción, y como desfigurado el concepto. Locuciones tales se llaman idiotismos, son vulgarísimos, y no las desdeñan escritores muy pulcros. Su formación y origen no se descubren fácilmente, y muchas de ellas suelen descifrarse con más sutileza que racional apoyo. Sirven de muestra estos idiotismos castellanos: *a más ver, a ojos cegarritas, a ojos vistas, a pie juntillas, cerrarse de campiña, de vez en cuando, estar a diente, hacerse de pencas, no dar en uno una sed de agua, uno que otro*, etc. (*GRAE* 1911: 286)

Como corolario de lo dicho hasta aquí, conviene apuntar una nueva paradoja: las categorías que hoy se consideran prototípicas, tanto desde una concepción ancha como estrecha de la fraseología (las locuciones verbales, nominales o adjetivas), fueron las más tardías en llegar a ser codificadas, y llegaron a la doctrina gramatical por causas y cauces muy distintos a los de las locuciones particulares.

Su incorporación no vino, como quizá cabría esperar en un principio, por el desarrollo progresivo de la morfología, entendida, desde un punto de vista textual, como el apartado en la estructura de las gramáticas dedicado a la caracterización de las distintas clases de palabras. Es decir, los tratadistas canónicos del llamado paradigma tradicional nunca terminaron de extender la oposición primaria entre palabras / modos de hablar (adverbiales, prepositivos, conjuntivos) al resto de las categorías. El hallazgo de unidades pluriverbales equivalentes a verbos o sustantivos se produjo por otras vías. Hay una de ellas, la vía lexicográfica, que es externa a la codificación gramatical y que es bien conocida: disponemos de una larga lista de estudios dedicados al modo en que se fue reflejando en los diccionarios la fraseología (Montoro del Arco 2025). Pero hay otra vía menos conocida inherente a la propia gramática, que vino aparejada al desarrollo de la sintaxis.

La gran revolución experimentada por la gramática, que hizo de la sintaxis una parte destacada de ella y a la postre una subdisciplina específica, se inició en España en el siglo XVIII, procedente del desarrollo del sistema escolar en Francia (Delesalle / Chevalier 1986; Chervel 2007), y se extendió sobre todo en el XIX (Calero Vaquera 2008; Montoro del Arco 2010). Durante este período se pasa de concebir la oración (simple) como una agrupación de palabras con relaciones inmediatas entre ellas —explicadas a partir de los conceptos de orden, régimen y concordancia—, a entender que la organización del discurso se ordena primariamente a partir de estructuras más amplias y abstractas que las palabras, procedentes de la lógica, esto es, las proposiciones.

La proposición pasa a ser el objeto primario de la reflexión gramatical, desplazando de este modo a la palabra, que va siendo relegada progresivamente al último lugar de la cadena del análisis, según el llamado "método descendente" (*vid.* Lauwers 2004; Montoro del Arco 2015). A grandes rasgos, en el ejercicio práctico de lo que dio en llamarse *análisis lógico y gramatical* (Montoro del Arco / García Folgado 2009), un primer paso estaba dedicado a la identificación de proposiciones y, dentro de estas, de los dos elementos que la constituían, *sujeto* y *atributo* (hoy, *predicado*), así como de otras funciones en su interior. En una fase posterior, se aplicaba el *análisis gramatical*,[3] también llamado posteriormente por algunos autores *análisis analógico*, —entre otras posibilidades terminológicas, como *análisis de la palabra*, *análisis de dicción*, etc. (Calero Vaquera / Zamorano Aguilar 2010)—, que consistía en la caracterización de cada una de las palabras individualmente consideradas. El análisis podía extenderse, según los casos, también a la prosodia e incluso a la ortografía.

Un ejemplo muy gráfico de en qué consistía el análisis gramatical o analógico nos lo brinda Alvira Belzunce (1910), quien plasma su examen morfológico de la oración "Las buenas vías de comunicación demuestran el progreso de un pueblo" sirviéndose de una tabla en la que cada una de las palabras del tema es clasificada de acuerdo con diversos criterios morfológicos (categoría verbal, formación, estructura, accidentes) y semánticos (significación) (Imagen 2).

---

3 La etiqueta *análisis gramatical* fue denotando realidades distintas a lo largo de la historia. Aunque en un comienzo se opusiera de forma casi sistemática al análisis lógico, terminó por extenderse a cualquier trabajo analítico en el marco de la gramática, incluyendo no solo la analogía, sino también la propia sintaxis. Así lo demuestra el estudio de los títulos de las obras a lo largo de la segunda mitad del XIX y de la primera del XX (Calero Vaquera / Zamorano Aguilar 2010; Montoro del Arco 2010) y también se pone de manifiesto en la comparación entre diversos autores de la misma época (Montoro del Arco 2019).

ANÁLISIS ANALÓGICO

| Palabras | Naturaleza | Significación | Origen | Estructura | ADJETIVOS | | ACCIDENTES | | | | | | |
|---|---|---|---|---|---|---|---|---|---|---|---|---|---|
| | | | | | Grado | Terms. | Género | Número | Caso | Modo | Tiempo | Persona | Voz |
| Las | artículo | determ. | » | » | » | » | fem. | plur. | no. | » | » | » | » |
| buenas | adjetivo | califica. | deriv. | simple | posit. | 2 | id. | id. | id. | » | » | » | » |
| vías | nombre | común | primi. | id. | » | » | id. | id. | id. | » | » | » | » |
| de | prepos. | de abla. | » | » | » | » | » | » | » | » | » | » | » |
| comunicación | nombre | común | deriv. | simple | » | » | fem. | sing. | ablº. | » | » | » | » |
| demuestran | verbo | transiti. | primi. | comp. | » | » | » | plur. | » | ind. | pres. | 3.ª | ac. |
| el | artículo | determ. | » | » | » | » | mas. | sing. | acu. | » | » | » | » |
| progreso | nombre | común | deriv. | simple | » | » | id. | id. | id. | » | » | » | » |
| de | prepos. | de geni. | » | » | » | » | » | » | » | » | » | » | » |
| un | artículo | indeter. | » | » | » | » | mas. | sing. | gen. | » | » | » | » |
| pueblo | nombre | común | deriv. | simple | » | » | id. | id. | id. | » | » | » | » |

**Imagen 2.** Ejemplo de *análisis analógico* de Tomás Alvira Belzunce (1910)

En una teoría procedente de la lógica, orientada hacia la búsqueda de regularidades analíticas y que trataba de descomponer unidades hasta llegar a las unidades más pequeñas, cabe suponer que tampoco encontrasen inicialmente las unidades fraseológicas el caldo de cultivo idóneo para su estudio: los temas analizados por Alvira Belzunce son paradigmáticos de lo que solía ocurrir en estos tratados: los enunciados creados *ad hoc* que se utilizan para las explicaciones resultan un tanto naífs, y no albergan en su interior unidades fraseológicas, pues cabe suponer que estas constituían un escollo para la pretendida simetría del análisis y dificultaban la demostración práctica de una capacidad de razonamiento que se consideraba universal y que iba más allá de las lenguas particulares.

Otra buena muestra de ello son los *ejemplos de lengua* (Escudero Paniagua 2024) que utiliza Merino como modelo para el análisis en su *Principios del análisis lójico* (1848) (García Folgado / Montoro del Arco 2011), —obra creada, eso sí, para la escuela primaria— que se intercalan en las explicaciones sintácticas, tales como los siguientes:

> En la proposición *los habitantes de Orihuela perecieron*, hemos visto que las palabras *de Orihuela* completa la significacion del sugeto *los habitantes*, y forman un complemento simple. Mas en el ejemplo siguiente: *los habitantes de Orihuela, Totana y Yecla perecieron*, el complemento es *compuesto*. Dicha proposicion tambien lo es, y

puede descomponerse en estas tres: 1.ª *los habitantes de Orihuela perecieron.* 2.ª *los habitantes de Totana perecieron*, y 3.ª *los habitantes de Yecla perecieron.* (Merino 1843: 22)

La realidad fraseológica, por tanto, volvía a ser invisible al situarse en una encrucijada entre dos tipos de análisis, el lógico o sintáctico, y el morfológico o analógico, polarizados claramente en torno a la oración y a la palabra, respectivamente.

Sin embargo, un estudio pormenorizado de estos tratados nos ha permitido percibir una evolución en ellos. Así, un gramático como Julio González Santos, ya a comienzos del siglo XX, utiliza fragmentos de lengua más realistas, en los que decididamente aparece la fraseología locucional. De enunciados como "El niño juega", "El viejo corre" o "La bola rueda" propios del tratado de Ramón Merino, llegamos a ejemplos como "Moisés hizo pedazos las Tablas de la Ley", donde *hacer pedazos* se juzga equivalente a *partir* y, por ende, se interpreta como una unidad formal y de significado, es decir, una locución verbal; y, dado que no existe aún este concepto, se sirve para identificarlos de conceptos claramente inspirados en la obra del gaditano Eduardo Benot (*conglomerado, verbo frase*), cuyo protagonismo en la gramatización de las locuciones verbales ya fue reivindicado por Montoro del Arco (2006a):

**De los verbos frases.** –Entendemos por verbos frases todo conglomerado de palabras relacionadas por un verbo y cuya significación puede reemplazarse por una sola forma verbal.

Lo que esencialmente caracteriza a los *verbos frases* y los hace distinguir de otras locuciones análogas (verdaderos modismos del idioma) es que su significación puede expresarse fielmente con un solo verbo.

Los verbos frases en castellano son muy numerosos, y entre otros tenemos:

| | | |
|---|---|---|
| Hacer tiempo | equivalente a | esperar |
| Ir a bordo | » | embarcarse |
| Dar con el cuerpo en tierra | » | caer |
| Perder la cabeza | » | enloquecer |
| Hacer añicos | » | triturar, romper |
| Caer en las redes o lazos que a uno tienda | » | ser engañado, o preso |

Para analizar estas oraciones debe tenerse en cuenta el significado que encierran, esto es la naturaleza del verbo que las sustituye: así la oración Moisés hizo pedazos las Tablas de la Ley, debe considerarse como primera de activa, cuyo sujeto es Moisés, verbo *hizo pedazos* (partió), complemento directo, las Tablas de la Ley:

> y la oración «Jesucristo agoviado [*sic*] por el peso de la Cruz dio con su cuerpo en tierra» es una oración neutra, segunda, cuyo sujeto es Jesucristo, y verbo frase *dio con su cuerpo en tierra,* (cayó). (González Santos 1917: 52-53)

En este párrafo se indica expresamente que no hay que llegar a la descomposición ulterior de formas como *hacer pedazos* o *dar* [alguien] *con su cuerpo en tierra*, codificadas como *verbos frase*, término ya inequívocamente fraseológico. Hay que decir, a este respecto, que este es un avance significativo sobre la teoría benotiana. Benot interpretó las *frases* en sus *Breves apuntes* de 1888 como sintagmas, no necesariamente como fraseologismos, en los que por definición no intervenía un verbo: "los conjuntos de palabras o *entidades elocutivas* determinantes en que no hay verbo se llaman FRASES" (Benot 1914 [1888]: 120). Como consecuencia, a las locuciones verbales, cuyo núcleo es precisamente un verbo, no les adjudicó posteriormente el concepto *frase*, aunque intentara dar cuenta de ellas de otras maneras en su *Arquitectura de las lenguas* (1889), bien a través del concepto específico *ad hoc* de *verbo-conjunto* o bien con el más genérico de *conglomerado*:

> A veces la costumbre de ir un verbo acompañado constantemente de un ACUSATIVO-ESPECIAL, ha hecho que de las dos voces, soldándose, haya resultado una masa verbal, un VERBO-CONJUNTO, un conglomerado, transitivo las más de las veces, y de significación única e indisoluble.
>
> De esto provienen los verbos acusativos conglomerados. (Benot 1889:74)

Entre los ejemplos que aporta, parcialmente coincidentes con los de Santos, efectivamente se reconoce la estructura "verbo + acusativo" (*hacer pedazos*, *hacer astillas*, *hacer añicos*, *hacer aspavientos*), pero también recoge otras formas que no se ajustan tan claramente a ese esquema, como *dar lugar a*, *sacar partido de* o *tener en cuenta.* El de Julio Santos es, pues, uno de los más tempranos testimonios que hemos encontrado de la gramatización completa de las locuciones verbales en la tradición gramatical, que emergió, como intentamos demostrar, no tanto a partir del estudio del verbo como clase de palabra como de la descomposición sintáctica de la proposición.

Las *locuciones nominales*, por su parte, —como *premio gordo*, *sangre azul*, etc.— también fueron reflejadas por Eduardo Benot, por cierto: esta vez como *complexos elocutivos*, en su *Arte de hablar* de 1910, su obra póstuma (Montoro del Arco 2006b), pero por esas mismas fechas, en los albores del siglo XX, colisionaría con los presupuestos de una disciplina emergente como era la de la *formación de palabras*, y muy particularmente se contrapondrá a la noción de composición, fenómeno cuyo estudio excede lo aquí expuesto y que trata por extenso Montoro del Arco (2017, 2021).

En la actualidad, se concede a Julio Casares el mérito de haber dado carta de naturaleza a la equivalencia entre palabras y *locuciones significantes*, pero por la vía lexicográfica, en su *Introducción a la lexicografía moderna* de 1950, como reflexión previa a la elaboración del diccionario histórico de la Academia:

> Entre las locuciones significantes mencionaremos en primer lugar las NOMINALES, que son todas de índole substantiva y equivalen, por tanto, a un nombre: *papel moneda, ave del Paraíso, la carabina de Ambrosio, coser y cantar*, etc. Vienen luego las locuciones ADJETIVALES que, como lo indica su nombre, hacen oficio de adjetivos: (una comedia) *de cascabel gordo;* (una mujer) *de rompe y rasga;* (un disgusto) *de padre y muy señor mío;* etc. Llamaremos locuciones VERBALES a las que se componen de un verbo que, asimilando su complemento directo o preposicional, forma un predicado complejo. Así como *dar bofetadas* o *de bofetadas* a una persona significa "abofetearla", *ponerla de vuelta y media* equivale a "insultar"; *subirse a la parra* significa "encolerizarse"; y *tomar el olivo*, "huir". También hay locuciones PARTICIPIALES, como *hecho un brazo de mar, hecho un mar de lágrimas*, etc. (Casares 1992 [1950]: 171)

No hay duda de que las significantes representaban el principal interés fraseológico de Casares ante la magna empresa del proyecto que la Academia le había encomendado. No obstante, desdobló completamente el conjunto de las categorías verbales a partir del criterio básico de equivalencia sintáctico-funcional entre ellas, culminando un proceso que venía gestándose en la tradición gramatical de modos diversos (Montoro del Arco 2024). Acuñó los términos de *locución participial*, *locución pronominal* y *locución interjectiva* que, al no tener el respaldo de una tradición previa, han tenido desigual suerte en la actualidad en la teoría fraseológica: la locución participial fue prácticamente abandonada desde su nacimiento, por la desaparición misma del participio como clase de palabra diferenciada del verbo (Penadés Martínez 2004). La pronominal, a pesar de basarse en una categoría consolidada como era la del pronombre y servir para identificar unidades que aparecían ciertamente diluidas en la descripción gramatical, es una notable ausencia en la gramática oficial académica, a pesar de que esta acogió prácticamente todos los tipos locucionales (*NGRAE* 2009: 53-54), inconsistencia que ha sido puesta de manifiesto recientemente (Montoro del Arco 2022). Las interjectivas, por último, supusieron quizá la más grave paradoja o contradicción: creada por desdoblamiento de la controvertida clase de la interjección, dicha noción implicaba aceptar, por una parte, la definición de locución como elemento que funciona por debajo de la oración y admitir, por contra, que algunas de ellas tienen entidad oracional, difícil encaje que se ha mantenido hasta la actualidad a través de conceptos como el de *locución clausal* (Corpas Pastor 1996) o *locución oracional* (García-Page 2008: 152-165).

## 4 Conclusiones

La fraseología se (re)descubrió en Europa con un especial entusiasmo durante el último cuarto del siglo XX, hasta el punto de propiciarse la creación colectiva de toda una disciplina lingüística centrada en ella como objeto de estudio principal. Hasta ese momento, los fraseologismos representaban sobre todo un obstáculo para gramáticos y lexicógrafos, centrados durante siglos en la unidad palabra y con clara preferencia en el caso de los primeros hacia un estudio inmanente de la lengua, que no permitía juzgar adecuadamente el uso. En este contexto, constituían una amenaza para la pretendida regularidad de los preceptos morfológicos y sintácticos y fueron incluso rechazados desde un punto de vista normativo.

Casares actuó en este sentido como bisagra entre la gramática y la práctica lexicográfica, entre la tradición y la modernidad, y merced a cualidades definitorias excesivamente generales (pluriverbalidad, fijación, idiomaticidad) reunió un abanico muy amplio de fenómenos, con un recorrido teórico muy diverso, aplicando una artificial pátina de homogeneidad y coherencia al fenómeno fraseológico. Y lo cierto es que quienes conciben al granadino no como un punto de llegada de la tradición, sino como un punto de partida, es decir, como el supuesto iniciador de la disciplina fraseológica, en cierto modo han sostenido esta visión, sin cuestionar la inestabilidad del conjunto.

No es extraño que, una vez agotados los modelos gramaticales formalistas, se buscara desvincular la codificación de las locuciones de los moldes lingüísticos textuales tradicionales (gramáticas, diccionarios) que, como los edificios de una gran ciudad, reducían su presencia a unos cuantos espacios verdes diseminados en sus barrios. La nueva disciplina emergió y conquistó un espacio teórico propio estableciendo límites y fronteras con respecto a otras con más arraigo, que quedaban de este modo liberadas de una realidad que había ido lastrando sus principios más básicos: se reclamó incluso un nivel lingüístico específico al lado de los ya consabidos (fónico, morfológico, sintáctico, léxico-semántico, etc.). Sin embargo, coincidimos con Mendívil Giró (1998: 51) en que el estudio autónomo de la fraseología conduce a una pérdida de visión del punto de vista general deseable en una aproximación verdaderamente científica, y puede oscurecer la raigambre eminentemente gramatical y léxica de muchos de los conceptos manejados hoy.

El estudio historiográfico fundamentado de la fraseología (Montoro del Arco 2025), sin duda, creemos que aporta claros beneficios a la teoría fraseológica: trazando la historia y filiación textual y doctrinal de cada concepto, será posible corregir las vaguedades e inconsistencias terminológicas y conceptuales tan características de esta disciplina, para mejorar la descripción y afrontar con mayores garantías los retos venideros.

## Referencias citadas

Auroux, S. (1994). *La révolution technologique de la grammatisation*. Liège: Mardaga.

Auroux, S. (1995). Grammatisation, *Histoire Épistemologie Langage*, 11, pp. 5-6.

Alvira Belzunce, T. (1910). *Análisis lógico y gramatical con ejercicios prácticos*. Zaragoza: Tip. de Pedro Carra, sucesor de Salas.

Bargalló Escrivá, M. y Ginebra, J. (2002). Doctrina sobre idiomaticidad y fraseología en algunas gramáticas catalanas y españolas de los siglos XVIII y XIX. En Esparza Torres, M. Á., Fernández Salgado, B. y Niederehe, H-J. (Eds.), *SEHL 2001. Estudios de Historiografía Lingüística*, vol. II (pp. 789-804). Hamburg: Buske.

Benot, E. (1889). *Arquitectura de las lenguas*, I. Madrid: Juan Muñoz Sánchez.

Benot, E. (1914 [1888]). *Breves apuntes sobre los casos y las oraciones preparatorios para el estudio de las lenguas*. Madrid: Hernando.

Calero Vaquera, M.ª L. (2008). Análisis lógico y análisis gramatical en la tradición española: hacia una (r)evolución de la sintaxis. En Maquieira Rodríguez, M. A. y Martínez Gavilán, M.ª D. (Eds.), *Gramma-temas 3: España y Portugal en la tradición gramatical* (pp. 11-42). León: Universidad de León.

Casares, Julio. (1992 [1950]). *Introducción a la lexicografía moderna.* Madrid: CSIC.

Calero Vaquera, M.ª L. (2010). Las irregularidades lingüísticas desde la perspectiva de los inventores de lenguas universales. En Sinner, C. y Zamorano Aguilar, A. (Eds.), *La* excepción *en la gramática española. Perspectivas de análisis* (pp.17-36). Madrid, Frankfurt am Main: Iberoamericana/Vervuert.

Calero Vaquera, M.ª L. y Zamorano Aguilar, A. (2010). El término 'análisis' en las gramáticas de la tradición hispánica – estudio metalingüístico. En Wieland, K., Süselbeck y Eilers, V. (Eds.), *Aspectos del desarrollo de la lingüística española a través de los siglos* (pp. 13-29). Hamburg: Buske.

Chervel, A. (2007). *Histoire de l'enseignement du Français du XVIIe au XXe siècle*. París: Retz.

Corpas Pastor, G. (1996). *Manual de fraseología española.* Madrid: Gredos.

Correas, G. (1903 [1626]). *Arte grande de la lengua castellana. Publícalo por primera vez el Conde de la Viñaza, de la Real Academia Española*. Madrid: Tipografía matritense de Ricardo Fe.

Delesalle, S. y Chevalier, J.-C. (1986). *La linguistique, la grammaire et l'école: 1750-1914*. París: Armand Colin.

Escudero Paniagua, F. (2024). *La ejemplificación gramatical. Aproximaciones teóricas para su investigación en historiografía lingüística y otras áreas.* Madrid, Frankfurt am Main: Iberoamericana/Vervuert.

García Folgado, M. J. y Montoro del Arco, E. T. (2011). Aproximaciones a la enseñanza del análisis: los *Principios del análisis lójico* de Ramón Merino (1848). En Hassler, G. (Ed.), *History of Linguistics 2008. Selected papers from the eleventh International Conference on the History of the Language Sciences* (ICHoLS XI, 28 August-2 Septembre 2008) (pp. 303-315). Amsterdam: John Benjamins.

García-Page, M. (2008). *Introducción a la fraseología: estudio de las locuciones.* Barcelona: Ánthropos.

Gómez Asencio, J. J. (2003a). De las locuciones adverbiales, ¿qué se hizo en la tradición gramatical española? En Echenique Elizondo, M. T. y Sánchez Méndez, Juan P. (Coords.), *Lexicografía y lexicología en Europa y América: homenaje a Günther Haensch en su 80 aniversario* (pp. 329-348). Madrid: Gredos.

Gómez Asencio, J. J. (2003b). El modelo *delante de*, *cerca de* en la tradición gramatical española. *Estudios de Lingüística de la Universidad de* Alicante, 17, pp. 329-343.

Gómez Asencio, J. J. (2008). El tratamiento de lo que ahora se llama 'locuciones prepositivas' en sesenta y cuatro gramáticas del español (1555-1930). En Maquieira Rodríguez, M. A. y Martínez Gavilán, M.ª D. (Eds.), *Gramma-temas 3: España y Portugal en la tradición gramatical* (pp. 75-104). León: Universidad de León.

Gómez Asencio, J. J. (2015). Terminología gramatical española de los principios / Principios de la terminología gramatical española. En Bruley, C. y Suso López, J. (Eds.), *La terminología gramatical del español y del francés / La terminologie grammaticale de l'espagnol et du français* (pp. 25-74). Frankfurt am Main: Lang.

Gómez Asencio, J. J., Montoro del Arco, E. T. y Swiggers, P. (2014). Principios, tareas, métodos e instrumentos en historiografía lingüística. En Calero Vaquera, M.ª L. *et al.* (Eds.), *Métodos y resultados actuales en Historiografía de la Lingüística*, vol. 1 (pp. 266-301). Münster: Nodus.

González Santos, J. (1917). *Teoría y práctica del Análisis Gramatical.* Valencia: Imp. V. Ferrandis.

*GRAE* (1771) = Real Academia Española (1771). *Gramática de la lengua castellana.* Madrid: D. Joachin de Ibarra, Impresor de Cámara de S. M.

*GRAE* (1854) = Real Academia Española (1854). *Gramática de la lengua castellana*. Madrid: Imprenta Nacional.

*GRAE* (1911) = Real Academia Española (1911). *Gramática de la lengua castellana*. Madrid: Perlado, Páez y compañía.

Lauwers, P. (2004). *La description du français entre la tradition grammaticale et la modernité linguistique. Étude historiographique et épistémologique de la grammaire française entre 1907 et 1948*. Leuven: Peeters.

Martínez Alcalde, M.ª J. (2023). Canon literario y fraseología en el proceso de codificación gramatical del castellano (1492-1770). R*evista de Filología de la Universidad de La Laguna*, 46, pp. 71-89.

Maquieira, M. (1993). Las gramáticas castellanas para extranjeros a lo largo del siglo XVI. *Contextos*, XI(21-22), pp. 265-290.

Mendívil Giró, J. L. (1998). Aspectos teóricos del estudio de las unidades fraseológicas: gramática, pragmática, fraseología. En Wotjak, G. (Coord.), *Estudios de fraseología y fraseografía del español actual* (pp. 39-55). Madrid, Frankfurt am Main: Iberoamericana/Vervuert.

Merino, R. (1843). *Principios de análisis lójico*. Córdoba: Imprenta á cargo de Manté.

Miranda, G. (2020 [1566]). *Osservationi della lingua castigliana* (Estudio y edición crítica de Carmen Castillo Peña). Padua: Cleup.

Montoro del Arco, E. T. (2002). La fraseología en la tradición gramatical española. En Esparza Torres, M. Á., Fernández Salgado, B. y Niederehe, H-J. (Eds.), *SEHL 2001. Estudios de Historiografía Lingüística*, vol. II (pp. 925-942). Hamburg: Buske.

Montoro del Arco, E. T. (2004a). La fraseología en la gramática española del siglo XX: antes de Casares. En Corrales Zumbado, C., Dorta, J. *et al.* (Eds.), *Nuevas aportaciones sobre Historiografía lingüística*, vol. II (pp. 1135-1148). Madrid: Arco/Libros.

Montoro del Arco, E. T. (2004b). La fraseología en la gramática española del siglo XX después de Casares. *Anuario de Estudios Filológicos*, XXVII, pp. 221-236.

Montoro del Arco, E. T. (2006a). Aproximación al pensamiento fraseológico de Eduardo Benot. A propósito de su obra gramatical. En Rodríguez Molina. J. y Sáez Rivera, D. M. (Coords.). *Diacronía, lengua española y lingüística. Actas del IV Congreso Nacional de la Asociación de Jóvenes Investigadores de Historiografía e Historia de la Lengua Española* (Madrid, 1-3 de abril de 2004) (pp. 397-411). Madrid: Síntesis.

Montoro del Arco, E. T. (2006b). Sobre la valoración de la fraseología: perspectiva historiográfica. En Roldán, A. *et al.* (Coords.), C*aminos actuales de la Historiografía Lingüística. Actas del IV Congreso Internacional de la Sociedad Española de Historiografía Lingüística (Murcia, 7-10 de noviembre de 2005)*, t. I (pp. 1463-1478). Murcia: Universidad de Murcia.

Montoro del Arco, E. T. (2006c). *Teoría fraseológica de las* locuciones particulares. *Las locuciones prepositivas, conjuntivas y marcadoras en español*. Frankfurt am Main: Peter Lang.

Montoro del Arco, E. T. (2010). Bases para el estudio variacionista de los corpus historiográficos: el caso del análisis lógico y gramatical. *Revista argentina de historiografía lingüística*, II(2), pp. 107-124.

Montoro del Arco, E. T. (2015). Fuentes francesas para la clasificación de las proposiciones en la gramática española decimonónica: los enciclopedistas. En Bruley, C., Suso López, J. (Eds.), *La terminología gramatical del español y del francés = La terminologie grammaticale de l'espagnol et du français* (pp. 217-239). Frankfurt am Main: Lang.

Montoro del Arco, E. T. (2017). La intersección entre composición y fraseología: apuntes historiográficos. En Echenique Elizondo, M.ª T. y Pla Colomer, F. (Eds.), *La fraseología a través de la historia de la lengua española y su historiografía* (pp. 213-245). Valencia: Tirant lo Blanch.

Montoro del Arco, E. T. (2019). El análisis gramatical desde la perspectiva de un gramático de provincias: José Ramón Palmí Pérez (1872-1950). *Beiträge zur Geschichte der Sprachwissenschaft*, 29(2), pp. 259-291.

Montoro del Arco, E. T. (2021). La codificación de lo pluriverbal en la serie textual del gramático venezolano Baldomero Rivodó (1821-1915). *Boletín de Filología*, *56*(2), pp. 241-290.

Montoro del Arco, E. T. (2022). Por qué sí existen las locuciones pronominales: procesos de gramatización y gramaticalización en la fraseología española. *Cultura, Lenguaje y Representación*, XXVII, pp. 89-116.

Montoro del Arco, E. T. (2024). La terminología fraseológica en la *Introducción a la lexicografía moderna* (1950) de Julio Casares: fuentes, canon y modos de gramatización. En Martí Sánchez, M. y Babadillo de la Fuente, M.ª Teresa (Eds.), *Variaciones sobre la fraseología y la paremiología de Julio Casares en su contexto*, Biblioteca fraseológica y paremiológica, n.º 9 (pp. 173-204). Instituto Cervantes. Recuperado de <https://cvc.cervantes.es/lengua/biblioteca_fraseologica/n9_marti/montoro_01.htm>.

Montoro del Arco, E. T. (2025). Principios teórico-metodológicos para una historiografía de la fraseología española. *Círculo de Lingüística Aplicada a la Comunicación*, 101, pp. 61-77.

Montoro del Arco, E. T. y García Folgado, M.ª J. (2009). El análisis lógico y gramatical en los manuales escolares del siglo XIX (francés, castellano y latín). En Villoria, J. (Ed.), *Quaderni del CIRSIL, 8. Dai maestri di lingue ai professori di lingue in Europa. Atti delle giornate di Granada, novembre 2008* (pp. 143-159). Granada: Comares.

Nebrija, E. A. de (1984 [1492]). *Gramática de la lengua castellana.* Estudio y edición [de] Antonio Quilis. Madrid: Editora Nacional.

*NGRAE* (2009) = Real Academia Española y Asociación de Academias de la Lengua Española (2009). *Nueva gramática de la lengua española*. Madrid: Espasa Calpe.

Penadés Martínez, I. (2004). Las locuciones participiales como reflejo de la clasificación de las palabras en la tradición gramatical. En Corrales Zumbado, C., Dorta, J. *et al.* (Eds.), *Nuevas aportaciones sobre Historiografía lingüística*, vol. II (pp. 1229-1237). Madrid: Arco/Libros.

Ridruejo, E. (2008). Los 'modos de hablar' en las *Osservationi della lingua castigliana* (1566) de Giovanni Miranda. *Quaderns de filologia. Estudis lingüístics*, 13, pp. 19-37.

Robins, R. H. (1984). *Breve historia de la lingüística*. Madrid: Paraninfo.

San Pedro, B. de (1769). *Arte del romance castellano*. Valencia: Imprenta de Benito Monfort.

Sevilla Muñoz, J. y Crida Álvarez, C. A. (2013). Las paremias y su clasificación. *Paremia,* 22, pp. 105-114.

# La realidad fraseográfica de las locuciones españolas

*Héctor Leví Caballero Artigas*
(Universidad de Málaga)

**ABSTRACT**

The lack of consensus on the nomenclature and cataloguing of the different types of multiverbal units has resulted in clear heterogeneity and incoherence in their lexicographic representation. When consulting the *Nueva Gramática de la Lengua Española* (2009), we observe that the landscape in both general and specialized dictionaries of phraseology differs. In this study, we have taken as a starting point what is indicated in this publication regarding the theorization and typification of idioms in order to verify whether this is actually reflected in other lexicographical repertoires. The *Diccionario de la Lengua Española* (2014) and the *Diccionario fraseológico documentado del español actual* (2018) are used among others. As a result, we can perceive the clear lack of coherence and uniformity in terms of terminology and classification of these units; this reflects the fact that there is still a long way to go in Spanish phraseography.

***Keywords:*** Phraseology, idioms, dictionaries, *Nueva Gramática de la Lengua Español*

**RESUMEN**

La falta de consenso sobre la nomenclatura y la catalogación de las diferentes unidades pluriverbales ha dado como resultado una clara heterogeneidad e incoherencia en su plasmación lexicográfica. Tras revisar lo que indica la *Nueva Gramática de la Lengua Española* (2009), observamos cómo la realidad en los diccionarios tanto generales como especializados en fraseología es otra diferente. En este estudio hemos partido de lo que señala la gramática española sobre la teorización y la tipificación de las locuciones para comprobar si esta se refleja en realidad en otros repertorios lexicográficos. Entre los diccionarios que se han utilizado están el *Diccionario de la Lengua Española* (2014), el *Diccionario fraseológico documentado del español actual* (2018) entre otros. Con esta investigación podemos observar que la diversidad terminológica no ayuda a una precisa y uniforme clasificación de estas unidades; sin duda, la fraseografía española aún tiene un largo camino que explorar y consolidar.

***Palabras clave:*** Fraseología, locuciones, diccionarios, *Nueva Gramática de la Lengua Española*

## 1 Algunos apuntes sobre fraseografía

Hoy en día, es consabido que la Fraseología es una disciplina de vital importancia para otras ramas como puede ser la didáctica de lenguas o la traducción. No obstante, este interés parte de décadas atrás; fue en la segunda mitad del siglo XX cuando surgieron numerosas investigaciones que ponen de relieve el estudio del vasto universo fraseológico del español (Coseriu 1991 [1977]; Zuluaga 1980; Corpas 1996). De un modo u otro, estos trabajos pretendían dilucidar, entre otras cuestiones, la intrincada delimitación de las diferentes unidades que componen la fraseología española.

Según la *Nueva Gramática de la Lengua Española* (en adelante, *NGLE*), "la fraseología se ocupa del estudio de locuciones, giros, clichés, refranes, dichos y otras clases de modismos" (RAE-ASALE 2009, 1.10m). Dicho de otro modo, la obra no aclara en sí el foco de estudio de la Fraseología, pues la pregunta de la delimitación entre los diferentes tipos de unidades sigue estando en el aire. Por su parte, el *Diccionario fraseológico documentado del español actual* (en adelante *DFDEA*) sostiene que la fraseología "recubre no solo las locuciones en sentido propio, sino todas las combinaciones de palabras que, en su práctica del idioma no son formadas libremente por el hablante, sino que se le dan ya *prefabricadas*"; esta definición si bien establece la Fraseología como subdisciplina de la lingüística tampoco esclarece con precisión su objeto de estudio. A este respecto, existe una amplia diversidad terminológica para denominar a las unidades que forman parte de la fraseología; entre las dos definiciones a las que hemos recurrido tenemos locuciones, giros, clichés, refranes, dichos, modismos, proverbios y unidades de sintaxis total o parcialmente fija. Sin embargo, en la *NGLE* encontramos otras construcciones que también formarían parte de esta disciplina: fórmulas rutinarias (42.2t), unidades semilexicalizadas (1.10m), interjecciones formularias (32.6), modismos (15.7q), expresiones semiidiomáticas (5.6t), etc.

Ante este maremágnum, cabe preguntarse cómo se refleja esta cuestión en los diccionarios, tanto generales como especializados en fraseología. Antes de proseguir debemos detenernos en la siguiente definición:

> La *fraseografía* es una disciplina lingüística que se ocupa, por una parte, de los principios teóricos y prácticos que rigen la inclusión de la fraseología en las compilaciones léxicas [...] y, por otra, del estudio crítico y descriptivo de estas compilaciones, en lo que al tratamiento de la fraseología se refiere (Olímpio de Oliveira Silva 2007: 27).

Sin duda, la extensa diversidad de *unidades fraseológicas* (UF)[1] hace que la labor fraseográfica y documental sea ardua y compleja.[2] A este respecto, Tristá (1998) apuntaba que las dos principales dificultades a las que se ha enfrentado esta disciplina desde sus inicios han sido qué unidades fraseológicas debería incluir un diccionario[3] y cómo presentarlas. En primer lugar, la selección de unidades fraseológicas que van a formar parte de un diccionario especializado está estrechamente vinculada a la concepción que sustenta el autor sobre lo que constituye el objeto de la Fraseología y sus rasgos principales. Asimismo, la autora cubana (Tristá 1998: 301) subraya la relevancia de establecer unos criterios precisos en la recogida y posterior catalogación de las unidades en los diccionarios:

> [Es importante] que el autor siga criterios únicos y rigurosos que mantenga desde el inicio hasta el fin de la obra. Estos criterios pueden quedar expuestos en la presentación y, de este modo, no sólo ayudar al usuario del diccionario, sino también, en mayor o menor medida, al desarrollo de la fraseología y la fraseografía.

Por otro lado, es importante considerar que el tipo de diccionario influye en la marcación de este tipo de unidades; los diccionarios fraseológicos suelen ser más discursivos y aportar más explicaciones[4] (Olímpio de Oliveira Silva 2008: 845). En este sentido, con el presente estudio nos proponemos exponer la realidad fraseográfica de las diferentes clases de locuciones para comprobar si hay unanimidad de criterios en cuanto a su inclusión en varios repertorios lexicográficos.

---

1 Emplearemos esta nomenclatura en este trabajo al ser la más extendida.

2 Ya a finales del siglo XX, Wotjak (1998) expone una serie de pautas sobre el tratamiento de las UF en los diccionarios.

3 Tristá (1998) hace hincapié en la dificultad de determinar los componentes que deberían integrar la unidad en su presentación en un diccionario, por ejemplo, los elementos facultativos.

4 Asimismo, la autora (2008: 845) que "la marcación de las UF parece hacerse más de acuerdo con la libre elección del autor del diccionario, quien decide qué marcas quiere presentar, que en función de los rasgos lingüísticos de la UF descrita".

## 2 El ámbito locucional en la actualidad

Las locuciones forman parte del bagaje fraseológico de una lengua, en tanto en cuanto son unidades con cierta fijación sintáctica y semántica. No obstante, la polémica radica en la subtipología de este grupo fraseológico, ya que esto, como comentábamos anteriormente, da lugar a una clara desigualdad de criterios en cuanto a la presentación de estas unidades. Si bien los diccionarios deben incluir unidades fraseológicas (entre ellas las locuciones),[5] las cuestiones principales que debemos plantearnos son en qué medida debe incluirlas y qué nomenclatura se debe utilizar; estos aspectos deben tenerse en cuenta a la hora de confeccionar un diccionario.

Si seguimos con las locuciones, la subcategorización de las diferentes unidades que lo conforman no deja de ser un asunto controvertido. Si nos remitimos a lo que apunta la *NGLE* (RAE-ASALE 2009), las locuciones se subdividen en los siguientes subtipos: nominales, adjetivas, preposicionales, adverbiales, conjuntivas, interjectivas, verbales (RAE-ASALE 2009, 1.10). Esta clasificación debería establecer los criterios que permitan delimitar los diferentes subtipos para facilitar su inclusión en los repertorios lexicográficos; sin embargo, como podemos observar en la Tabla 1, esta taxonomía difiere de otras propuestas presentadas por diferentes autores.

**Tabla 1.** Principales propuestas de tipología de las locuciones españolas (Caballero, 2022).

| | **Casares (1950)** | **Zuluaga (1980)** | **Corpas (1996)** | **Ruiz Gurillo (1997)** | **García-Page (2008)** | ***NGLE* (2009)** | **Penadés (2012)** |
|---|---|---|---|---|---|---|---|
| **Nominales** | Sí | Sí | Sí | Sí | Sí | Sí | Sí |
| **Adjetivas** | Sí | Sí | Sí | Sí | Sí | Sí | Sí |
| **Verbales** | Sí | Sí | Sí | Sí | Sí | Sí | Sí |
| **Adverbiales** | Sí | Sí | Sí | Sí | Sí | Sí | Sí |
| **Conjuntivas** | Sí | Sí | Sí | Sí | Sí | Sí | Sí |
| **Prepositivas** | Sí | Sí | Sí | Sí | Sí | Sí | Sí |

5 Así se indica en el *Glosario de términos gramaticales*: "[una locución constituye un] grupo fijo de palabras que constituye una unidad léxica compleja, por lo que se espera que sea recogido en los diccionarios".

| | Casares (1950) | Zuluaga (1980) | Corpas (1996) | Ruiz Gurillo (1997) | García-Page (2008) | *NGLE* (2009) | Penadés (2012) |
|---|---|---|---|---|---|---|---|
| **Marcadoras** | No | No | No | Sí | No | No | Sí |
| **Pronominales** | Sí | No | No | No | Sí | No | Sí |
| **Clausales** | No | No | Sí | Sí | Sí | No | No |
| **Interjectivas** | Sí | No | No | No | Sí | Sí | No |

A partir de la tabla anterior, podemos ver que no hay consenso en cuanto a los subtipos de locuciones. Asimismo, a pesar de que los primeros seis tipos son compartidos por todos, los límites entre ellos pueden diferir. A este respecto, Castillo (2015: 141) sostiene que "la delimitación de las distintas UF puede generar diversos problemas, en la medida en que, a veces, una misma unidad podría ser susceptible de tener diversas interpretaciones". Este hecho se refleja en los diccionarios, donde la falta de acuerdo en cuanto a los tipos genera disensiones entre los propios repertorios lexicográficos.

A continuación, para facilitar el estudio de estas unidades, presentaremos las diferentes clases de locuciones y comprobaremos su inserción en los diccionarios consultados. En primer lugar, hemos utilizado el *Diccionario de la Lengua Española* en su edición actual (la 23.ª), diccionario de referencia principal en español, editado, al igual que la *NGLE*, por la RAE y la ASALE. Además, hemos recurrido a tres diccionarios especializados en fraseología:[6] por un lado, el ya mencionado *DFDEA* (2018) en su segunda edición. Si bien se presenta como un diccionario únicamente de locuciones, en su parte introductoria encontramos una aclaración de las combinaciones que contiene: locuciones en sentido estricto, locuciones en sentido amplio (en el propio diccionario se señala que corresponden con lo que en lingüística se llama colocaciones[7]), fórmulas oracionales y fórmulas expletivas (aquellas que carecen de significado en sí, por ejemplo, *ni gaitas*). Asimismo, este no incluye agrupaciones en otros idiomas, refranes y lo que llama *denominaciones normales* (es lo que se conoce como compuestos sintagmáticos). Por lo general,

6 Cabe señalar que, aunque, como veremos, no han sido los únicos diccionarios de este tipo que hemos consultado, estos han sido los más empleados en nuestro estudio.

7 En este apartado también se han incluido las construcciones de sentido comparativo, como *más largo que un día sin pan*.

es un diccionario completo que, además de la definición de cada unidad, incorpora a cada entrada otros detalles como ámbito, registro o frecuencia de uso. No obstante, cabe señalar que su catalogación de las UF no se ajusta a ninguna propuesta establecida.

Por otro lado, está el *Diccionario de expresiones y locuciones del español* (2009), publicado por Martínez López y Jørgensen (en adelante *DELE*). De acuerdo con su presentación, este repertorio surge ante la necesidad de exponer y "poner por escrito" las múltiples unidades pluriverbales presentes en la lengua oral. En la introducción se alude tanto a locuciones como a enunciados fraseológicos;[8] sin embargo, la catalogación de las unidades se centra exclusivamente en las locuciones (sustantivas, adjetivas, verbales, adverbiales, pronominales, prepositivas, conjuntivas e interjectivas). Al igual que el *DFDEA*, este incluye otros detalles en las entradas, en concreto, la frecuencia de uso y el registro. Por último, cabe reseñar que ambos diccionarios fraseológicos incluyen ejemplos de uso de cada unidad.

Por último, también se ha consultado el *Diccionario de Locuciones Idiomáticas del Español Actual* (2019) (en adelante *DiLEA*), elaborado por Inmaculada Penadés. El *DiLEA* se presenta como un diccionario de locuciones en el que se integran exclusivamente nominales, adjetivas, pronominales, verbales y adverbiales. En la introducción del repertorio la autora (2019) señala que a esta tipología hay que añadir las prepositivas, las conjuntivas y las marcadoras. Esto excluiría unidades más complejas como las fórmulas oracionales incluidas en el *DFDEA*. Asimismo, se indica que en un inicio el diccionario comenzó con las locuciones verbales y que el resto se han ido incluyendo paulatinamente. A diferencia de los anteriores, es un repertorio que se encuentra disponible en línea.

Tras haber presentado tanto el panorama actual de las locuciones como de los principales diccionarios que se han consultado para la presente investigación, procedemos al análisis en sí de algunos tipos de locuciones que pueden conllevar mayor dificultad de catalogación, así como su reflejo en los repertorios lexicográficos manejados.

---

8 Ambos corresponden con términos presentados por Corpas (1996) en su propuesta de clasificación del universo fraseológico por esferas.

## 2.1 *Locuciones nominales*

Estas unidades han sido ampliamente estudiadas; hay numerosas investigaciones que se centran en el análisis de las características principales de las locuciones nominales frente a otras construcciones como las colocaciones o los compuestos sintagmáticos.[9] En lo que refiere a nuestro estudio, en primer lugar, llama la atención que, a pesar de que la nomenclatura empleada en la *NGLE* sea "locuciones nominales",[10] en el *Diccionario de la Lengua Española* (en adelante *DLE*) encontramos la marca "locución sustantiva"[11]; estos son algunos ejemplos:

1. El más allá. 1. loc. sust. m. El mundo de ultratumba. (*DLE, s.v. allá*)
2. Bombo y platillo, o bombo y platillos. 1. locs. susts. m. coloqs. Publicidad extrema con que se anuncia o presenta algo. (*DLE, s.v. bombo*)

Si bien pueden considerarse términos sinónimos, este último no está tan extendido entre los estudios de fraseología. Por otro lado, cabe reseñar que en el *DLE* encontramos otras combinaciones de palabras sin dicha marca. Estos son algunos ejemplos:

3. Media naranja. 1. f. coloq. Persona que se adapta tan perfectamente al gusto y carácter de otra, que esta la mira como la mitad de sí misma. (*DLE, s.v. naranja*)
4. Cuatro ojos. 1. m. y f. coloq. Persona que lleva gafas. (*DLE, s.v. ojo*)

Al no estar catalogadas, podrían interpretarse como compuestos sintagmáticos, como ocurre con otras combinaciones del tipo *casa cuartel* o *decreto ley*. Sin embargo, observemos cómo aparecen estas mismas agrupaciones de palabras en los diccionarios fraseológicos que hemos manejado:

5. [*DELE*] Media naranja de [alguien]; [loc. sust.] (col.) (mf). *La novia, la mujer de alguien.*

---

9 Entre estos estudios destaca el análisis de las construcciones nominales de Barrios Rodríguez (2022).

10 El *DFDEA* también emplea esta nomenclatura.

11 A su vez, el *DELE* utiliza este término.

6. [*DELE*] Cuatro ojos [loc. sust.] (col.) (pf). *Persona que utiliza gafas.*
7. [*DFDEA*] Media naranja. f (*col, humoríst*) Esposo o novio [de una pers.].
8. [*DFDEA*] Cuatro ojos. *m y f* (*col, humoríst*) Pers. con gafas.
9. [*DiLEA*] Media naranja. f. inf. Persona que se adapta perfectamente al gusto y al carácter de otra.
10. [*DiLEA*] Media naranja. com.[12] inf. Persona que usa gafas.

Como podemos ver, en ambos diccionarios se catalogan como locuciones nominales.[13] Esto nos sugiere que el *DLE* establece unos límites de clasificación diferentes a los de los otros dos diccionarios. Asimismo, resulta incongruente que la *NGLE* (2009) presente la combinación *media naranja* como locución nominal (1.10b) y que, por su parte, no aparezca como tal en el *DLE*; esto pone, sin duda, en tela de juicio los criterios de clasificación del propio diccionario.

Además, cabe hacer referencia a agrupaciones nominales que, por su contexto, podrían interpretarse de forma errónea. Veamos los siguientes ejemplos del *DFDEA*:

11. [*DFDEA*] La de San Quintín. *f* (*col*) Un alboroto muy grande. *Con vs como armar(se) u organizar(se).*
12. [*DiLEA*] La de San Quintín. *f* (*col*) Una bronca o alboroto muy grande.

Esta unidad se presenta como una locución nominal que suele ir acompañada con verbos como *armar(se)* u *organizar(se)*; en otras palabras, puesto que estos verbos no están lexicalizados, no forman parte de la locución en sí. No obstante, en otros diccionarios esta unidad no aparece como tal:

13. [*DLE*] armarse, o haber, la de San Quintín 1. locs. verbs. Haber riña o pelea entre dos o más personas.
14. [*DELE*] *armarse* la de San Quintín; [loc. verb.] (col.) (mf). *Formarse un gran escándalo y alboroto.*

---

12 Se refiere a locución nominal común en cuanto al género.

13 Es necesario aclarar que el *DFDEA* señala la categoría de locución nominal con su género (m, f).

En resumen, en estos dos últimos casos, se ha considerado el verbo como núcleo de la unidad en lugar del sustantivo, por lo que esta pasa a interpretarse como locución verbal. Este error es bastante frecuente y, como veremos más adelante, puede llevar a confusión en la catalogación de las locuciones.

## 2.2 *Locuciones pronominales*

Las locuciones pronominales corresponden con, quizás, uno de los grupos más polémicos de la tipología de esta clase de unidades. El debate reside entre aquellos que las integran dentro de las nominales y quienes sostienen que, debido a su correspondencia directa con pronombres, deberían ser consideradas como una clase aparte de las locuciones. En primer lugar, debemos partir de lo que indica la *NGLE* (2009), pues si bien no presenta las locuciones como una clase de locuciones como tal (1.10a), en apartados posteriores se indica lo siguiente:

> Se usa con mucha frecuencia una variante de los relativos compuestos de interpretación inespecífica. Se construye mediante la combinación de los relativos simples con la tercera persona del singular del presente de subjuntivo del verbo ser. Se obtienen así las formas *quien sea*, *donde sea*, *adonde sea*, *cuando sea* y *como sea* o sus variantes con *fuera* o con *fuese*, además de los relativos compuestos formados por la combinación "artículo determinado + *que*" y esas mismas formas verbales: *el que sea*, *las que fueren*, *lo que fuera*, etc. Estas expresiones semilexicalizadas constituyen locuciones pronominales o adverbiales inespecíficas, y admiten paráfrasis con la forma cualquiera. (RAE-ASALE 2009, 22.12p)

Como podemos observar, la *NGLE* sí reconoce la existencia de locuciones pronominales (o adverbiales inespecíficas) en casos muy concretos.[14] Ahora bien, es importante comprobar cómo se refleja en el *DLE*:

15. Ni media palabra, o ni palabra 1. locs. pronoms. nada. (*DLE*, *s.v. palabra*)
16. Cada, o todo, quisque 1. locs. pronoms. coloqs. cada uno. (*DLE*, *s.v. quisque*)

---

[14] Por su parte, Montoro del Arco (2022) establece una subtipología de las locuciones pronominales.

Una vez más, resulta incongruente que ninguno de los ejemplos de locuciones pronominales[15] que encontramos en el diccionario de la Academia responde a la definición de esta clase de unidad que proporciona la *NGLE*. A este respecto, Penadés (2012) que la existencia de las pronominales como una clase independiente es esencial, ya que hay locuciones que equivalen directamente a pronombres personales, como *un servidor* (corresponde con el pronombre personal de primera persona, es decir, se usa para referirse a la persona que habla).[16] No obstante, esta definición concreta de las pronominales no aparece en la *NGLE*, pues el uso de este tipo de unidades se limita a lo que conoce como adverbiales inespecíficas como *quien sea* y a construcciones con relativos compuestos como *lo que sea*.

A continuación, veamos el caso de la locución *ni rey ni roque*. Esta es catalogada como pronominal en los diccionarios fraseológicos; sin embargo, en el *DLE* la encontramos de la siguiente forma:

17. Ni rey ni roque 1. loc. sust. coloq. U. para excluir a cualquier género de personas en la materia que se trata.

En este caso, se ha presentado como nominal. Si bien es cierto que *ni rey ni roque* formalmente es un sintagma nominal, su función es equivalente al pronombre indefinido *nadie*.[17] En resumen, como hemos podido comprobar, hay una clara incoherencia entre lo que expone la *NGLE* y la catalogación de las pronominales en el *DLE* y esto, a su vez, difiere de lo que se indica en los otros dos diccionarios consultados.

---

15 Cabe apuntar que no son numerosas las combinaciones que el *DLE* cataloga como tal.

16 A pesar de que el *DELE* distingue entre nominales y pronominales, esta unidad en concreto [*un servidor*] no aparece recogida.

17 A este respecto, Ruiz Gurillo (2018: 54) trata la incierta solidaridad que existe entre categoría y función y sostiene que "la observación formal de un sintagma no es suficiente para determinar la función que desempeñará"; y continúa "ya que actúan como un todo, se comportan, en general, como las clases de palabras a las que equivalen". Por ello, hay locuciones que presentan una estructura formal que no corresponde directamente con su funcionalidad; por ejemplo, muchas locuciones adverbiales (como *al tuntún* o *sin tapujos*) se estructuran como sintagmas preposicionales.

## 2.3 *Locuciones adjetivas y adverbiales*

Ambas clases de locuciones forman parte de las principales propuestas de taxonomías; sin embargo, la incongruencia, en este caso, se encuentra en una mala interpretación por parte de algunos repertorios lexicográficos. Estos son algunos ejemplos:

18. [*DLE*] Estar como una cabra 1. loc. verb. coloq. Estar loco, chiflado. (*DLE, s.v. cabra*)
19. [*DELE*] *Beber* [alguien] como un cosaco; [loc. verb.] (col.) (f). *Beber mucho* (bebidas alcohólicas). (*DLE, s.v. cosaco*)

En ambos casos se han considerado los verbos (*estar* y *beber*) como núcleo de la unidad, por lo que esta se ha definido como verbal. A este respecto, García-Page (2008: 128) sostiene que "el hecho de que ciertas locuciones adverbiales se combinen frecuentemente con una clase determinada de verbos o, incluso, con un único verbo (de modo habitual) invita a pensar que se trata de locuciones verbales y no adverbiales". En ese caso, *como una cabra* sería una locución adjetiva; mientras que *como un cosaco* sería adverbial. Como comentamos con las nominales, en estos casos, el verbo no está integrado en la locución en sí, pues no está lexicalizado.[18] Estas corresponden con locuciones adjetivas y adverbiales que suelen ir acompañadas de los verbos *estar* y *beber* respectivamente; sin embargo, su uso no es exclusivo con estos.[19] Esto ocurre con frecuencia, pues se tiende a asumir que el verbo forma parte de la unidad y que, por lo tanto, es su núcleo. Es lo que Koike (2005) conoce como *colocaciones complejas*, coocurrencia léxica entre una unidad léxica simple y una locución.[20]

Por otro lado, hay que tener en cuenta que existen unidades que, según su contexto de uso, pueden considerarse adjetivas o adverbiales; en estos casos,

---

18 Si consultamos el *Corpus del Español del Siglo XXI* (CORPES), comprobamos que, de los 27 ejemplos en los que aparece la unidad *como un cosaco*, solo 11 van seguidos del verbo *beber*.

19 Algunos ejemplos serían "aquí vamos a acabar todos como una cabra" o "el que diga que se echa más de dos es un héroe o miente como un cosaco" (extraídos de Sketch Engine, *esTenTen23*).

20 En estos casos, la unidad fraseológica muestra preferencia léxica por una unidad simple concreta (Penadés 2017).

los diccionarios deberían señalarlo y no considerarla únicamente como una de estas dos clases de locución. Acompañar la unidad con ejemplos de uso podría facilitar su comprensión como un tipo u otro. Algunas de estas son *de fábula* o *por defecto*. Por su parte, Castillo (2000) establece las *locuciones adjetivo-adverbiales*; estas son unidades que poseen una doble funcionalidad o doble valor contextual. Algunos ejemplos serían *a granel* o *en cuclillas*. A este respecto, Penadés (2012: 74) sostiene que "cabe cuestionarse una nueva clase de locuciones, si es posible su análisis en tanto que locuciones adjetivas o adverbiales en función del contexto de uso"; por esta razón, la denominación locución adjetivo-adverbial no aparece en los diccionarios como tal. En resumen, para la catalogación de las locuciones adjetivas y adverbiales hay que tener en cuenta cuál es la parte lexicalizada de la unidad, así como la posibilidad de que esta podría considerarse adjetiva o adverbial, según su contexto de uso.

## 2.4 *Locuciones clausales*

A diferencia de los casos, la mayoría de las principales propuestas taxonómicas no consideran las clausales un tipo propio de locuciones.[21] Estas constituyen estructuras más complejas que podrían interpretarse como oraciones independientes. Este hecho hace que muchos autores coincidan en que son unidades que, a diferencia de las locuciones por su propia definición, cuentan con autonomía textual.[22]Algunos ejemplos serían *caérsele la baba* o *hacérsele la boca agua*. Ahora bien, veamos cómo aparece esta última en los diccionarios:

20. [*DLE*] Hacérsele a alguien la boca agua, o un agua. 1. locs. verbs. coloqs. Pensar con deleite en el sabor de un alimento.
21. [*DELE*] *Hacerse* [a alguien] la boca agua; [loc. verb.] (col.) (f). *Deleitarse pensando en algo agradable* (frecuentemente en comida).
22. [*DFDEA*] Hacerse [a alguien] la boca agua. v (*col*) Sentir [alguien] deseo vehemente por probar algo que ve o imagina.
23. [*DiLEA*] Hacerse la boca agua. v. impers.-intr. Sentir un deseo vehemente por probar una comida o una bebida.

---

21 García-Page (2008) las llama *locuciones semioracionales*.

22 Según su definición, las locuciones funcionan como elemento de la oración.

Como podemos ver, en este caso, hay consenso por parte de los diccionarios: estas corresponden con las verbales. A este respecto, Penadés (2012: 197) concluye “que algunas locuciones presenten forma de oración no es razón suficiente para establecer una clase de locuciones”. Por su parte, otros autores incluyen dentro de las clausales unidades como *como Dios manda*; si bien también presenta una estructura oracional, sin embargo, estas “son cláusulas finitas restringidas a funcionar como elementos oracionales” (Penadés 2012: 199), por lo que en los diccionarios las encontramos como adjetiva o adverbial, según el sintagma al que complemente:

24. [*DELE*] Como Dios manda; [loc. adv.] (col.) (mf). *Como debe hacerse, en condiciones, bien.*
25. [*DFDEA*] Como Dios manda. *adv* Del modo debido. *Tb adj.*

Podemos observar que en ninguno de los diccionarios fraseológicos consultados se ha presentado la unidad como locución clausal; por otro lado, resulta interesante que el *DELE* no contemple su uso como locución adjetiva, cuando puede darse también en ese contexto (*un jefe como Dios manda*). En conclusión, y como ya se ha señalado, la estructura oracional que puedan presentar algunas locuciones no implica el establecimiento de una clase como tal e independiente del resto.

## 2.5 *Locuciones interjectivas*

Por último, debemos hacer referencia a lo que se conoce como *locuciones interjectivas*. Recordemos que, a diferencia de la mayoría de las clasificaciones propuestas, la *NGLE* (2009) las considera una clase propia de locuciones, de la que forman parte unidades como *vaya por Dios* o *chúpate esa*. A este respecto, la gramática (2009: 32.2b) sostiene que “se trata de segmentos que pueden quedar inmovilizados, aunque sean grupos sintácticos (sin excluir las oraciones) de muy diversa naturaleza y complejidad interna”. Asimismo, incluye en este grupo ciertas fórmulas fijas que se usan en saludos y despedidas, como *buenas tardes* o *hasta pronto*. Observemos, a continuación, cómo aparece la primera en los diccionarios manejados[23]:

---

[23] Esta unidad no aparece en el *DELE*.

26. [*DLE*] Buenas tardes. 1. expr. U. como fórmula de cortesía o para saludar durante la tarde. (*DLE*, *s.v. tarde*)
27. [*DFDEA*] Buenas tardes. *Fórm or Se emplea como saludo y como despedida por la tarde.*

En primer lugar, como podemos ver, es una incoherencia, pues en la *NGLE* (2009) dicha unidad se presenta como locución interjectiva, mientras que en el *DLE* se emplea un término más confuso y ambiguo: expresión. Por su parte, el *DFDEA* (2018) la considera una fórmula oracional; estas son unidades que, como apunta el propio diccionario, funcionan como oraciones por sí mismas. Ahora bien, ambos repertorios consideran la existencia de locuciones interjectivas; estos son dos ejemplos:

28. [*DLE*] Un cuerno, o y un cuerno. 1. locs. interjs. coloqs. U. para denotar negación o rechazo. (*DLE, s.v. cuerno*)
29. [*DFDEA*] Muchas gracias. *Interj. Expresa agradecimiento.*

Sin duda, a raíz de estas definiciones podemos hacernos varias preguntas: ¿Qué diferencia *buenas tardes* y *muchas gracias* para que ambas unidades se cataloguen de forma diferente en un mismo diccionario? ¿Por qué el *DLE* no considera *un cuerno* expresión cuando es una unidad propia de la oralidad? Son cuestiones con difícil respuesta, ya que parten de incongruencias en sí mismas. Asimismo, es necesario comprobar cómo aparecen dichas unidades en el otro diccionario:

30. [*DLE*] Muchas gracias. 1. expr. U. como fórmula de cortesía para manifestar agradecimiento. (*DLE, s.v. gracia*)
31. [*DFDEA*] (y) un cuerno. *Fórm or (vulg) S usa para ponderar lo inadmisible de una pretensión o afirmación que se acaba de mencionar.*

Con estos ejemplos podemos observar que se utilizan los términos opuestos. Está claro que estas paradojas no ayudan a trazar los límites entre el empleo de un término u otro ni sus características definitorias (fórmula oracional, expresión o locución interjectiva). Por último, presentamos la definición de la unidad *no me digas* en los tres diccionarios a los que hemos recurrido:

32. [*DLE*] No me digas, o no me diga usted. 1. exprs. U. para denotar sorpresa o contrariedad.
33. [*DELE*] ¡No me diga(s) (Vd)!; (col.) (f). Expresión mediante la que se muestra incredulidad o sorpresa ante un hecho que parecía imposible.
34. [*DFDEA*] No me digas. *Fórm or (col) Denota sorpresa incrédula ante lo que se acaba de oír.*

En este caso, una misma unidad se cataloga como expresión (*DLE* y *DELE*) y como fórmula oracional (*DFDEA*), lo que muestra una vez más la disparidad de criterios de clasificación. A este respecto, cabe destacar el análisis proporcionado por Ruiz Martínez (2021) en el que la autora revisa la información sobre las fórmulas oracionales encontrada en diferentes diccionarios.[24] Por su parte, el *DiLEA* no considera la existencia de las interjectivas como una clase de locuciones, sino que las asocia a nivel de enunciados; por lo que se incluyen en su diccionario. En resumen, el establecimiento de las locuciones interjectivas como una clase independiente de locuciones no es compartida por muchos teóricos, ya que entraría en conflicto con los enunciados fraseológicos; además, como hemos podido comprobar, los criterios de los que parten los diccionarios para su catalogación resultan confusos en este sentido.

## 3 Conclusiones

En definitiva, el fraseógrafo se enfrenta a la difícil labor de tomar la decisión de qué unidades incluir y qué terminología se debería emplear en su catalogación. La multitud de propuestas de clasificación ha desembocado en una clara falta de consenso en cuanto a la nomenclatura empleada en los repertorios lexicográficos. A este respecto, Wotjak (1998: 307) señalaba lo siguiente:

> Dado este estado de las cosas, no es nada sorprendente que la incipiente fraseología hispana se haya concentrado, sobre todo, en la elaboración de una clasificación

---

[24] A partir de este estudio, la autora (2021) sostiene que el término *expresión* es el predominante en los repertorios lexicográficos consultados. Asimismo, considera que "los diccionarios no deberían mantenerse ajenos a los términos con los que la teoría fraseológica se refiere a esta clase de UF, pues evitaría la proliferación de denominaciones poco precisas" (Ruiz Martínez 2021: 237).

teórica, descuidando bastante descripciones fraseográficas o reflexiones metalexicográficas sobre cómo tratar tales UF en los más variados diccionarios.

A raíz de esta investigación, hemos podido comprobar que tanto el *DLE* como la *NGLE* presentan de forma confusa y poco precisa las locuciones; esto, sin duda, ha dado lugar a incongruencias en cuanto a su catalogación. Este hecho, una vez más, enfatiza la clara falta de coherencia entre los propios diccionarios y la necesidad de establecer criterios y estándares precisos y únicos en la clasificación de UF. De este modo, dicha divergencia se refleja también en los diccionarios hasta el punto de que una misma unidad pueda ser propicia a múltiples interpretaciones en cuanto a su catalogación. A partir del presente estudio, concluimos que, mientras no exista unanimidad de directrices en la categorización de este tipo de unidades, los diferentes repertorios lexicográficos seguirán presentando discrepancias e incongruencias respecto a su plasmación y su catalogación; por ahora, queda un largo camino por recorrer.

## Referencias citadas

Casares, J. (1950). *Introducción a la lexicografía moderna*. Madrid: CSIC.

Castillo Carballo, M. A. (2000). Un nuevo tipo de locuciones: las adjetivo-adverbiales. En Pamies Bertrán, A. y Luque Durán, J. de D. (Eds.), *Trabajos de lexicografía y fraseología contrastiva* (pp. 137-144). Granada: Método Ediciones.

Castillo Carballo, M. A. (2015). *De la investigación fraseológica a las decisiones fraseológicas. Un estudio de interrelaciones*. Vigo: Academia del Hispanismo.

Corpas Pastor, G. (1996). *Manual de fraseología española*. Madrid: Gredos.

Coseriu, E. (1991 [1977]). *Principios de semántica estructural*. Madrid: Gredos.

*esTenTen23* = Spanish Web corpus (2023). Recuperado de <https://www.sketchengine.eu/estenten-spanish-corpus/>.

García-Page Sánchez, M. (2008). *Introducción a la fraseología española. Estudio de las locuciones*. Barcelona: Anthropos.

Koike, K. (2005). Colocaciones complejas en el español actual. En Almela, R. *et al.* (ed. lit.), *Fraseología contrastiva: con ejemplos tomados del alemán, español, francés e italiano* (pp. 169-184). Murcia: Servicio de publicaciones de la Universidad de Murcia.

Martínez López, J. A. y Jørgensen, A. M. (2009). *Diccionario de expresiones y locuciones del español*. Madrid: Ediciones de la Torre.

Montoro del Arco, E. T. (2022). Por qué sí existen las locuciones pronominales: procesos de gramatización y gramaticalización en la fraseología española. *Cultura, Lenguaje y Representación*, XXVII, pp. 89-116.

Olímpio de Oliveria Silva, M. E. (2007). *Fraseografía teórica y práctica*. Frankfurt am Main: Peter Lang.

Olímpio de Oliveria Silva, M. E. (2008). Las marcas de transición semántica en el tratamiento de las locuciones verbales. En Azorín Fernández, D. *et al.* (coords.), *El diccionario como puente entre las lenguas y culturas del mundo. Actas del II Congreso Internacional de Lexicografía Hispánica* (pp. 843-849). Alicante: Biblioteca Virtual Miguel de Cervantes.

Penadés Martínez, I. (2012). *Gramática y semántica de las locuciones.* Alcalá de Henares: Universidad de Alcalá, Servicio de Publicaciones.

Penadés Martínez, I. (2017). El concepto de colocación a la luz de las colocaciones del tipo verbo más locución adverbial. *RILCE: Revista de filología hispánica*, 33(3), pp. 963-999.

Penadés Martínez, I. (2019). *Diccionario de locuciones idiomáticas del español actual*. Recuperado de <www.diccionariodilea.es>.

Real Academia Española y Asociación de la Lengua Española. Banco de datos (CREA Anotado) [en línea]. *Corpus del Español del Siglo XXI (CORPES).* Recuperado de <http://www.rae.es>.

Real Academia española y Asociación de Academias de la Lengua Española (2009). *Nueva Gramática de la Lenga Española*. Espasa.

Real Academia Española y Asociación de la Lengua Española (2014). *Diccionario de la lengua española* (23.a ed.). Recuperado de <http://dle.rae.es/?w=diccionario>.

Ruiz Gurillo, L. (1997). *Aspectos de fraseología teórica española*. Valencia: Universitat de València.

Ruiz Gurillo, L. (2018). *Las locuciones del español actual*. 2.ª edición. Madrid: Arco/Libros.

Ruiz Martínez, A. M. (2021). Las fórmulas oracionales entre el diccionario y la fraseología. *Paremia*, 31, pp. 229-238.

Seco M., Andrés, O. y Ramos, G. (2018). *Diccionario fraseológico documentado del español actual: locuciones y modismos españoles*. 2.ª edición. Madrid: Aguilar.

Tristá Pérez, A. M. (1998). La fraseología y la fraseografía. En Wotjak, G. (Coord.), *Estudios de fraseología y fraseografía del español actual* (pp. 307-322). Madrid, Frankfurt am Main: Iberoamericana / Vervuert.

Wotjak, G. (1998). ¿Cómo tratar las unidades fraseológicas (UF) en el diccionario? En Wotjak, G. (Coord.), *Estudios de fraseología y fraseografía del español actual* (pp. 297-306). Madrid, Frankfurt am Main: Iberoamericana / Vervuert.

Zuluaga Ospina, A. (1980). *Introducción al estudio de las expresiones fijas.* Frankfurt am Main: Lang.

# Lagunas y contradicciones en el tratamiento de la fraseología en la geolingüística del español europeo[1]

*Joseph García Rodríguez*
(Universidad Nacional de Educación a Distancia, UNED)

*Carolina Julià Luna*
(Universidad Nacional de Educación a Distancia, UNED)

**ABSTRACT**

The aim of the research is to study the phraseological data of Spanish European regional atlases. The analysis is developed on the examination and contrast of the atlas indices. The results of this investigation, in addition to offer new opportunities for phraseological research, show a complete vision of the information provided by geolinguistics on this linguistic area. It is also proffered data to determine the phraseology representativeness within the framework of traditional dialect studies based on a geolinguistic approach. Finally, the findings reveal the real value of the maps from the perspective of modern linguistic studies.

***Keywords:*** Phraseology, geolinguistics, linguistic atlases, Spanish, inconsistencies

**RESUMEN**

El objetivo de esta investigación es el estudio general de los datos que los atlas regionales del español europeo contienen sobre fraseología a partir de la información que proporcionan sus índices. Este análisis permite, en primer lugar, ofrecer un panorama de la información que aporta la geolingüística sobre esta área y proveer nuevos datos para su investigación. En segundo lugar, los resultados proporcionan información para determinar la representatividad de la fraseología en el marco de los estudios dialectales tradicionales que siguen el método geográfico-lingüístico. Finalmente, se da cuenta del valor fraseológico de los mapas desde la óptica de los estudios lingüísticos modernos.

***Palabras clave:*** Fraseología, geolingüística, atlas regionales, español, incoherencia

---

1 La presente investigación se ha desarrollado en el marco de los proyectos "CORPAT-PEPLEs: corpus digital para la preservación y el estudio del patrimonio lingüístico del español" (ref. TED2021-130752A-I00), financiado por MCIN/AEI/10.13039/501100011033 y por la Unión Europea NextGenerationEU/PRTR; y "CORPAT: lengua oral y cambio lingüístico en los atlas españoles" (ref. PID2022-136628NB-I00), financiado por MICIU/AEI/10.13039/501100011033/ y FEDER/UE.

## 1 Introducción

La Fraseología, entendida como la disciplina que estudia las combinaciones de palabras que presentan fijación formal y semántica en grado relativo, es un campo de investigación que ha ganado creciente interés en los estudios lingüísticos contemporáneos (Penadés Martínez 2012; García Rodríguez 2020). No obstante, a pesar de la proliferación de trabajos relacionados con este ámbito en las últimas décadas, algunos expertos coinciden en señalar que el estudio de la fraseología dialectal sigue siendo una tarea pendiente (Corpas Pastor 2003; González Aguiar 2007; Pamies Bertrán 2017).

La ausencia de datos sobre diatopismos fraseológicos también se ve reflejada en el tratamiento de la fraseología en los atlas lingüísticos del español europeo publicados durante el siglo XX. Estos atlas, constituidos por un conjunto de mapas dialectales (Ormeling 2015) que aúnan "grandes cantidades de materiales recogidos de un modo riguroso según unas pautas previamente pactadas, y todo en una sincronía relativa" (García Mouton 2007: 324), documentan la variación diatópica y ofrecen un valioso panorama sobre la distribución geográfica de diversas palabras y expresiones. Sin embargo, el análisis de los datos que contienen revela que, aunque estos ofrecen una gran cantidad de información sobre aspectos fonéticos, morfológicos y léxicos, la presencia de unidades fraseológicas (UF) es significativamente menor, por lo que emergen diversidad de ausencias e incoherencias que requieren una atención especial.

En general, este fenómeno se debe tanto a desafíos metodológicos en la recolección de datos fraseológicos como a problemas teóricos en la definición y clasificación de las unidades fraseológicas que se observan en los estudios sobre fraseología que se elaboraron durante la época en la que se publicaron los atlas lingüísticos. En este contexto, se hace evidente la necesidad de desarrollar un enfoque más sistemático y exhaustivo para la inclusión de datos fraseológicos en estos materiales.

A tenor de lo expuesto, los objetivos de esta investigación son múltiples. En primer lugar, se ofrecerá un panorama completo de la información que aportan los atlas lingüísticos sobre la fraseología y proporcionar datos nuevos para su investigación. En segundo lugar, se evaluará el valor fraseológico de los mapas desde la óptica de los estudios lingüísticos actuales. Finalmente, se examinarán las ausencias e incoherencias en los materiales geolingüísticos, determinando el grado de representatividad de la fraseología en el marco de los estudios dialectales tradicionales.

A fin de cumplir con estos propósitos, desde el punto de vista teórico, se ahonda en la evolución del concepto de *fraseología* a lo largo del siglo XX (§ 2) y en la representatividad de la fraseología dialectal en los trabajos publicados sobre el español (§ 3). Tras exponer la metodología de investigación (§ 4), se examina cómo los atlas lingüísticos abordan la fraseología a partir del estudio de los índices para identificar carencias y contradicciones (§ 5). Esto último es posible gracias al proyecto *CORPAT* (*Corpus de los Atlas Lingüísticos*), una base de datos relacional que informatiza y categoriza los datos lingüísticos contenidos en los atlas regionales del español (Julià 2021, 2023).

## 2 La Fraseología en el siglo XX

Las publicaciones en torno a la fraseología del español han experimentado un aumento considerable en las últimas décadas, lo cual ha permitido un acercamiento exhaustivo a las cuestiones terminológicas y taxonómicas que se asocian con esta disciplina. No obstante, a lo largo de la segunda mitad del siglo XX, época en la que se publicaron los primeros atlas lingüísticos del español europeo, los problemas conceptuales relacionados con la fraseología eran evidentes, pues "durante la primera mitad del siglo XX, en el ámbito hispánico, desde un punto de vista teórico no se atendió, en general, a la fraseología, salvo en lo que respecta a la conocida aportación de Julio Casares" (Vila Rubio 2002-2004: 947).

La dificultad para delimitar el concepto de *fraseología* ha llamado la atención de varios especialistas. Si bien, según indica Sciutto (2015: 286), actualmente se emplea como "tecnicismo especializado para un determinado tipo de estructuras y unidades" o para referirse a la "disciplina que da cuenta de dichas estructuras", durante un tiempo se utilizó "sin ningún valor técnico en la lengua general". De hecho, según defiende Montoro del Arco (2005: 86), este término "parte de un significado muy general pero se ha especializado y sigue su camino hacia la univocidad".

En consecuencia, el tratamiento que se hizo durante el siglo XX de las expresiones que hoy se consideran unidades fraseológicas (UF), especialmente a lo largo de la primera mitad, refleja evidentes inconsistencias. Esto se observa, por ejemplo, en la obra *Fraseología o estilística castellana* de Cejador y Frauca (1921). Desde el punto de vista terminológico-conceptual, la denominación que emplea el autor para referirse al objeto de estudio de la fraseología es el de *frases* porque es "el nombre que nuestros clásicos daban a tales expresiones comunes" (Cejador y Frauca 1921: 9). Este término, vago e impreciso, que se empleará hasta la segunda mitad del siglo XX para hacer referencia a varios tipos de construcciones, entre ellas algunas UF, es la base de la clasificación que propone el experto: *frases por hacer*, *frases hechas*, *refranes* y *villancicos*. En una obra posterior, el mismo investigador evidencia la amplitud conceptual que le otorga a la palabra (Cejador y Frauca 1928: VIII):

> Tengo repetido en la *Fraseología* y en *La verdadera poesía castellana*, que el refrán es una de tantas frases, sino que envuelve un dictamen, mientras que el villancico es frase que expresa un sentimiento, y la frase hecha o por hacer es una expresión particular de la estilística castellana.

La ambigüedad que entraña la noción de *frase* se observa claramente en la selección de algunas de las construcciones recogidas en la obra, pues se incluyen estructuras que, desde el punto de vista de la teoría fraseológica actual, no se considerarían UF: *yo se lo agradezco* (*s. v. agradecer*), *estar aburrido* (*s. v. aburrir*) o *estar bien con alguien* (*s. v. bien*), entre otras.

En las obras gramaticales de principios del siglo XX también se observa esta falta de unanimidad terminológica y conceptual, como señala Montoro del Arco (2004a). A grandes rasgos, también se emplea el concepto de *frase* de manera poco clara: en ocasiones, se relaciona con el sintagma y otras veces se emplea como sinónimo de locución. En algunos casos, se lleva a cabo la distinción entre *frases libres* y *frases fijas* o entre *frases hechas* y *locuciones*, pero mayoritariamente los términos *expresión*, *frase*, *locución*, *modo* y *giro* se utilizan indiscriminadamente.

Esta tendencia cambia, paulatinamente, a partir de la publicación de *Introducción a la lexicografía moderna* de Casares (1950). Aunque el objetivo principal del especialista no es tratar el tema de la fraseología, en la tercera parte del libro titulada "La locución, la frase proverbial, el refrán, el modismo" aporta reflexiones que, sin duda, marcarán un antes y un después tanto en los estudios lingüísticos destinados a desgranar los entresijos de la Fraseología teórica como en el tratamiento de las UF en los diccionarios.

Desde la óptica lexicográfica, Casares (1950: 185) resalta lo siguiente:

> entre el campo de las locuciones [...] y el terreno propio de los refranes, queda una zona amplia, de límites borrosos, poblada de esas fórmulas pluriverbales que los

diccionarios, con criterio indeciso, llaman indistintamente *expresiones*, *giros*, *frases hechas*, *frases proverbiales* o simplemente *frases*.

Tras examinar los problemas de indefinición asociados a la denominación de las UF que se encuentran en la tradición gramatical, el experto asegura que "*expresión*, *giro* y *frase* son vaguedades cautelosas que no nos sirven como términos técnicos" (1950: 185). Como consecuencia, desde ese momento se produce un cambio en la concepción fraseológica del español, y esto se observa en el cambio de perspectiva que adoptan algunos gramáticos durante la segunda mitad del siglo XX.

Según demuestra Montoro del Arco (2004b), en las obras gramaticales publicadas a partir de 1950, la noción de *frase* se especializa, ya que se relaciona únicamente con las frases hechas y las frases fijas, que contienen rasgos propios de las UF. Asimismo, el término *locución* se emplea de un modo más restringido a lo fraseológico y su imprecisión se diluye.

Casares (1950) repercutirá de forma directa, también, en la manera de incluir y tratar las UF en los diccionarios (García Rodríguez 2016), así como en las investigaciones que versan sobre fraseología, como es el caso de Zuluaga Ospina (1980) y Corpas Pastor (1996), entre otros. En general, "ya no se hace alusión al término *frase* sino que se utiliza el tecnicismo *unidad fraseológica*, revelando que la terminología se fue despojando de significados que no le pertenecían" (Sciutto 2015: 287), por lo que se observa, sobre todo a partir de la década de los ochenta, una mayor sistematización en la concepción teórica de la fraseología española.

Sin embargo, otros autores, como Lázaro Carreter (1977: 199), seguirán definiendo la Fraseología como el estudio de las "características de las frases de una lengua o de un individuo" y la vincularán con la "oración, como término equivalente al de *frase*" (1977: 198), pero también con "las frases proverbiales, las locuciones y las frases idiomáticas" (1977: 198). Esto demuestra que los cambios iniciados en los años cincuenta tardarán varias décadas en asentarse en el pensamiento fraseológico de los investigadores.

Teniendo en cuenta lo que se ha comentado en este apartado, resulta evidente que los problemas terminológicos y conceptuales que se encuentran en los estudios fraseológicos publicados en el siglo XX, sobre todo durante la primera mitad, demuestran una indefinición de la noción de *fraseología*. Su relación con el término *frase*, utilizado para hacer alusión tanto a los sintagmas de la sintaxis libre como a otras estructuras más fijas e idiomáticas como las locuciones, deja entrever los desafíos metodológicos a los que se deben enfrentar los atlas lingüísticos que vieron la luz en aquella época a la hora de recoger y categorizar las expresiones, en general, y las UF, en particular.

## 3 La fraseología dialectal

Los estudios en materia de fraseología dialectal del español no han avanzado de forma tan rápida como lo ha hecho la investigación en fraseología española desde finales de la última década del siglo XX (Casado Velarde 2006: 32). Son numerosas las menciones a la necesidad de progresar en esta línea de trabajo en los estudios fraseológicos. Mientras Corpas (2003: 32) señala que se echa en falta "una mayor profundización en la fraseología dialectal", González Aguiar (2007: 235-236) indica que "sigue siendo notoria la dispar descripción del componente fraseológico en las distintas modalidades del español" y considera que la descripción del material fraseológico dialectal es todavía una tarea pendiente. Pamies (2007: 27) insiste en que no son muchos los estudios "a gran escala sobre fraseología diatópica y no existen (todavía) Atlas dialectales completos especializados en la fraseología, incluso las colecciones de proverbios o de locuciones 'regionales' se limitan a unas pocas lenguas".

Las investigaciones que se han llevado a cabo desde esta perspectiva pueden dividirse, de forma general, en tres grandes grupos. Por un lado, existen trabajos, desarrollados en el marco de la fraseografía, que o bien se basan en el estudio de las unidades fraseológicas dialectales que contienen los diccionarios (González Aguiar 2007) o bien confeccionan diccionarios fraseológicos de carácter dialectal, como el *Diccionario de expresiones y refranes del español de Canarias* (*DEREC* 2000) y el *Diccionario fraseológico del habla argentina. Frases, dichos y locuciones* (*DiFHA* 2010).

Por otro lado, son abundantes los trabajos sobre la variación diatópica en Fraseología que se basa en corpus. En este grupo, igual que en el anterior, se incluyen tanto los que analizan estas fuentes de información desde una perspectiva dialectal (Mellado Blanco / López Meirama 2017; López Meirama 2020; Mellado Blanco 2020; Mogorrón 2020, entre otros) como los proyectos en los que se crean corpus y bases de datos fraseológicas con información geográfica. Ejemplo de este tipo es, según Pamies (2017: 60), el proyecto FRASYTRAM en el que se está desarrollando "una base de datos fraseológica multilingüe que recoge todas las variedades diatópicas de España y América". En esta categoría se pueden incluir también los estudios que recopilan corpus *ad hoc* en el marco de una variedad dialectal del español (Freixas / Julià / Prat 2016).

En último lugar, se pueden mencionar los estudios que examinan la fraseología diatópica a partir de datos de los atlas lingüísticos, marco en el que se inserta la presente investigación. En general, este grupo se puede dividir según si analizan locuciones o refranes. Entre los primeros, se pueden mencionar los artículos de González Cobas (2021) y Serradilla Castaño (2021) sobre las locuciones *llevar a cuestas* y *andar a gatas*, respectivamente, en el *ALPI*. En esta misma línea, el trabajo de Terrón (2023) se centra en la variación de *llevar a cuestas* a partir de los datos de los atlas regionales. Entre los segundos, se incluyen los resultados sobre geoparemiología. Destacan, entre otros, los de García Mouton (2012) sobre los refranes del *ALeCMan* y Gargallo (2012, 2013) sobre los refranes del *ALGa* y el *ALEANR* y su análisis desde *BADARE* (*Base de datos sobre refranes del calendario meteorológico en la Romania*), así como también la publicación de Gargallo / Álvarez (2014) sobre el proyecto *ParemioRom (Paremiología romance: refranes meteorológicos y territorio)* y la de Álvarez (2015), quien reflexiona sobre la viabilidad de los estudios paremiológicos basados en la distribución espacial de los datos.

En esencia, los resultados de estas investigaciones constituyen una muestra de la necesidad de seguir avanzando en el estudio de la fraseología dialectal del español, especialmente desde la óptica geolingüística.

## 4 Metodología: ¿cómo estudiar la fraseología en los atlas?

El análisis de los datos fraseológicos que contienen los atlas, objetivo principal de esta investigación, puede llevarse a cabo desde tres perspectivas distintas y complementarias.

La primera y más fácil forma de aproximarse a la fraseología en los atlas es el examen de los índices. Estos, habitualmente organizados por áreas lingüísticas, suelen dedicar un apartado, casi siempre ubicado en el último volumen, a los mapas en los que se recogen las respuestas a las preguntas sobre gramática del cuestionario. Como se analizará en el epígrafe 5.1, no todos los atlas presentan un apartado titulado *Fraseología*, no obstante, ello no quiere decir que no recojan mapas de UF. Esta es la forma más sencilla de valorar cuantitativa y cualitativamente los contenidos que los atlas categorizan como datos de carácter fraseológico.

La segunda forma de estudiar el contenido fraseológico de los atlas es rastrear las unidades fraseológicas en los índices del área léxica en los que se encuentran numerosas locuciones clasificadas onomasiológicamente. A modo de ilustración, pueden mencionarse algunos de los mapas que incluye el apartado *Juegos y diversiones*: *andar a gatas*, *caer de bruces*, *hacer el pino*, *andar a la pata coja*, *ponerse en cuclillas*, *llevar a cuestas*, *llevar a hombros*, etc. El interés fraseológico de estas unidades queda justificado en los resultados de los recientes trabajos anteriormente citados de González Cabos (2021), Ribes (2021), Serradilla Castaño (2021) y Terrón (2023).

En último lugar, la tercera forma de aproximarse al análisis de la información fraseológica deriva de la lectura atenta de los mapas que, a simple vista, parecen no contener ninguna información sobre UF. Por un lado, los mapas léxicos incluyen múltiples ejemplos que se clasifican en el universo fraseológico, tal como muestran los mapas 501 y 502 del *ALeCMan* sobre 'solterón' y 'solterona', para los que se documenta profusamente la locución coloquial *para vestir santos*. Por otro lado, algunos mapas recogen en las notas de las leyendas, o en láminas complementarias, informaciones que amplían lo que el informante ha mencionado y en estas aparecen tanto paremias como locuciones. Como ejemplo pueden citarse los refranes que reúnen los mapas del *ALeCMan* sobre los meses del año (del 905 al 913): *En enero se hiela el agua en el puchero* (AB 206), *En enero aquí te espero* (AB 404), etc. Estas informaciones, a diferencia de las que se han mencionado en los dos párrafos anteriores, solo pueden obtenerse a partir de un estudio meticuloso del contenido de los mapas. En el proyecto de digitalización y categorización de *CORPAT* se recogen estos datos.

Para la presente investigación, que constituye un primer paso en la aproximación al estudio de la fraseología de los atlas, se analizan las informaciones únicamente desde la dos primeras perspectivas de estudio, es decir, se lleva a cabo un examen detallado del contenido de los índices, tal como se presenta en el apartado 5, con el fin de alcanzar el objetivo principal de estudio: determinar las lagunas y contradicciones de la fraseología geolectal del español europeo.

# 5 Análisis de los índices de los atlas lingüísticos del español europeo

El presente epígrafe recoge los resultados de un examen detallado sobre el componente fraseológico de los atlas lingüísticos regionales. En primer lugar, se cuantifican e interpretan los datos (§ 5.1) para posteriormente examinarlos desde el punto de vista de la geolingüística (§ 5.2) y de la teoría fraseológica (§ 5.3).

## 5.1 *Datos sobre fraseología en los índices de los atlas regionales*

El español europeo cuenta con nueve atlas regionales publicados: el *ALEA*, el *ALEICan*, el *ALEANR*, el *ALECant*, el *ALCyL*, el *ALeCMan*, el *CaLiEx*, el *ALBi* y el *ADiM*. Cuatro de ellos presentan en sus índices un apartado destinado explícitamente a la sintaxis y a la fraseología, como puede verse en la Tabla 1.

**Tabla 1.** Apartados que los atlas incluyen sobre fraseología

| ATLAS | VOLUMEN | SECCIÓN | SUBSECCIÓN |
|---|---|---|---|
| *ALEA* | 6 | Sintaxis y fraseología | Fraseología |
| *ALEICan* | 3 | Sintaxis | Ø |
| *ALEANR* | 12 | Sintaxis y fraseología | Ø |
| *ALECant* | 2 | Sintaxis y fraseología | Ø |
| *ALCyL* | - | - | - |
| *ALeCMan* | Cuestionario 1 | Sintaxis - Locuciones | Ø |
| *CaLiEx* | Ø | Ø | Ø |
| *ALBi* | Ø | Ø | Ø |
| *ADiM* | Ø | Ø | Ø |

El *ALEA* es el único de los mencionados en la Tabla 1 que destina una subsección dentro del epígrafe *Sintaxis y fraseología* a todo lo que considera fraseológico. El *ALEICan* es también singular porque, aunque presenta datos sobre UF, en el apartado en el que lo hace no hay mención directa a la fraseología. Así pues, en total, son cinco los atlas en los que se observa explícita o implícitamente la referencia a la fraseología. Los cuatro atlas restantes que se mencionan en la Tabla 1 (*ALCyL*, *ADiM*, *ALBi* y *CaLiEx*) no dedican un epígrafe a compilar mapas sobre fraseología por distintas razones.

El *ALCyL*, por su historia metodológica (Alvar 1999, Prólogo *ALCyL*), no presenta un índice organizado por áreas lingüísticas y los mapas de interés gramatical se mezclan con los fonéticos y léxico-semánticos. Esta diferencia respecto a los otros atlas no significa que no incluya mapas fraseológicos, ya que se ha comprobado que recoge datos de locuciones de diverso tipo (p. ej. *(no tengo) ni pizca* y *(no me importa) un pito* (mapas 154 y 156, vol. I), sino que no posee un apartado en el que se presente organizada esta información. Esta falta de sistematización es el motivo principal de que este atlas no se incluya entre los analizados en el presente trabajo.

Por su parte, *CaLiEx*, *ALBi* y *ADiM* no recogen un epígrafe destinado a unidades fraseológicas por cuestiones de distinto tipo. En el primer caso, porque la *Cartografía Lingüística de Extremadura* se ideó con finalidades fonéticas y léxicas y en los otros dos, porque los datos sobre estos atlas que se han publicado hasta la fecha no incluyen todavía la cartografía de los conceptos que proporcionan información fraseológica.

Si se examina con detalle el contenido del apartado sobre *Sintaxis y fraseología* (o sobre *Sintaxis* en el caso del *ALEICan*) en los cinco atlas que dedican un epígrafe a compilar UF, se obtienen resultados muy interesantes para el estudio de la representatividad de la fraseología en la geografía lingüística tradicional. En primer lugar, se advierte que, desde la óptica de los estudios fraseológicos contemporáneos, las estructuras que se incluyen en este apartado no son unidades fraseológicas entre el 75 % y el 90 % de los casos, tal como puede observarse en el gráfico 1, sino que son construcciones de diverso tipo que no pueden clasificarse como UF (p. ej. *ha bailado (toda la noche)* o *(la carne) no tiene hueso*, mapas 1886 y 1892 del *ALEA*).

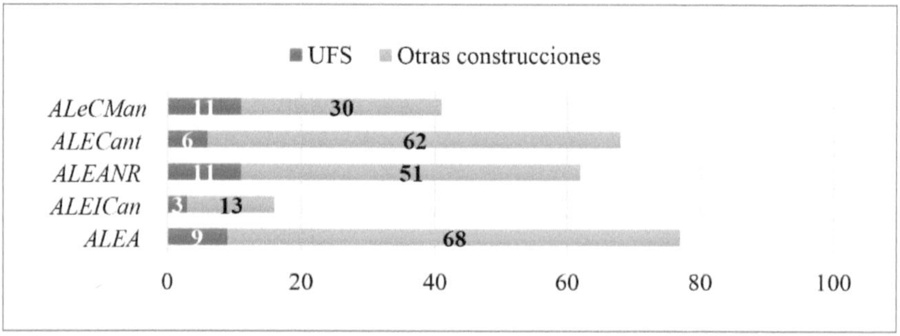


**Gráfico 1.** Número de mapas de los apartados de *Sintaxis y fraseología* del *ALEA*, *ALEICan*, *ALEANR*, *ALECant* y *ALeCMan*

De los 76 registros que el *ALEA* compila en el apartado de *Sintaxis y fraseología*, solo 9 (11,8 %) constituyen estructuras de carácter fraseológico; en el *ALEICan*, son 3 de 19 (15, 8 %); en el *ALEANR*, 11 de 59 (18,6 %); en el *ALECant*, 6 de 68 (8,8 %) y en el *ALeCMan*, 11 de 41 (26, 83 %).

Finalmente, cabe destacar el hecho de que, desde una perspectiva global, teniendo en cuenta el número de mapas por área lingüística que recogen los índices de los atlas (Julià en prensa), la fraseología representa únicamente el 1 % total de los datos que contienen los atlas lingüísticos. En total, en las secciones de *Fraseología* y/o *Sintaxis*, *Léxico* y *Fonética y fonología*, se han localizado 31 locuciones, 22 colocaciones, 3 fórmulas rutinarias y 1 construcción fraseológica. En la clasificación de estas unidades fraseológicas, se ha tenido en cuenta su grado de fijación e idiomaticidad, y el empleo recurrente dentro del discurso, según demuestran los corpus lingüísticos. Las locuciones recogidas se definen por su estabilidad semántica y estructural, mientras que las colocaciones, aunque presentan una alta frecuencia de uso y un significado menos composicional, permiten una mayor flexibilidad en su construcción. Las fórmulas rutinarias y las construcciones fraseológicas, por su parte, se caracterizan por su uso pragmático o sintáctico habitual en situaciones comunicativas específicas. En el siguiente apartado se ilustran los datos con ejemplos y se comentan de forma detallada.

## 5.2 *Los apartados de Fraseología y/o Sintaxis en los atlas*

Los datos que recogen los índices en las secciones de *Fraseología* y/o *Sintaxis* dejan entrever un tratamiento ambiguo y confuso de las expresiones, en general, y de las UF, en particular.

En el *ALEA*, que recoge un total de 76 construcciones en el apartado denominado *Sintaxis y fraseología*, solo se contabilizan 9 expresiones que pueden considerarse fraseologismos. Como se muestra en el gráfico 2, dentro de la subsección *Fraseología*, que comprende 21 construcciones, únicamente se hallan 8 UF, entre las que se encuentran las estructuras comparativas *(Verde) como… Más (verde) que*[2] (mapa 1884), la colocación *Hace sol*[3] (mapa 1889), la

---

2 A pesar de que hay falta de unanimidad al respecto, en el presente estudio se incluyen este tipo de estructuras debido a que algunos especialistas las analizan como unidades fraseológicas (Ivorra Ordines 2021).

3 Determinados expertos, como Muñiz Núñez (2022), creen que estas expresiones son construcciones con verbo soporte que deben adscribirse a las colocaciones, mientras que otros las consideran estructuras gramaticales que no se relacionan con la fraseología.

locución verbal *Es menester (tener dinero)*[4] (mapa 1890), la locución pronominal *(No tengo) ni pizca* (mapa 1893) la construcción fraseológica *¡Lo que llora (el niño)!* (mapa 1885) y las locuciones adverbiales *(Mi mujer va) a menudo (al médico)* (mapa 1891), *(No me importa) un pito* (mapa 1894) y *(Se sabe la lección) de memoria*[5] (mapa 1899). Por su parte, en *Sintaxis*, de las 55 expresiones que aparecen, 1 es una locución preposicional: *(No se veía) por causa del (humo), de la (niebla)* (mapa 1858).

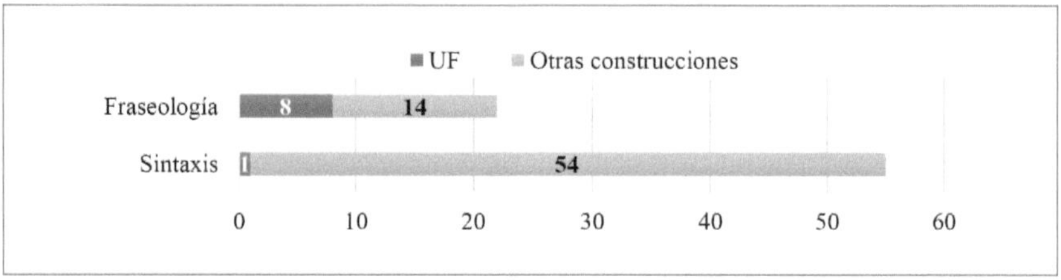


**Gráfico 2.** Número de mapas en las subsecciones *Fraseología* y *Sintaxis* del *ALEA*

De acuerdo con estos datos, la mayoría de las UF recogidas en la subsección de *Fraseología* son construcciones gramaticales, lo cual evidencia una inclinación a documentar unidades que, aunque son fraseológicas, poseen una base gramatical clara y funcional. Sin embargo, el criterio de clasificación utilizado por el *ALEA* carece de sistematización, dado que en el apartado de *Sintaxis* también se registra una locución cuya naturaleza es similar a algunas de las incluidas en el de *Fraseología*.

Probablemente, debido a las discrepancias teóricas y taxonómicas en torno a la fraseología a mediados del siglo XX que se ven reflejadas en el *ALEA*, los atlas que se publicaron posteriormente a este no diferencian entre las expresiones que forman parte de la sintaxis y las que son UF. Por ejemplo, en el *ALEICan* solo aparece la categoría *Sintaxis*, con 19 construcciones, de las cuales 3 son fraseologismos. De estos, 2 ya se documentaban en las subsecciones

---

4 Se emplea el subrayado para resaltar los componentes fijos que conforman las UF, pues en los atlas se suelen añadir otros elementos de contexto que son variables.

5 Algunas de estas unidades, como *(No) me importa (un pito)*, también se consideran *construcciones fraseológicas* (Mellado Blanco 2020: 90) porque responden a "un patrón o esquema sintáctico con una casilla vacía que está dotado en su conjunto con un significado global".

de *Fraseología* y *Sintaxis* del *ALEA*: *(Esto es) verde como …, (esto es) más verde que* (mapa 1193) y *No me importa un pito, nada* (mapa 1208). Únicamente se incluye 1 novedad: la locución adverbial *De vez en cuando* (mapa *1195).

El *ALEANR* recupera el término *fraseología* en el título de la sección; no obstante, el tratamiento que se hace de estas unidades es el mismo que se observa en los atlas anteriores. En total, se registran 59 expresiones, pero únicamente 11 son UF. Entre ellas, 8 se recopilan en los atlas anteriores de forma similar: *(No se veía) por causa (del humo, de la niebla)* (mapa 1744); *Verde como el, la …* (mapa 1748); *(Es) menester (tener dinero)* (mapa 1754); *(Mi mujer va) a menudo (al médico)* (mapa 1743); *No tengo ni (pizca)* (mapa 1751); *(No me importa) nada, ni un bledo, etc.* (mapa 1752); *(Dice la lección) de memoria* (mapa 1747) y *¡Lo que (llora este chico)!* (mapa 1731). Además, se incluye, por primera vez, la locución verbal *Hacer añicos* (mapa 1691) y las colocaciones *Tenemos (buen tiempo)* y *Hace (sol)*, que aparecen juntas (mapa 1700).

Por su parte, el *ALECant* acopia 68 construcciones en *Sintaxis y fraseología*, pero solo 6 se pueden clasificar como UF. Todas aparecen en los atlas predecesores: *(No tengo) ni pizca* (mapa 1223); *(No me importa un) pito* (mapa 1224); *(Es) menester (tener dinero)* (mapa 1227); *(Dice la lección de) memoria* (mapa 1230); *(Más verde que el) laurel, (verde como el) laurel* (mapa 1231); *(No se veía) por causa (del humo)* (mapa 1240). Una vez más se constata cómo la mayoría de las construcciones presentes en el *ALEA* se compilan en casi todos los atlas lingüísticos posteriores, lo que trasluce una falta de progreso en los criterios teóricos y taxonómicos.

Finalmente, el *ALeCMan*, publicado a principios del siglo XX, inicia un cambio que se refleja en el tratamiento de algunas UF. Si bien sigue habiendo problemas evidentes en la clasificación de los fraseologismos, este atlas contiene una sección denominada *Sintaxis – Locuciones*, lo cual supone un cambio en la terminología empleada hasta el momento. De las 41 construcciones que recoge, 11 son UF. Como era habitual, 7 ya se incluían en los materiales geolingüísticos publicados con anterioridad: *No se veía por causa del humo (a causa, por)* (mapa SIN-19); *Verde como (el laurel)* (mapa SIN-2); *Es menester tener dinero* (mapa SIN-58); *Mi mujer va a menudo (mucho) al médico* (mapa SIN-65); *No tengo ni pizca* (mapa SIN-47); *A mí (no) me importa un (pito)* (mapa SIN-48); *Dice la lección de memoria (de carrerilla)* (mapa SIN-1). Las cuatro UF restantes se registran como novedad en este atlas: la locución adverbial *sin embargo (sin en cambio) no ha venido* (mapa SIN - 83) y las colocaciones *Hacer (de) reír* (mapa SIN-89), *Hacerse (de) rogar* (mapa SIN - 90) y *Me vi apurado (preto) para* (mapa SIN-95).

En general, el estudio de los índices evidencia una notable falta de coherencia y exhaustividad en la documentación de las UF. Esta situación se debe a los desafíos metodológicos y teóricos que afectan a la recolección y clasificación de los datos fraseológicos. Los atlas más recientes, como el *ALeCMan*, muestran una tendencia hacia una concepción más concreta de las UF, aunque aún persisten algunos problemas relacionados con la taxonomía de estas expresiones.

Según se ha podido comprobar en el análisis de los datos, y en consonancia con lo que señalan algunos expertos a propósito de la concepción que había sobre las UF durante el siglo XX (Montoro del Arco 2004a y 2004b), la fraseología se relaciona estrechamente con la gramática, ya que la mayoría de las unidades que se compilan en los atlas lingüísticos son estructuras o locuciones gramaticales. Además, el grado de opacidad semántica que presentan estas unidades no es elevado, lo que significa que el sentido de los fraseologismos puede llegar a deducirse a partir de la suma de los constituyentes que la forman. La predominancia de estas unidades en los atlas en detrimento de otras más idiomáticas se debe, seguramente, a los problemas metodológicos que implica la obtención de datos de este tipo por parte de los encuestadores.

## 5.3 *Ausencias e incoherencias*

Los atlas lingüísticos regionales presentan algunas ausencias e incoherencias en la recopilación de las UF. A pesar de que se espera cierta sistematicidad en la documentación de estas expresiones, la realidad es que existe una considerable disparidad entre los distintos atlas en cuanto a las UF incluidas. Esta falta de uniformidad complica la comparación entre diferentes regiones y la comprensión global de la variación fraseológica.

A partir del análisis de los índices, se ha podido llegar a la conclusión de que la mayoría de las expresiones registradas en los apartados de *Fraseología* o *Sintaxis* no se consideran UF según la concepción fraseológica actual, como se puede apreciar en la Imagen 1. Esto pone de manifiesto la divergencia que existe entre la teoría lingüística moderna y la recopilación de datos en los atlas, lo que denota una falta de representatividad precisa de las UF en estos materiales.

b) FRASEOLOGÍA

| | | |
|---|---|---|
| 1691 | 1880 | (Dile algo) que le escueza. |
| 1692 | 1881 | Decid lo que queráis. |
| 1693 | 1882 | Cuanto más trabajes, (mejor). |
| 1693 | 1883 | (No lo hay en) ninguna parte. |
| 1694 | 1884 | (Verde) como..., Más (verde) que... |
| 1695 | 1885 | ¡Lo que llora (este chico)! |
| 1695 | 1886 | He bailado (toda la tarde). |
| 1696 | 1887 | ¡Cómo se ha puesto el tiempo! |
| 1697 | 1888 | Tenemos buen tiempo. |
| 1697 | 1889 | Hace sol. |
| 1698 | 1890 | Es menester (tener dinero). |
| 1698 | 1891 | (Mi mujer va) a menudo (al médico). |
| 1699 | 1892 | (La carne) no tiene hueso. |
| 1700 | 1893 | (No tengo) ni pizca. |
| 1700 | 1894 | (No me importa) un pito. |
| 1701 | 1895 | (Lo compraré en) otro sitio. |
| 1701 | 1896 | (Ayer volví) temprano. |
| 1702 | 1897 | Aún (no ha venido). |
| 1702 | 1898 | ¿Dónde (vacían el cántaro)? |
| 1703 | 1899 | (Se sabe la lección) de memoria. |
| 1703 | 1900 | Fui soldado (en Africa). |

**Imagen 1.** Apartado de *Fraseología* del índice del *ALEA*, vol. VI, en el que se señalan las únicas UF que aparecen según la teoría actual

También se ha comprobado que algunas de las construcciones que se documentan en todos los materiales geolingüísticos examinados no reciben el mismo tratamiento. Incluso dentro de un mismo atlas se hallan inconsistencias que demuestran la dificultad de clasificar los datos (véase la Tabla 2), como es el caso del *ALEA* para dos expresiones similares que, en ningún caso, se pueden considerar UF: *Volverá pasado mañana* y *(Ayer volví) temprano*. La primera se incluye bajo la subsección de *Sintaxis*, mientras que la segunda aparece en la de *Fraseología*, sin que haya motivos aparentes que justifiquen su adscripción a categorías distintas.

**Tabla 2.** Comparación del tratamiento que reciben algunas expresiones en los atlas

| **Expresión** | *Volverá pasado mañana* | *(Ayer volví) temprano* | *(Ayer) volví (pronto); (anoche) llegó* | *Ayer volví (he vuelto) temprano* |
|---|---|---|---|---|
| **Atlas** | *ALEA* (mapa 1867) | *ALEA* (mapa 1896) | *ALEANR* (mapa *1700) | *ALeCMan* (mapa SIN-40) |
| **Sección / subsección** | Sintaxis y fraseología / Sintaxis | Sintaxis y fraseología / Fraseología | Sintaxis y fraseología | Sintaxis – locuciones |

Asimismo, varias construcciones semejantes aparecen registradas de forma desigual en lo atlas (véase la Tabla 3). Por ejemplo, el adverbio *aún* y algunas expresiones en las que aparece, como *Aún (no ha venido)*, *Aún no habrá venido* y *(Aún) duerme*, entre otras, se recogen en el apartado de *Fraseología* en el *ALEA*, en el de *Sintaxis* en el *ALEICan* y en el de *Morfología* en el *ALECant*.

**Tabla 3.** Comparación del tratamiento que reciben algunas expresiones en los atlas

| **Expresión** | *Aún (no ha venido)* | *Aún no habrá venido* | *Aún* | *(Aún) duerme – Aún (duerme)* | *Aún (todavía) no ha venido* | *Aún duerme* |
|---|---|---|---|---|---|---|
| **Atlas** | *ALEA* (mapa 1897) | *ALEICan* (mapa 1195) | *ALEANR* (mapa 1733) | *ALECant* (mapas 1186 y 1187) | *ALeCMan* (mapa SIN-5) | *ALCyL* (mapa 91) |
| **Sección / subsección** | Sintaxis y fraseología / Fraseología | Sintaxis | Sintaxis y fraseología | Morfología | Sintaxis – locuciones | - |

Además de las secciones de *Fraseología* y/o *Sintaxis*, los apartados de *Léxico* de los atlas también incluyen UF, principalmente locuciones adverbiales, como se aprecia en la Tabla 4. Esto demuestra, una vez más, la ausencia de uniformidad en la clasificación de estas expresiones, pues parece incoherente que en esta categoría se recoja un mayor número de unidades (en este caso, 22 locuciones) que en la sección dedicada a la fraseología (9 locuciones diferentes en el total de los atlas).

**Tabla 4.** Locuciones recopiladas en la sección de *Léxico* de los atlas lingüísticos

| CAMPO SEMÁNTICO | LOCUCIÓN | *ALEA* | *ALEICan* | *ALEANR* | *ALECant* | *ALCyL* | *ALeCMan* |
|---|---|---|---|---|---|---|---|
| Agricultura e industrias con ella relacionadas | *sembrar a voleo* | X[6] | X | X | X | X | X |
| | *sembrar a chorrillo* | X | - | X | X | X | X |
| | *sembrar a golpe* | X | - | X | X | X | X |
| | *cambiar la torna* | X | - | X | - | - | - |
| El cuerpo humano y enfermedades | *quedarse con la boca abierta* | X | - | X | - | - | - |
| De la cuna a la sepultura | *pelar la pava* | X | X | X | X | X | X |
| | *dar a luz* | X | - | X | X | X | X |
| Juegos y diversiones | *(caer) de bruces* | X | X | X | X | X | X |
| | *(andar) a gatas* | X | X | X | X | X | X |
| | *(andar) a la pata coja* | X | - | X | X | X | X |
| | *(ponerse) en cuclillas* | X | X | X | X | X | X |
| | *(llevar) a cuestas* | X | X | X | X | X | X |
| | *(llevar) a hombros* | X | X | X | X | X | X |
| La casa | *hacer la colada* | X | X | X | X | X | - |
| Animales silvestres Alimañas. Caza y pesca | *(cazar) a la espera* | - | X | - | X | - | - |
| | *(cazar) al ojeo* | - | X | - | - | - | - |
| El mar | *hace mar* | - | X | - | - | - | - |
| | *romper (las olas)* | - | X | - | - | - | - |
| | *ir a la deriva* | - | X | - | - | - | - |
| | *dar bandazos* | - | X | - | - | - | - |
| El cuerpo humano | *no poder hacer el huevo* | - | - | X | - | - | - |
| La vestimenta | *vestido de una pieza* | - | - | X | - | X | - |

6 Se señala con una X la presencia de las UF en los atlas lingüísticos. Cuando no se registran, se indica con un guion.

En contraste con lo que se desprende del análisis de los apartados de *Fraseología* y/o *Sintaxis*, en el de *Léxico* se hallan varias locuciones que no se encuentran en todos los atlas lingüísticos. De hecho, según se desprende de la tabla anterior, solo 7 locuciones se recopilan en todos atlas analizados: *sembrar a voleo*, *pelar la pava*, *(caer) de bruces*, *(andar) a gatas*, *(ponerse) en cuclillas*, *(llevar) a cuestas* y *(llevar) a hombros*. Curiosamente, las locuciones que se documentan en esta categoría son más opacas desde el punto de vista semántico (p. ej. *pelar la pava* o *andar a gatas*), a diferencia de las que se registran en los apartados específicos relacionados con la fraseología.

En cuanto a las colocaciones, mientras que en la sección de *Fraseología* y/o *Sintaxis* se contabilizan hasta un total de 5, en el apartado de *Léxico*, según se observa en la Tabla 5, se compilan 17, lo cual demuestra, nuevamente, la inconsistencia que hay en la clasificación de las UF en general. En esta ocasión, solo dos de ellas se repiten en todos los atlas: *llamar (a la puerta)* y *despabilar el candil*.

**Tabla 5.** Colocaciones recopiladas en la sección de *Léxico* de los atlas lingüísticos

| CAMPO SEMÁNTICO | COLOCACIÓN | *ALEA* | *ALEICan* | *ALEANR* | *ALECant* | *ALCyL* | *ALeCMan* |
|---|---|---|---|---|---|---|---|
| Agricultura e industrias con ella relacionadas | *cerner la uva* | X | X | X | X | - | X |
| | *arrancar y majar cereales* | - | X | - | - | - | - |
| Ganadería | *guardar el ganado* | X | X | X | X | X | - |
| | *arrear el ganado* | X | X | X | X | - | X |
| La casa | *llamar (a la puerta)* | X | X | X | X | X | X |
| | *despabilar el candil* | X | X | X | X | X | X |
| El tiempo | *entumecerse los dedos (de frío)* | X | X | X | X | - | X |
| El mar | *hace buen tiempo* | X | - | - | - | X | - |
| | *desplegar las velas* | X | X | - | - | - | - |
| | *plegar las velas* | X | X | - | - | - | - |

| CAMPO SEMÁNTICO | COLOCACIÓN | *ALEA* | *ALEICan* | *ALEANR* | *ALECant* | *ALCyL* | *ALeCMan* |
|---|---|---|---|---|---|---|---|
| **El cuerpo humano y enfermedades** | *llorar desconsoladamente los niños* | X | - | - | - | - | - |
| | *llantina desconsolada* | X | - | - | - | - | - |
| **De la cuna a la sepultura** | *romper las relaciones* | X | X | X | X | - | X |
| | *fajar al niño* | X | X | X | X | - | X |
| **Juegos y diversiones** | *saltar a la comba* | X | X | X | X | - | X |
| | *(hacer) el pino* | X | X | X | X | - | X |
| | *(dar) voltereta(s)* | X | X | X | X | - | X |

Por último, cabe destacar la presencia de 3 fórmulas rutinarias en el apartado destinado a recoger datos de fonética y fonología, como evidencia la Tabla 6. Aunque la finalidad de dichas categorías no es mostrar el uso de las unidades compiladas desde la perspectiva fraseológica, resulta interesante observar la presencia de este tipo de unidades. Sin embargo, ninguna de las 3 se registran en todos los atlas.

**Tabla 6.** Fórmulas rutinarias recopiladas en la sección de *Fonética y fonología* de los atlas lingüísticos

| ÁMBITO LINGÜÍSTICO | FÓRMULA RUTINARIA | *ALEA* | *ALEICan* | *ALEANR* | *ALECant* | *ALCyL* | *ALeCMan* |
|---|---|---|---|---|---|---|---|
| **Fonética y fonología** | *¡buenos días!* | X | X | - | - | - | X |
| **Fonética y fonología** | *¡buenas noches!* | X | X | - | - | - | X |
| **Fonética y fonología** | *¡muchas gracias!* | X | - | - | - | - | X |

En definitiva, las inconsistencias halladas en la categorización de algunas UF, así como como las ausencias e incoherencias encontradas en relación con el tratamiento de la fraseología en los atlas lingüísticos reflejan dificultades metodológicas que entorpecen la comparación sistemática y el análisis lingüístico coherente entre las diferentes obras.

## 6 Conclusiones

El análisis llevado a cabo en los apartados anteriores aporta datos relevantes para el conocimiento del material fraseológico que contienen los atlas lingüísticos y permite avanzar en la investigación de la fraseología dialectal del español europeo.

En primer lugar, se observa un escaso interés por la fraseología popular (según el reducido número de mapas sobre UF en contraste con los relativos al léxico, la fonética y la morfosintaxis) que podría tener que ver, en primera instancia, con la compleja metodología de obtención de datos.

En segundo lugar, se advierten inconsistencias en la clasificación, denominación y elección de los materiales fraseológicos de los atlas, que parecen tener relación con los problemas terminológicos y teóricos que existían en los estudios fraseológicos de la época en la que se elaboraron los atlas. Por ello, los atlas de más reciente publicación muestran cambios relevantes que tienen que ver con los avances teóricos en la fraseología desde la década de los 80 del siglo pasado (*ALeCMan*).

En tercer lugar, las ausencias que se han señalado constituyen argumentos para pensar que es viable y necesario trabajar en la creación de un atlas fraseológico del español, en la línea de lo que afirmaba Pamies (2017: 61): "Lo ideal sería obviamente lograr un Atlas fraseológico, identificando y delimitando áreas fraseológicas y paremiológicas con isoglosas para cada frasema, especialmente ahora que la fraseología regional parece en peligro de extinción".

Finalmente, se han hallado incoherencias metodológicas y ausencias en la representación de los datos que dificultan el estudio comparativo de carácter diatópico-diacrónico (*ALCyL*, *ALeCMan*) que pueden tener que ver con los problemas que entraña la representación cartográfica de las UF en comparación con otras áreas como la fonética y el léxico. Las discordancias señaladas, y otras que puedan advertirse en el proceso de trabajo de *CORPAT* para las otras UF que pasen a formar parte del corpus, podrían servir para determinar qué líneas metodológicas deberían seguirse en un futuro atlas fraseológico del español con el fin de corregir los errores y solventar los problemas que impidan la correcta interpretación fraseológica y dialectal de los datos.

En definitiva, la presente investigación no solo contribuye a una mejor comprensión de la fraseología en los atlas lingüísticos, sino que también sienta las bases para futuros proyectos destinados a crear un atlas fraseológico del español que identifique y delimite áreas fraseológicas y paremiológicas para asegurar una representación más precisa y completa de estas expresiones en la cartografía lingüística.

## Referencias citadas

*ADiM* = García Mouton, P. y Molina Martos, I. (2015). *Atlas Dialectal de Madrid*. Madrid: CSIC.

*ALBi* = Gutiérrez Tuñón, M. (dir.) y Fonteboa López, A. (Coords.) (2002). *Atlas lingüístico de El Bierzo*. Ponferrada: Instituto de Estudios Bercianos.

*ALCyL* = Alvar, M. (1999). *Atlas lingüístico de Castilla y León*. 3 vols. Valladolid: Junta de Castilla y León/Consejería de Educación.

*ALEA* = Alvar, M. con la colaboración de Llorente, A. y Salvador, G. (1961-1973). *Atlas lingüístico y etnográfico de Andalucía*. 6 vols. Granada: Universidad de Granada, CSIC.

*ALEANR* = Alvar, M. con la colaboración de Llorente, A., Buesa T. y Alvar E. (1979-1983). *Atlas lingüístico y etnográfico de Aragón, Navarra y Rioja*. 12 vols. Madrid, Zaragoza: La Muralla, Institución Fernando el Católico de la Excma. Diputación provincial de Zaragoza, CSIC.

*ALECant* = Alvar, M. con la colaboración de Alvar, C., Mayoral, J. A., Nuño, M.ª P., Caballero, M.ª del C. y Corral, J. B. (1995). *Atlas lingüístico y etnográfico de Cantabria*. 2 vols. Madrid: Arco/Libros [Etnografía y láminas de E. Alvar].

*ALeCMan* = García Mouton, P. y Moreno Fernández, F. (dirs.) (2003-). *Atlas lingüístico y etnográfico de Castilla-La Mancha*. Alcalá de Henares: Universidad de Alcalá de Henares.

*ALEICan* = Alvar, M. (1975-1978): *Atlas lingüístico y etnográfico de las Islas Canarias*. 3 vols. Las Palmas de Gran Canaria: Publicaciones del Excmo. Cabildo Insular.

Álvarez Pérez, X. A. (2015). Distribución geográfica de los refranes: notas para el análisis geoparemiológico. *Anuari de filología. Estudis de Lingüística*, 5, pp. 25-52.

*CaLiEx* = José Antonio González Salgado (2000): *Cartografía Lingüística de Extremadura*. Versión digital de parte de la tesis doctoral titulada *Cartografía lingüística de Extremadura. Origen y distribución del léxico extremeño*. Madrid: Universidad Complutense de Madrid.

Casado Velarde, M. (2006). Unidades fraseológicas y variación diatópica: para una fraseología dialectal extremeña. En Hernández Alonso, C. (Ed.), *Filología y lingüista (Estudios ofrecidos a Antonio Quilis)*, vol. I (pp. 689-699). Madrid: CSIC, UNED, Universidad de Valladolid.

Casares, J. (1950). *Introducción a la lexicografía moderna*. Madrid: Revista de Filologia Española - Anejo LII.

Cejador y Frauca, J. (1921). *Fraseología o estilística castellana*. Madrid: Revista de Archivos, Bibliotecas y Museos.

Cejador y Frauca, J. (1928). *Refranero castellano*. Madrid: Hernando.

Corpas Pastor, G. (1996). *Manual de fraseología española*. Madrid: Gredos.

Corpas Pastor, G. (2003). *Diez años de investigación en fraseología: análisis sintáctico-semánticos, contrastivos y traductológicos*. Madrid: Iberoamericana.

*DEREC* = Ortega Ojeda, G., González Aguiar, M.ª Isabel y Bombín Quintana, J. (2000). *Diccionario de expresiones y refranes del español de Canarias*. Gran Canaria: Ediciones del Cabildo Insular de Gran Canaria.

*DiFHA* = Barcia, L. P. y Pauer, G. (2010). *Diccionario fraseológico del habla argentina. Frases, dichos y locuciones*. Buenos Aires: Emecé.

Freixas, M., Julià, C. y Prat, M. (2018). Fraseología y bilingüismo: diseño de un método de investigación para el estudio del español de Cataluña. En Olza, I., Berty, K. y Mellado, C. (Eds.), *Fraseología y variedades diatópicas* (pp. 13-35). Pamplona: Universidad de Navarra.

García Mouton, P. (2007). Las disciplinas tradicionales (II). Dialectología y geolingüística. En Gargallo, J. E. y Bastardas, M.ª R. (coords.), *Manual de lingüística románica* (pp. 319-350). Barcelona: Ariel.

García Mouton, P. (2012). Refranes meteorológicos en el *Atlas Lingüístico (y etnográfico) de Castilla-La Mancha*, *Géolinguistique*, 13, pp. 123-134.

García Rodríguez, J. (2016). La evolución de la fraseología española en los diccionarios bilingües, *e-AESLA*, 2, pp. 383-392.

García Rodríguez, J. (2020). *La fraseología del español y el catalán: semántica cognitiva, simbolismo y contrastividad*. Frankfurt am Main: Lang.

Gargallo Gil, J. E. (2012). Do *ALGa* a *BADARE*. Refráns do calendario e meteorolóxicos, xeoparemioloxía galega e romance. En Rodríguez González, O., Carballo Piñeiro, L. y Baltrusch, B. (Eds.), *Novas achegas ao estudo dacultura galega* (pp. 411-420). A Coruña, Universidade da Coruña.

Gargallo Gil, J. E. (2013). Del *ALEANR* a *BADARE*: refranes meteorológicos, geoparemiología romance. En Casanova Herrero, E. y Calvo Rigual, C. (Eds.), *Actas del XXVI Congreso Internacional de Lingüística y de Filología Románicas. 6-11 septiembre 2010*, vol. IV (pp. 193-202). Valencia, Berlín: De Gruyter.

Gargallo Gil, J. E. y Álvarez Pérez, X. A. (2014). El proyecto ParemioRom. Refranes meteorológicos y geoparemiología romance, *Estudis Romànics*, XXXVI, pp. 313-324.

González Aguiar, M.ª I. (2007). La fraseología regional del español, *Revista de Filología de la Universidad de La Laguna*, 25, pp. 235-247.

González Cobas, J. (2021). La fraseología con verbos de movimiento en el *ALPI*: acerca de *llevar a cuestas*. *Dialectologia: revista electrònica*, Special Issue IX, pp. 151-192.

Ivorra Ordines, P. (2021). De comparaciones fraseológicas a construcciones fraseológicas: el rol de las microconstrucciones emergentes en la creación de comparaciones fraseológicas. *eHumanista: IVITRA*, 19, pp. 440-455.

Julià Luna, C. (2021). Del atlas lingüístico tradicional al corpus geolingüístico digital: diseño de un proyecto. *Scriptum digital*, 10, pp. 109-147.

Julià Luna, C. (2023). Desarrollo de un corpus de atlas lingüísticos. En Grajales Ramírez, A., Molina Mejía, J. M. y Valdivia Martín, P. (Eds.): *Digital Humanities, Corpus and Language Technology / Humanidades Digitales, Corpus y Tecnología del Lenguaje: A look from diverse case studies / Una mirada desde diversos casos de estudio* (pp. 123-142). Groningen, Antioquia: University of Groningen Press, Universidad de Antioquia.

Julià Luna, C. (en prensa). El *Atlas Lingüístico y Etnográfico de Andalucía* en contraste con otros atlas regionales del español. En *Medio siglo del Atlas lingüístico y etnográfico de Andalucía (1973-2023): Estudios*, II (pp. 123-153). Frankfurt am Main: Lang.

Lázaro Carreter, F. (1977). *Diccionario de términos filológicos*. 3.ª edición, 4.ª reimpresión. Madrid: Gredos.

Mellado Blanco, C. (2020). *(No) me importa un comino* y sus variantes diatópicas. Estudio de corpus desde la gramática de construcciones, *ELUA*, Anexo VII, pp. 89-111.

Mogorrón Huerta, P. (2020). Locuciones verbales, variación fraseológica y diatopía. *Estudios de Lingüística de la Universidad de Alicante* (*ELUA*), Anexo VII, pp. 11-31.

Montoro del Arco, E. T. (2004a). La fraseología en la gramática española del siglo XX: antes de Casares. En Corrales Zumbado, C. *et al.* (Eds.), *Nuevas aportaciones sobre Historiografía lingüística*, vol. II (pp. 1135-1148), Madrid: Arco/Libros.

Montoro del Arco, E. T. (2004b). La fraseología en la gramática española de siglo XX después de Casares. *Anuario de estudios filológicos*, 27, pp. 221-236.

Montoro del Arco, E. T. (2005). *Aproximación a la historia del pensamiento fraseológico español: las locuciones con valor gramatical en la norma culta.* Tesis Doctoral. Universidad de Granada.

Muñoz Núñez, M.ª D. (2022). *Hacer* como verbo soporte y su papel en la formación de colocaciones y/o locuciones desde la perspectiva de la praxis lexicográfica de algunos diccionarios generales del español, *Pragmalingüística*, 30, pp. 305-330.

Ormeling, F. (2015). Linguistic map. En Mononier, M. (Coord.), *Cartography in the Twentieth Century* (pp. 776-782). Chicago: University of Chicago Press.

Pamies Bertrán, A. (2017). Fraseología y variación diatópica en español. *Verba hispánica*, 25, pp. 55-81.

Penadés Martínez, M. I. (2012). La fraseología y su objeto de estudio. *Linred: Lingüística en la Red*, 10. Recuperado de: <https://linred.web.uah.es/monograficos_pdf/LR_monografico10-articulo2.pdf>

Ribes Lorenzo, Juan Manuel. (2021). *Las palabras diacríticas y sus locuciones en la historia de la lengua española.* Tesis Doctoral. Universitat de València.

Serradilla Castaño, A. (2021). La fraseología en el *ALPI*: el caso de *andar a gatas* y sus variantes. *Dialectologia: revista electrònica*, Special Issue IX, pp. 193-218.

Sciutto, V. (2015). Apuntes historiográficos de la fraseología española: la variedad argentina. *Lingue e Linguaggi*, 15, pp. 285-303.

Terrón, N. (2023). Las designaciones de llevar a cuestas en la geolingüística regional. *Revista Internacional de Lingüística Iberoamericana (RILI)*, XXI/1(41), pp. 167-189.

Vila Rubio, M.ª N. (2002-2004). Estudios fraseológicos en España durante la primera mitad del siglo XX. *Archivo de filología aragonesa*, 59, pp. 947-974.

Zuluaga Ospina, A. (1980). *Introducción al estudio de las expresiones fijas*. Frankfurt am Main: Lang.

# Paremias bajo las marcas *expr.* o *exprs.* en el *DLE 23.7* en contradicción con el *DRAE 1970*[1]

*Marta Prat Sabater*
(Universitat Autònoma de Barcelona)

**ABSTRACT**

It is common for general monolingual dictionaries and, in particular, the *DLE 23.7* to include phraseological units in the corresponding part of the microstructure. As evidenced in the *Preámbulo* of the *DRAE 1970*, in this 19th ed. "los miles de refranes que contenía" (p. VIII) were already eliminated; therefore, it can be inferred that the proverbs are no longer part of this work and subsequent editions. The main objective of this research, within the complex forms of the *DLE*, is to verify what is included under the *expr.* or *exprs.* marks (equivalent to *expression* or *expressions*), since it is not detailed anywhere. If, for example, the idioms are clearly distinguished, one can intuit that, along with the abbreviations indicated, other types of phraseologisms are included. For this reason, this research aims to demonstrate that proverbs continue to appear in the update 23.7, so it is evident that what was stipulated more than half a century ago is not coherently complied with.

***Keywords:*** Phraseology, lexicography, expression, proverb

**RESUMEN**

Es habitual que los diccionarios monolingües generales y, en concreto, el *DLE 23.7* incluyan las unidades fraseológicas en la parte correspondiente de la microestructura. Según se evidenció en el *Preámbulo* del *DRAE 1970*, en esta 19.ª ed. ya se eliminaron "los miles de refranes que contenía" (p. VIII); por lo tanto, se infiere que ya dejan de formar parte de esta obra y de las ediciones posteriores. El objetivo principal de esta investigación, dentro de las formas complejas del *DLE*, es el de comprobar qué se incluye bajo las marcas *expr.* o *exprs.* (equivalente a *expresión* o *expresiones*), puesto que no se detalla en ningún lugar. Si, por ejemplo, se distinguen claramente las locuciones, se intuye que, junto con las abreviaturas indicadas, se recogen otros tipos de fraseologismos. Por este motivo, con esta investigación se pretende demostrar que siguen apareciendo refranes en la actualización 23.7, por lo que se evidencia que no se cumple coherentemente con lo estipulado hace más de medio siglo.

***Palabras clave:*** Fraseología, lexicografía, expresión, paremia

[1] Este trabajo se enmarca en la concesión de la AGAUR de la Generalitat de Catalunya 2021 SGR 00157.

# 1 Breve marco teórico en el contexto fraseológico y lexicográfico

En numerosas ocasiones, se ha puesto de manifiesto que los estudios fraseológicos empiezan a mediados del siglo XX con Casares (1950) en su *Introducción a la lexicografía moderna*. Una de las cuestiones principales consiste en decidir qué nomenclatura debe utilizarse para todo lo que está relacionado con esta disciplina. Es evidente que, tomando como base los inicios, se estuvo discutiendo al respecto en el último cuarto del siglo pasado sobre terminología como *locución*, *modismo*, *proverbio*, *refrán*, *frase hecha*, *giro* o *expresión* (cfr. Zuluaga Ospina 1975 y 1980; Garrido Moraga 1990; Arroyo Ortega / Sevilla Muñoz 1993; entre otros).

Si se tiene en cuenta la historia lexicográfica académica, desde el *Diccionario de autoridades* (*DA*) hasta finales del siglo pasado, puede observarse el uso de diferentes marcas que, de algún modo, intentan reflejar la mezcla de términos a los que se acaban de aludir.

**Tabla 1.** Marcas fraseográficas en los preliminares de las diferentes obras académicas[2]

| *DA* | | Refr. (refrán) |
|---|---|---|
| *DRAE* | 1780, 1783, 1791, 1803, 1817, 1822, 1832 | **expr.** (expresión), f. p. (frase proverbial), loc. (locución), prov. (proverbio / proverbial), ref. (refrán) |
| *DRAE* | 1837, 1843, 1852 | **expr.** (expresión), fr. p. (frase proverbial), loc. (locución), prov. (proverbio / proverbial), ref. (refrán) |
| *DRAE* | 1869 | **expr.** (expresión), fr. prov. (frase proverbial), loc. (locución), prov. (proverbio / proverbial), ref. (refrán, refranes) |
| *DRAE* | 1884, 1899, 1914, 1925, 1936-1939, 1947, 1956 | **expr.** (expresión); fr. proverb. (frase proverbial); loc. (locución); ref., refs. (refrán, refranes) |

2 El subrayado de algunos elementos de esta Tabla 1 equivale a la primera vez que aparecen diferencias respecto a la edición anterior en las marcas indicadas (cambio de criterio de reducción de la misma abreviatura o adición de tipo de locución) y en la correspondiente equivalencia que aparece en los preliminares (especificación del plural).

| | | |
|---|---|---|
| *DA* | | Refr. (refrán) |
| *DRAE* | 1970 | **expr.** (expresión); fr. proverb. (frase proverbial); loc. (locución); loc. adj.; loc. adv.; loc. conjunt.; loc. interj.; loc. prepos.; ref., refs. (refrán, refranes) |
| *DRAE* | 1984, 1992 | **expr.** (expresión); fr. proverb. (frase proverbial); loc. (locución); loc. adj.; loc. adv.; loc. adv. interrog.; loc. conjunt.; loc. conjunt. advers.; loc. conjunt. condic.; loc. interj.; loc. prepos.; ref., refs. (refrán, refranes) |

Según puede observarse en la Tabla 1, aparte de la marca *expr.* sobre la que se va a profundizar en el siguiente apartado, se localizan otras que entran en el contexto paremiológico. Si se empieza con el primero, en la "Explicación de las cifras generales que se ponen en este Diccionario" *de autoridades*, solo se incluye *Refr.* (Refrán) como marca acerca de la inclusión de "los refránes que convienen con las próprias voces, y son mas moráles: omitiendo la Académia referirlos todos, porque algunos son sumamente sencillos, y de literal significación". A partir de la 1.ª ed. del *DRAE* 1780 en un solo volumen y hasta la 21.ª de 1992 se agrega nomenclatura adicional, en concreto, *f. p.* / *fr. p.* / *fr. prov.* / *fr. proverb.*, equivalentes a *frase proverbial*, interpretables, como "La que es de uso común y expresa una sentencia a modo de proverbio; v. gr.: *Cada cual puede hacer de su capa un sayo*" (*DRAE 1992*, *s. v. frase*).

A pesar de la distinción entre *frase proverbial* y *proverbio* indicada en la Tabla 1 en las 11 primeras ediciones en un solo volumen (desde 1780 hasta 1869), no se esclarece la diferencia entre ambos, ya que la acepción de este último es sinonímica en todas las ediciones incluidas: "Sentencia, adagio ó refran" (*DRAE 1869*, *s. v. proverbio*). En el propio *DA* se especifica que *adagio* "En Castellano se llama mas propiamente Refrán" (*s. v. adagio*) y matiza la relación más específica entre sentencia y refrán con un ejemplo del Bachiller Pedro de Rua (Cart. 3.): "los refranes pueden ser *sentencia*, y no toda *sentencia* refrán" (*s. v. sentencia*).[3]

En este margen temporal, que acaba de ejemplificarse para ilustrar las marcas lexicográficas que aparecen en las distintas ediciones de los diccionarios académicos hasta finales del siglo XX, es esencial destacar la decisión tomada

3 No se profundizará acerca del término *locución* porque, a pesar de estar incluido dentro de la fraseología y como marca oportuna en las distintas ediciones académicas, no es el objetivo de esta investigación.

por los académicos y expuesta en el Preámbulo de la 19.ª de 1970, donde es fundamental considerar el deseo "de eliminar del Diccionario los miles de refranes que contenía", puesto que "En su mayor parte estas sentencias de la sabiduría popular tienen más valor intelectual y moral que puramente lingüístico". La razón principal es la de "recoger los refranes fuera del Diccionario en una colección totalmente paremiológica" (p. VIII). Castillo Carballo (2017: 96), especifica con detalle que, para conseguirlo, tres años antes ya se convocó un concurso para poder integrar los refranes eliminados en otro diccionario especializado al mismo tiempo que se propuso "enriquecer la compilación [...] con los que se pudieran extraer de algunas obras literarias de gran valor y con los de uso moderno no recogidos". Indica específicamente que el "premio se falló en 1971" y con ello se consiguió, cuatro años más tarde, la publicación del *Diccionario de Refranes* de Juana G. Campos y Ana Barella (1975), con el prólogo de Rafael Lapesa.

Esta división, por lo tanto, es esencial para considerar la ausencia de refranes a partir de esta edición de los inicios del último tercio del siglo XX; sin embargo, si nos basamos en las marcas publicadas en las siguientes obras de esta centuria mostradas en la Tabla 1, se infiere que la propia institución académica incumple, como mínimo en las páginas preliminares, este propósito.

En 1996 se produce la publicación del *Manual de fraseología española* de Corpas Pastor. Aunque previamente algunos estudios dirigían su atención hacia esta temática, a partir del año indicado crece significativamente el interés por esta nueva disciplina. Esta es la razón principal por la que se intenta establecer ya en el primer cuarto del siglo XXI una ordenación de la nomenclatura del contexto fraseológico. A pesar de las distintas opiniones que se han manifestado e incluso se siguen manifestando al respecto, el consenso mayoritario es el de ubicar, bajo un mismo paraguas con el título de fraseología, cuatro grandes bloques: colocaciones, locuciones, fórmulas rutinarias y paremias (cfr. Ruiz Gurillo 1997 y 2001; Koike 2001; Martí Sánchez 2005; Montoro del Arco 2005a; García-Page 2008; Alvarado Ortega 2010; Penadés Martínez 2012; Sevilla Muñoz 2012; Crida Álvarez / Sevilla Muñoz 2013; García Rodríguez 2020; entre otros). Aunque el acuerdo no sea unánime por los cuatro bloques presentados, los diversos especialistas profundizan en aspectos específicos dentro de cada uno de ellos, como la diferenciación entre colocación y compuesto sintagmático, la variación en los distintos tipos de locuciones, la distinción, dentro de las fórmulas rutinarias, entre las discursivas y las psicosociales, y la división en cuatro grandes bloques de las paremias (proverbios, aforismos, refranes y frases proverbiales).[4] Este proceso significativo de catalogación supone emplear los términos *unidad fraseológica* (UF) y *fraseologismo* como hiperónimos que reúnen todos los que forman parte de las distintas divisiones.

Si se retoma en este punto la lexicografía académica, resulta esencial considerar las marcas fraseográficas de las dos últimas ediciones de este siglo XXI, ilustradas en la Tabla 2.

**Tabla 2.** Marcas fraseográficas en los preliminares de las dos últimas obras académicas

<table>
<tr><td>DRAE</td><td>2001</td><td rowspan="2">expr. (expresión, expresivo), loc. (locución)</td></tr>
<tr><td>DLE</td><td>2014</td></tr>
</table>

El número de indicadores se ha reducido significativamente, lo que supone una muestra de la evolución fraseológica que se está produciendo. Según se ha indicado, en esta investigación no se va a profundizar en las locuciones, ya que nuestro objeto de estudio son las expresiones. Al particularizar acerca del contenido que se halla bajo la marca *expr.*, es esencial valorar si, contrariamente a lo establecido en la 19.ª ed. de 1970, siguen apareciendo refranes en esta obra lexicográfica o si, en este siglo XXI, ya se cumple con el precepto de eliminarlos y destinarlos a otra publicación más específica.

4 Para un análisis más específico de la evolución teórica vinculada con la nomenclatura del universo fraseológico, *vid.* García Rodríguez (2020: 37–68). En este punto es esencial distinguir la diferencia, que ya no es sinonímica, entre *proverbio* "enunciado sentencioso de origen conocido, cuyas características son la procedencia culta, la antigüedad, el tono grave, la gradación idiomática, la potencial variación y el uso preferentemente culto" (Crida Álvarez / Sevilla Muñoz 2013: 109) y *frase proverbial* "paremia de origen anónimo [...] y de uso popular, cuya estructura es generalmente unimembre, sin elementos mnemotécnicos, con potencial presencia de elementos jocosos, basado en la experiencia y con valor de verdad universal" (Crida Álvarez / Sevilla Muñoz 2013: 112).

## 2 Formas complejas y *DLE*

Desde la perspectiva lexicográfica, en los preliminares del *DLE 2014* se aclara el término *forma compleja*, que se mantiene en las siguientes actualizaciones hasta el *DLE 23.7* objeto de estudio. Esta denominación se divide en "dos bloques, uno para las combinaciones estables en que un sustantivo va acompañado por un elemento que desempeña una función adjetiva respecto a él y otro por las locuciones y expresiones" (p. XLIV). Si se considera el primero (combinaciones estables), no precede a lo que se refiere con ninguna marca relativa a forma compleja, únicamente con la especificación de la categoría gramatical; sin embargo, no solo se incluye la combinación de sustantivo + adjetivo, indicada en los preliminares, sino que, aunque no estén oficialmente catalogadas, se halla también sustantivo + preposición + sustantivo. Bajo el lema *cuero*, por ejemplo, se puede hallar *cuero cabelludo* (m.), *cuero en verde* (m.), *cuero exterior* (m. *Anat.*) y *cuero interior* (m. *Anat.*) con la indicación de "nombre masculino", previo a las sucesivas locuciones o a la expresión *del cuero salen las correas*. En esta ocasión, desde la perspectiva morfológica, las combinaciones estables indicadas recibirían el nombre de compuestos sintagmáticos (cfr. Buenafuentes de la Mata 2010: 81-93), considerados fuera de la fraseología por la mayor parte de especialistas.

El segundo bloque hace referencia a locuciones y expresiones, ampliamente indicadas con las respectivas marcas: *loc./locs.* + tipo o *expr./exprs.* Si se considera la tetradivisión fraseológica mencionada en el apartado anterior, las locuciones son perfectamente localizables en el *DLE 23.7*: "loc. adj." de *a piedra y lodo* (*s. v. piedra*), "loc. verb." de *irse al otro barrio* (*s. v. barrio*), etc. No obstante, las demás unidades fraseológicas (UF) están mucho más camufladas, bien sin marca, bien con una sola marca (*expr.*).

El diccionario académico no manifiesta explícitamente que las colocaciones sean formas complejas por lo que, a diferencia del resto, no se localizan como sublemas con una marca que las diferencie. Pueden hallarse en la microestructura y, en concreto, en posibles ejemplos, si se agregan, como "*Error, mentira garrafal*" (*DLE 23.7*, *s. v. garrafal*). En otros casos, pueden desprenderse de las definiciones como *pronunciar una conferencia* de "Leer o decir una conferencia, un discurso, etc." (*s. v. pronunciar*, 2.ª acepción). Ante la ausencia de concreción, esta segunda alternativa, a nuestro modo de ver, es más adecuada, ya que "Las colocaciones [...] se entienden como combinaciones frecuentes formadas por una *base*, es decir, una palabra semánticamente autónoma, y un *colocativo*, un vocablo seleccionado por la propia base" (García Rodríguez 2020: 41). La base de lo ejemplificado sería *conferencia* y el colocativo, el verbo *pronunciar*, que coincide con un número significativo de coapariciones en el discurso, tanto oral como escrito.

Las fórmulas rutinarias y, aunque no se espere, los refranes, se hallan precedidos por la etiqueta *expr./exprs.* Las primeras, estudiadas por Ruiz Martínez (2020 y 2021), son muy abundantes, ya que se trata de fórmulas de fijación pragmática usadas en determinadas situaciones de la vida social: *hasta luego* (*DLE 23.7*, *s. v. luego*), *las paredes tienen ojos* (*s. v. pared*), *que Dios le tenga en su santa gloria* (*s. v. dios, sa*),[5] etc. Las segundas según se ha demostrado a lo largo de este trabajo, no deberían aparecer; no obstante, en esta ocasión se puede demostrar que la incoherencia de la institución académica se sigue produciendo, al cabo de más de medio siglo, con el contenido del *DLE 23.7*, según se va a profundizar más adelante.

## 3 Metodología: corpus de estudio

El punto de partida para la elaboración de esta investigación es la actualización 23.7 del *Diccionario de la Lengua Española* de la Real Academia y la Asociación de Academias de la Lengua Española (2023). El objetivo principal ha sido localizar todas la UF incluidas bajo el hiperónimo de *paremia*, que estuvieran encabezadas por las marcas *expr.* o *exprs.* y que fueran localizables en el *Refranero multilingüe* (*RM*) de Sevilla Muñoz / Zurdo Ruiz-Ayúcar (2009). A pesar de que este tipo de expresiones no deberían hallarse en el diccionario académico, algunas de ellas se han mantenido, en concreto, un total de 30.

En la Tabla 3 se han recogido las UF que se incluyen en el *DLE* solo como expresiones, sin ningún otro tipo de información adicional, y que se usan con el significado proporcionado. El total asciende a 17.

[5] Esta última fórmula rutinaria enlaza con el estudio realizado por García Rodríguez / Prat Sabater (2023) en el que se establece un contraste de fraseologismos en un corpus español-catalán en el que se detalla la distinción de la nomenclatura de esta disciplina y las interesantes equivalencias entre distintas lenguas.

**Tabla 3.** Expresiones del *DLE 23.7*, sin marcas adicionales, que aparecen también en el *RM* [6]

| PAREMIAS | ***expr./exprs.*** **+ SIGNIFICADO** |
|---|---|
| la **cabra** siempre tira al monte | expr. U. para significar que regularmente se obra según el origen o natural de cada uno. |
| **calumnia**, que algo queda | expr. U. para comentar sentenciosamente que siempre permanece algo de la falsedad divulgada con mala intención. |
| por un **clavo** se pierde una herradura | expr. U. para advertir que de descuidos pequeños pueden originarse males grandes. |
| **dicho** y hecho | expr. U. para explicar la prontitud con que se hace o se hizo algo |
| no cantar bien dos **gallos** en un gallinero | expr. U. para hacer referencia a dos personas que, al querer imponer a la vez su voluntad o su prestigio, se avienen mal. |
| en todas partes (se) cuecen **habas** | exprs. U. para significar que cierto inconveniente no es exclusivo del sitio o persona de que se trata. |
| no todo el **monte** es orégano | expr. U. para expresar que no todo es fácil o placentero en un asunto. |
| la **ocasión** la pintan calva | expr. U. para indicar que se deben aprovechar las oportunidades cuando se presentan. |
| **oír**, ver y callar | expr. U. para advertir o aconsejar a alguien que no se entremeta en lo que no le toca, ni hable cuando no le pidan consejo. |
| más ven cuatro **ojos** que dos | expr. U. para dar a entender que es más fácil tomar una decisión acertada cuando son varias las personas que la juzgan |
| **paciencia** y barajar | expr. U. para animar a alguien o a uno mismo a perseverar en un intento después de un fracaso. |
| al **pan**, pan, y al vino, vino | expr. U. para dar a entender que algo se dice de forma directa, clara y sin rodeos |
| las **paredes** oyen | expr. U. para aconsejar que se tenga muy en cuenta dónde se dice algo que importa que sea secreto |

[6] Lo que está marcado en letra negrilla equivale al lema donde se encuentran las expresiones en el *DLE* tanto en esta como en la siguiente tabla.

| PAREMIAS | *expr./exprs.* + SIGNIFICADO |
|---|---|
| antes **quebrar** que doblar | expr. No rendirse al interés ni a malos consejos para cumplir el deber. |
| de perdidos al **río** | expr. U. para expresar que se propone una solución extrema para una situación desesperada. |
| el que **venga** detrás, que arree | expr. Indica que alguien, que ha salvado ya circunstancias difíciles, se desentiende de los peligros o daños que las mismas circunstancias pueden tener para los demás. |
| **vísteme** despacio, que estoy de/tengo prisa | exprs. U. para encarecer la necesidad de no proceder atropelladamente. |

Si se contrastan estos datos con los que aparecen en el *RM*, desde la perspectiva de la particularización de la nomenclatura de las paremias, todas se consideran refranes, a excepción de cinco frases proverbiales (*la cabra siempre tira al monte*; *no todo el monte es orégano*; *en todas partes cuecen habas*; *las paredes oyen*; y *no cantan dos gallos en un gallinero*, equivalente a *no cantar bien dos gallos en un gallinero* del *DLE 23.7*).

En esta Tabla 3 no se han indicado marcas adicionales de tipo diafásico o diastrático, por ejemplo, por lo que se deduce del *DLE* que se emplean en cualquier contexto. Al no referirse tampoco al uso, se da por supuesto que son expresiones actuales; no obstante, se ha contrastado el contenido de este diccionario con el del *RM* y se ha podido comprobar que, en esta obra más especializada, 10 se interpretan como "de uso actual" (6) o con el detalle de "muy usado" (4), pero el marcador de uso del *RM* discrepa en 2 casos con la precisión de "poco usado" (*dicho y hecho*; y *no cantan dos gallos en un gallinero*) y en otros 5 considerados "en desuso" (*calumnia, que algo queda*; *por un clavo se pierde una herradura*; *paciencia y barajar*; *antes quebrar que doblar*; y *oír, ver y callar, recias cosas son de obrar*, equivalente de *oír, ver y callar* del *DLE*).[7]

En la Tabla 4 que se va a presentar a continuación se han podido ordenar otras 13 paremias que en el *DLE 23.7* aparecen acompañadas de marcas relativas a la variación diafásica y, más concretamente, a la contextualización pragmática. En concreto, 11 de ellas son coloquiales y de las 2 restantes, a

7 Por razones de espacio, en estos matices y los indicados del mismo tipo en la Tabla 4 no se profundizará en esta investigación; sin embargo, se consideran suficientemente interesantes para tratar en futuras publicaciones.

pesar de ser del mismo tipo, se precisa que una (*contigo, pan y cebolla*) es más "usada en sentido festivo" (*s. v. pan*), mientras que otra se utiliza en sentido irónico (*éramos pocos y parió la/mi abuela*, con manifestación de variabilidad fraseológica que se esclarecerá en el siguiente apartado). La relación de todas estas unidades con indicación del contexto en que se emplean es la siguiente:

**Tabla 4.** Expresiones del *DLE 23.7* con indicación contextual, que aparecen también en el *RM*

| PAREMIAS | *expr./exprs.* + SIGNIFICADO | CONTEXTO |
|---|---|---|
| **casarás** y amansarás | expr. U. para ponderar las sujeciones inherentes al matrimonio. | coloquial |
| del **cuero** salen las correas | expr. U. para denotar que de lo principal sale lo accesorio. | coloquial |
| donde digo "digo", no digo "digo", sino digo "**Diego**" | expr. U. para aplicar a quien incurre en confusión o contradicción y a quien se ve obligado a rectificarse. | coloquial |
| a la **fuerza** ahorcan | expr. U. para dar a entender que alguien se ve o se ha visto obligado a hacer algo contra su voluntad. | coloquial |
| a buena(s) **hora**(s), mangas verdes | exprs. Denotan que algo no sirve cuando llega fuera de oportunidad | coloquial |
| cada **loco**(a) con su tema | expr. U. para comentar la excesiva insistencia de alguien sobre algo | coloquial |
| cada **palo** que aguante su vela | expr. Indica que cada uno debe cargar con las consecuencias derivadas de sus actos. | coloquial |
| a otro **perro** con ese hueso | expr. U. para repeler a quien propone artificiosamente algo incómodo o desagradable, o cuenta algo que no debe creerse. | coloquial |
| bien está la **piedra** en el agujero | expr. U. para advertir que las personas o las cosas no se deben sacar del lugar que les corresponde | coloquial |
| mucho **ruido** y pocas nueces | expr. U. para señalar que algo aparentemente importante tiene poca sustancia o es insignificante. | coloquial |

| PAREMIAS | *expr./exprs.* + SIGNIFICADO | CONTEXTO |
|---|---|---|
| de todo hay en la **viña** del Señor | exprs. Indican que en todo hay cosas buenas y malas. | coloquial |
| de todo tiene la **viña**: uvas, pámpanos y agraz | expr. U. por los enamorados para ponderar su desinterés material. | coloquial, usada más en sentido festivo |
| contigo, **pan** y cebolla | | |
| éramos pocos y parió la/ mi **abuela** | expr. U. para dar a entender que aumenta de modo inoportuno el número de personas presentes en un lugar, o el de dificultades existentes. | irónica, coloquial |

En esta Tabla 4, la mayoría de las expresiones se consideran refranes en el *RM*, a excepción de un refrán dialogado (*donde dije digo, digo Diego*, equivalente de *donde digo "digo", no digo "digo", sino digo "Diego"* del *DLE 23.7*), una frase proverbial (*cada palo que aguante su vela*), un proverbio (*de todo hay en la viña del Señor*) y un dialogismo (*éramos pocos, y parió la abuela*).

Desde la perspectiva del uso, que siempre se indica en el *RM*, siete se consideran de "uso actual" y otros dos con la precisión de "muy usado"; sin embargo, a diferencia de la institución académica, uno se califica en el *RM* como "poco usado" (*éramos pocos, y parió la abuela*), mientras que tres ya están "en desuso" (*casarás y amansarás*; *del cuero salen las correas*; y *bien está cada piedra en el agujero*, equivalente a *bien está la piedra en el agujero* del *DLE*).

## 4 Paremias en la microestructura del *DLE 23.7* bajo las marcas *expr.* (expresión) o *exprs.* (expresiones)

Según se ha indicado en secciones anteriores, lo que aparece después de las marcas *expr.* o *exprs.* de esta actualización del *DLE* 23.7 son, por un lado, paremias y, por otro, fórmulas rutinarias de diferente tipo, cuya clasificación se desprende del contenido de las acepciones y de su estructuración.[8] La hipótesis principal de partida para el análisis se basa en el primer punto de esta distribución, cuyos datos, un total de 30, se han mostrado en las tablas 3 y 4 del apartado anterior. Estos están constituidos en su mayoría por refranes,

[8] Este segundo tipo de UF no se va a tratar en el presente estudio, puesto que, por razones de espacio, han quedado fuera de los objetivos.

junto con pocas frases proverbiales y un dialogismo, a pesar de tener que estar supuestamente eliminados todos desde la 19.ª ed. de 1970.

Resulta interesante, antes de profundizar en ello, comprobar si estas UF todavía se hallan en la mencionada 19.ª ed. o se han incorporado más tarde. En contradicción con lo estipulado en 1970, aún se aprecia en este *DRAE* la existencia de 23 fraseologismos. Entre ellos, debe destacarse *pan por pan, vino por vino*, que también se localiza en el *DLE 23.7* y como variante en el *RM*, pero al tratarse de una expresión coloquial desusada en esta actualización y remitir, por ello, *al pan, pan, y al vino, vino*, no la hemos incluido en la Tabla 4 ni contabilizado porque en realidad no deja de representar una evolución en el uso de una de las dos equivalencias. Sorprendentemente, las 7 UF restantes aparecen más tarde, en concreto, seis en 1992 (*cada loco(a) con su tema*; *cada palo que aguante su vela*; *mucho ruido y pocas nueces*;[9] *en todas partes (se) cuecen habas*; *al pan, pan, y al vino, vino*; y *de perdidos al río*) y una en 2001 (*la ocasión la pintan calva*). Se dispone, pues, de una muestra de incoherencia desde el momento en que se decide prescindir de refranes hasta la actualidad.

Asimismo, se observa incoherencia a la hora de incorporar la variabilidad fraseológica en los diccionarios de la Academia. En este sentido, la forma citativa que emplea la tradición académica es, a nuestro modo de ver, poco sistemática. Las enmiendas que se proponen en las sucesivas ediciones y, en concreto, en las últimas, deberían seguir los postulados de los estudiosos que han tratado la inclusión de la variabilidad fraseológica en las obras lexicográficas.

Teniendo en cuenta lo anterior, una de las clasificaciones que consideramos más idóneas sobre la variabilidad (cfr. inicialmente de Montoro del Arco 2005b hasta, más recientemente, García Rodríguez / Prat Sabater 2022) es la que ofrece una tripartición entre variaciones fraseológicas, variantes y desautomatización. Las dos primeras se refieren a los cambios que se pueden

9 En el *DRAE 1992*, *mucho ruido y pocas nueces* remite a la frase figurada y familiar *ser más el ruido que las nueces*. En la siguiente edición de 2001 la clasificación de esta UF cambia, de un modo adecuado, a locución verbal coloquial y se mantienen las dos sin remisión hasta el *DLE 23.7*. Por este motivo, al ser locución, esta última no se ha tenido en cuenta en el presente trabajo. En la 22.ª edición precisamente se producen enmiendas de este tipo y muchas de las que en la actualidad se consideran expresiones, antes se marcaban como frases figuradas (ej. *más ven cuatro ojos que dos*) o locuciones figuradas (ej. *a buena(s) hora(s), mangas verdes*) del mismo modo que ocurre, según ha podido comprobarse, con familiar, que ha pasado a denominarse coloquial.

producir o en la estructura de una UF (como la alteración del orden de los constituyentes) o en alguno de los elementos internos que la conforman (léxico, etc.). La tercera, que se escapa a los objetivos de esta investigación, se basa en la manipulación creativa e intencionada de los fraseologismos por parte de los hablantes. El requisito de todas ellas, sin embargo, a pesar de los diferentes cambios posibles, es la del mantenimiento del significado. En función de las UF recogidas en el *DLE 23.7*, se han podido hallar muestras de las dos primeras, por lo tanto, a lo largo de este apartado, planteamos una propuesta de sistematización de la forma citativa para abordar la variabilidad de forma más coherente.

Si se parte de la clasificación indicada en el párrafo anterior, dentro de las mencionadas variaciones, se puede hacer referencia a aquellas UF que permiten adición o supresión de diferentes elementos. El ejemplo se halla en las expresiones, frases proverbiales según particulariza el *RM*, que se presentan del siguiente modo desde la perspectiva académica: **en todas partes cuecen,** o **se cuecen, habas.** La institución se sirve del resalte con letra negrita (o no) para diferenciar las dos opciones posibles de fraseologismo. No obstante, la que postulamos como mejor solución (cfr. García Rodríguez / Prat Sabater 2022: 74) es el recurso del paréntesis para simplificar y hacer más comprensibles las UF presentadas: *en todas partes (se) cuecen habas.*

En cuanto a las variantes, es posible distinguir entre las léxicas y las morfosintácticas. La primera de ellas está formada por la indicación de dos UF diferentes, pero con el mismo significado, que pueden ser intercambiables, ambas clasificadas como proverbios según el *RM*. La solución adoptada desde la perspectiva lexicográfica en el *DLE 23.7* es la misma que en el caso anterior: **de todo hay en la viña del Señor,** o **de todo tiene la viña: uvas, pámpanos y agraz.** En la Tabla 4, se ha considerado mejor separar estas UF para mostrar de forma más clara los dos fraseologismos coloquiales que "Indican que en todo hay cosas buenas y malas" (*s. v. viña*); no obstante, desde la óptica fraseográfica, el recurso más idóneo es la barra oblicua (cfr. García Rodríguez / Prat Sabater 2022: 74): *de todo hay en la viña del Señor/de todo tiene la viña: uvas, pámpanos y agraz.*[10]

[10] En el *RM*, al tratarse de una herramienta digital en la que no predomina la restricción, se establece la división entre *paremia* (para la primera opción) y *variantes* (para

Las variantes morfosintácticas son más representativas para indicar diferentes alternancias gramaticales. Dos de ellas forman parte de la morfología flexiva (género y número), pero la solución escogida por el *DLE 23.7* es distinta. Mientras que la segunda sigue con el criterio de las ya ejemplificadas (**a buena hora, o a buenas horas, mangas verdes**), la primera se sirve del paradigma flexivo que se emplea como lema, es decir, que muestra la diferencia entre masculino y femenino (genero no marcado y género marcado): **cada loco, ca con su tema** (*s. v. loco*[2, ca]). El *RM*, en cambio, ofrece solo la versión en plural de la primera y, en cuanto a la segunda, se refiere únicamente a *loco*, interpretable como adjetivo de género no marcado señalado por el masculino dentro de la oposición binaria de este adjetivo. Desde la perspectiva fraseográfica, ambas alternativas pueden representarse mediante paréntesis para simplificar las diferentes posibilidades (cfr. García Rodríguez / Prat Sabater 2022: 74): *a buena(s) hora(s), mangas verdes* o *cada loco(a) con su tema*.

La tercera variante morfosintáctica propone indistintamente el uso de artículo determinado (*la*) o posesivo prenominal de primera persona singular para un solo poseedor (*mi*). El *DLE 23.7* emplea el recurso más habitual: **éramos pocos y parió la, o mi, abuela**. En el *RM*, la paremia que se propone es la primera a la que añade un signo de puntuación para conceder más énfasis a esta UF irónica, matiz burlón que queda indicado desde la perspectiva académica: *Éramos pocos, y parió la abuela*. Entre las diferentes variantes propuestas, aparece también la indicada por el posesivo: *Éramos pocos, y parió mi abuela* (*RM*, *s. v. éramos pocos, y parió la abuela*). Esta fuente concede el nombre de dialogismo a esta UF, puesto que se trata de una "Charla en que el hablante hace como si hablara consigo mismo, o refiere textualmente sus propios dichos o discursos o los de otras personas [...]" (*DLE*, *s. v. dialogismo*), lo que justifica, sin lugar a dudas, la marca diafásica de coloquial incorporada por este diccionario y consolidada por la "fuente oral" de la que se obtiene por el *RM*. El último caso de variante morfosintáctica presenta dos posibilidades verbales, integradas del mismo modo: **vísteme despacio, que estoy de, o tengo, prisa**, este último, refrán preferente del *RM*. Para estas dos UF que acaban de puntualizarse en este párrafo, al tratarse de variantes morfosintácticas que permiten alternar diferentes elementos prenominales

la segunda) con la indicación en esta de que se ha obtenido de una "fuente oral" (*s. v. de todo hay en la viña del Señor*).

o verbos, proponemos el uso de la barra oblicua: *éramos pocos y parió la/mi abuela*; *vísteme despacio, que estoy de/tengo prisa*.

Finalmente, aunque no fueran esperables por los requisitos de inclusión especificados con anterioridad, no se puede cerrar esta sección sin indicar la forma citativa adecuada del resto de expresiones del *DLE 23.7* que se caracterizan por su fijación al ofrecer solo una propuesta: **bien está la piedra en el agujero** o **por un clavo se pierde una herradura**, entre otros. Debe destacarse, además, la indicación conveniente de comillas angulares en la expresión que representa, según el *RM*, un refrán dialogado, **donde digo "digo", no digo "digo", sino digo "Diego"** (*DLE 23.7*, *s. v. diego*), a diferencia de esta ausencia en las variantes propuestas por el propio refranero consultado: *donde dije digo, digo Diego* o *donde dijo digo, digo Diego* (*RM*, *s. v. donde dije digo, digo Diego*).

## 5 Conclusión

A lo largo de esta investigación, se ha observado que, en el contexto fraseológico, se utilizan para el *DRAE* múltiples marcas desde 1780 (1.ª ed.) hasta 1992 (21.ª ed.). Según se ha demostrado, se produce una homogeneización en las dos últimas ediciones: *DRAE* 2001 y *DLE* 2014. En este momento, las marcas se reducen a *expr.* y *loc.*, que constan desde la 1.ª edición y permanecen hasta la actualización del *DLE 23.7*. Los objetivos de este estudio se centran en la primera, *expr.*, y su equivalente plural, con lo que se confirma su propio incumplimiento, puesto que se ha demostrado que, aparte de englobar diferentes fórmulas rutinarias que no se han tratado en este trabajo, se usa para la consideración de 30 paremias, mayoritariamente refranes, supuestamente eliminados desde la 19.ª ed. de 1970. No obstante, no solo se conservan 23 en esta edición, sino que, a diferencia de lo previsto, los restantes se incorporan en la siguiente de 1992 e incluso uno de ellos en el *DRAE 2001*.

El análisis exhaustivo del *DLE 23.7* permite enlazar con la variabilidad fraseológica que se refleja desde la perspectiva lexicográfica de la institución académica. Salvo casos excepcionales que se consideran presentados de un modo adecuado, para el resto se sirven del criterio tradicional, lo que supone una mayor complejidad de interpretación desde la óptica de los usuarios interesados en fraseologismos. Si en sucesivas enmiendas se sigue con la propuesta que se ha mostrado es esta investigación, basada en la evolución fraseográfica desde el enfoque de diferentes estudiosos, se consigue un sistematismo adecuado para abordar la variabilidad de forma más coherente. Aun así, se espera que en la siguiente actualización o edición se prescinda de lo que se afirmó hace más de medio siglo con el fin de cumplir con lo establecido y renovar la obra fraseológica equivalente. Asimismo, se considera esencial que se valore el concepto de *expresión*. Un análisis más pormenorizado en futuras publicaciones sobre la relación de este término con *fórmulas rutinarias* sería adecuado para proponer su mantenimiento o cambio de denominación.

## Referencias citadas


Alvarado Ortega, M.ª B. (2010). *Las fórmulas rutinarias del español: teorías y aplicaciones*. Frankfurt am Main: Lang.

Arroyo Ortega, Á. y Sevilla Muñoz, J. (1993). La noción de expresión idiomática en español. *Thélème: Revista complutense de estudios franceses*, 4, pp. 247-261.

Buenafuentes de la Mata, C. (2010). *La composición sintagmática en español*. San Millán de la Cogolla: Cilengua.

Casares, J. (1950). *Introducción a la lexicografía moderna*. Madrid: Revista de Filología Española, Anejo LII.

Castillo Carballo, M.ª A. (2017). La producción fraseográfica en su historia: diccionarios de locuciones y refranes. *Estudios de Lingüística del Español*, 38, pp. 85-106.

Corpas Pastor, G. (1996). *Manual de fraseología española*. Madrid: Gredos.

Crida Álvarez, C. y Sevilla Muñoz, J. (2013). Las paremias y su clasificación. *Paremia*, 22, pp. 105-114.

García-Page, M. (2008). *Introducción a la fraseología española. Estudio de las locuciones*. Barcelona: Anthropos.

García Rodríguez, J. (2020). *La fraseología del español y el catalán: semántica cognitiva, simbolismo y contrastividad*. Berlin: Lang.

García Rodríguez, J. y Prat Sabater, M. (2022). Variabilidad fraseológica y forma citativa en los diccionarios bilingües (español « catalán). En Corpas Pastor, G. *et al.* (Eds.), *Computational and Corpus-based Phraseology* (pp. 73-78). Bulgaria: INCOMA Ltd. Shoumen.

García Rodríguez, J. y Prat Sabater, M. (2023). Contraste morfosintáctico y léxico-semántico a partir de un corpus bilingüe español-catalán de fraseologismos. En Gibert-Sotelo, E. *et al.* (Eds.), *Linguistica sine finibus* (pp. 481-506). Girona: Documenta Universitaria.

Garrido Moraga, A. M. (1990). De nuevo sobre fraseología en los diccionarios. Una cala en el D.R.A.E. *RILCE*, VI(1), pp. 7-18.

Koike, K. (2001). *Colocaciones léxicas en el español actual: estudio formal y léxico-semántico.* Alcalá: Universidad de Alcalá.

Martí Sánchez, M. (2005). Explorando la definición real de los fraseologismos. *Círculo de lingüística aplicada a la comunicación*, 24, pp. 47-73.

Montoro del Arco, E. T. (2005a). *Aproximación a la historia del pensamiento fraseológico español: las locuciones con valor gramatical en la norma culta.* Granada: Universidad de Granada.

Montoro del Arco, E. T. (2005b). Hacia una sistematización de la variabilidad fraseológica. En Pastor Milán, M.ª A. (Coord.), *Estudios lingüísticos en recuerdo del profesor Juan Martínez Marín* (pp. 125-152). Granada: Universidad de Granada.

Penadés Martínez, I. (2012). *Gramática y semántica de las locuciones.* Universidad de Alcalá: Servicio de Publicaciones.

Real Academia Española (1726-1739). *Diccionario de autoridades* (*DA*). Recuperado de <https://apps2.rae.es/DA.html>.

Real Academia Española (2001a). *Diccionario de la lengua española*, 22.ª edición (*DRAE 2001*). Recuperado de <https://www.rae.es/drae2001/>.

Real Academia Española (2001b). *Nuevo tesoro lexicográfico de la lengua española* (*NTLLE*). Recuperado de <https://apps.rae.es/ntlle/SrvltGUISalirNtlle> (consulta de todas las ediciones académicas, desde el *DRAE 1780* hasta el *DRAE 1992*).

Real Academia Española / Asociación de Academias de la Lengua Española (2014). *Diccionario de la lengua española*, 23.ª edición (*DLE* 2014). Barcelona: Espasa.

Real Academia Española / Asociación de Academias de la Lengua Española. (2023). *Diccionario de la lengua española*, actualización 23.7 (*DLE 23.7*). Recuperado de <https://dle.rae.es/diccionario>.

Ruiz Gurillo, L. (1997). *Aspectos de fraseología teórica española*. València: Universitat de València.

Ruiz Gurillo, L. (2001). *Las locuciones del español actual*. Madrid: Arco/Libros.

Ruiz Martínez, A. M.ª (2020). El tratamiento de las fórmulas en el diccionario de la Academia. En Dal Maso, E. (Coord.), *De aquí a Lima. Estudios fraseológicos del español de España e Hispanoamérica* (pp. 247-266). Venezia: Edizioni Ca Foscari.

Ruiz Martínez, A. M.ª (2021). Las fórmulas oracionales entre el diccionario y la fraseología. *Paremia*, 31, pp. 229-238.

Sevilla Muñoz, J. (2012). La fraseología y la paremiología en los últimos decenios. *Linred: Lingüística en Red*, 10, s. p. Recurperado de: <https://ebuah.uah.es/dspace/handle/10017/24019>

Sevilla Muñoz, J. / Zurdo Ruiz-Ayúcar, M.ª T. (Dirs.) (2009). *Refranero multilingüe* (*RM*). Madrid: Instituto Cervantes (Centro Virtual Cervantes). Recuperado de <https://cvc.cervantes.es/lengua/refranero/>.

Zuluaga Ospina, A. (1975). La fijación fraseológica. *Thesaurus: Boletín de Instituto Caro y Cuervo*, 48(1), pp. 305-330.

Zuluaga Ospina, A. (1980). *Introducción al estudio de las expresiones fijas*. Frankfurt/Bern: Lang.

# Unidades fraseológicas prepositivas con base adjetiva. Acercamiento diacrónico

*Rosa María Ortiz Ciscomani*
(Universidad de Sonora, México)

**ABSTRACT**

This paper displays the outcome of the analysis of prepositional phraseological units with an adjective base and modal meaning, compared to long and short adverbs with the same adjective: *blind*, *dry*, *safe* and *clear*, in the diachrony of Spanish language. From the analysis of the aforementioned variants, it is shown that each resource has a functional semantic singularity, which the context highlights. It is shown also that the resources exhibit a higher frequency of cases in the Peninsular than in the Mexican Spanish, as well as the low productivity of the short adverb.

***Keywords:*** Phraseological units with preposition and adjective base, long adverb, short adverb, diachrony

**RESUMEN**

Este trabajo presenta el resultado del análisis de unidades fraseológicas prepositivas con base adjetiva y significado modal, frente a los adverbios largos y cortos con el mismo adjetivo: *ciego*, *seco*, *seguro* y *claro*, en la diacronía del español. A partir del análisis de las variantes mencionadas se muestra que cada recurso posee una singularidad semántica funcional, que el aporte del contexto resalta. El análisis cuantitativo del corpus evidencia también que los recursos tienen mayor frecuencia de casos en el español peninsular que en el mexicano, lo mismo que la escasa productividad del adverbio corto.

***Palabras clave:*** Unidades fraseológicas con preposición y base adjetiva, adverbio largo, adverbio corto, diacronía

## 1 Introducción

Los adjetivos, como sabemos, tienen por función modificar al sustantivo, ya sea directamente como en *hombre tonto* (1a), o indirectamente como *Este hombre es tonto* (1b):[1]

[1] En este y en el resto de ejemplos del capítulo se destaca el recurso adverbial en negritas.

1) a. Y aunque yo era entonces un chiquillo, recuerdo que pensé lo siguiente: *"Un hombre **tonto** no es capaz de hacer en ningún momento de su vida los disparates que hacen a veces las naciones, dirigidas por centenares de hombres de talento" (Pérez Galdós, Benito, *Trafalgar*, 1873, CORDE)
   b. Este hombre que no ha querido comer —dijo Onofre— es **tonto**, porque conociéndose la condición hace mal de acompañarse con otros de diferente calidad que la suya. Si se conoce templado en el comer y beber, ande con otros de su humor y con esto no llegará a semejantes lances como éste (Santos, Francisco, *Día y noche de Madrid*, 1663, CORDE)

Los casos que analizamos en este trabajo corresponden a un área de interés particular dentro de este grupo, el de las unidades fraseológicas prepositivas con una base adjetiva sin sustantivo al que modifique, del tipo ejemplificado en (2), *a tontas y a locas*:

2) [...] pero a nadie le gusta recibir un soplamocos, y por añadidura verse obligado a dar explicaciones para justificar que lo que se hace no se hace **a tontas y a locas**, sino con reflexión (Ganivet, Ángel, *Los trabajos del infatigable creador Pío Cid*, 1898, CORDE)

En el ejemplo (2), *a tontas y a locas* tiene en efecto el rasgo peculiar de no contar con un sustantivo al que se atribuya sintácticamente, lo que resulta paradójico si consideramos la función por excelencia de la categoría adjetival; además, en relación con su estructura interna, exhibe una terminación o sufijo *-as* que resulta no fácilmente explicable en ausencia de un sustantivo. Esta unidad fraseológica tiene, como vemos, significado adverbial modal.

En esta contribución presentamos el resultado del análisis de un conjunto de unidades fraseológicas de estructura afín a la ejemplificada en (2), esto es, casos que comparten una base adjetiva sin sustantivo al cual modificar, la mayoría de carácter modal.

Esta estructura fraseológica se presenta con varios, pero no con todos los adjetivos del español. Entre otros, la comparten adjetivos como *ciego*, *seco*, *seguro*, *claro* que son objeto de nuestro estudio. De los adjetivos que comparten esta opción de construcción, algunos tienen variantes funcionales constituidas únicamente por el adverbio largo o en *-mente*, en tanto que otros admiten funcionar como adverbios con su forma corta, los denominados adjetivos adverbiales o adverbializados. Sigue siendo un tema pendiente de la gramática del español, hasta donde sabemos, investigar por qué ciertos pares de adverbios tienen distribución afín y por qué otros pares se excluyen (Company 2018). El análisis del corpus aspira a aportar cierta luz sobre este particular.

En este trabajo partimos de las variantes prepositivas con base adjetiva terminada en *-as* para mostrar que tanto la unidad fraseológica como los otros recursos adverbiales, el adverbio largo y el adverbio corto, tienen una función semántica que los caracteriza, consistentemente con el enfoque teórico funcional cognitivo que sustenta el análisis.

El acercamiento basado en el uso, en el que la gramática, la semántica y el lexicón se conciben como un *continuum* y no como niveles autónomos, asume que toda expresión es un par de correspondencias de forma-significado. El significado, por otra parte, se entiende como conceptualización convencionalizada en contexto, por lo que sostenemos que toda diferencia en la codificación se corresponde con diferencias en la conceptualización (Givón 1984; Langacker 1987), en contextos particulares de uso.

En el capítulo mostraremos evidencia de que el campo semántico funcional de los citados recursos es diverso entre sí. Asimismo, en perspectiva diacrónica, el estudio proporciona información sobre la frecuencia de uso o frecuencia de casos de los citados recursos.

Para el logro de los objetivos el análisis incorpora factores sintácticos y semántico-pragmáticos que destacan, por una parte, el aporte del contexto en la interpretación de los valores que cada recurso imprime a la predicación que lo incluye y, por otra, la diversa distribución y capacidad combinatoria que sugiere restricciones en la función de los adverbios estudiados.

El corpus del trabajo está conformado por expresiones preposicionales formalmente semejantes a las de (1): *a ciegas*, *ciegamente*; *a secas*, *en seco*, *secamente*; *seguro*, *de seguro*, *seguramente* y *a las claras*, *claramente*, *claro*. Incluye casos tanto del español peninsular como del mexicano, provenientes fundamentalmente del CORDE y también del CREA de la segunda mitad de los siglos XIII, XV, XVII, y XX. La selección de la segunda mitad de cada siglo se basa en la propuesta de Eberenz (1991: 105-106) que reconoce una etapa media de transformación de parámetros esenciales para la historia del español a partir de 1450. También incluye datos del presente siglo.

El trabajo contiene tres apartados, además de este primer apartado introductorio. En el apartado dos se incluye información bibliográfica básica para ubicar el tema, en tanto que en el tercero se muestra el análisis de los datos recabados. El cuarto y último apartado está destinado a presentar la síntesis de los resultados del análisis.

## 2 La modificación adverbial: unidades fraseológicas prepositivas con adjetivo, adverbio *largo* y *corto*

Las unidades fraseológicas bajo estudio son, hoy en día, unidades inanalizables que funcionan, como puede verse en el ejemplo en (2), como modificadores de carácter adverbial, con rasgos sintácticos y semánticos que las configuran como *locuciones*, esto es, como unidades constituidas por más de una palabra (Corpas 2003) o piezas léxicas con un significado que no se obtiene componencialmente (RAE-ASALE 2009: §1.10c, §12.9l). Aun cuando existe bibliografía sobre alguno de los recursos fraseológicos que toca este estudio, las locuciones con base adjetiva han ocupado distinto pero escaso espacio tanto en las gramáticas sincrónicas del español como en las gramáticas históricas de nuestra lengua, en las cuales ocasionalmente son referidas en el apartado dedicado al adverbio (Menéndez Pidal 1904 [1940]: §128; Penny 1991 [2002]: 131). Su explicación ha sido, por tanto, insuficiente.

Estas estructuras tienen particular interés histórico fundamentalmente por la opacidad de su origen, y por sus características sintácticas *anómalas* que consisten básicamente en que carecen de un nominal al que modifiquen y, en el caso de las del tipo ejemplificado en (2), por su terminación *-as*, de origen no claro, asunto que hemos tocado en algunas publicaciones (Ortiz Ciscomani 2014, 2017 y 2018).

La ausencia del nominal ha sido atribuida a la elipsis por varios autores (García Calvo 1964: 52, 56; Mariner 1968: 1299-1300; Spitzer 1941: 342-343), quienes señalan que, además de un acto de economía lingüística, la elisión haría familiares estas construcciones en las que parece concurrir el deseo de que se adivine la palabra precisa, es decir, el deseo de llamar la atención del oyente quien debe inferir lo no explicitado. Spitzer (1941: 355) afirma que los sustantivos que parecen omitidos serían femeninos de orden general, conceptos como *cosa*, *cuestión*, *historia*, *vida*, etc., en tanto que García Calvo (1964) señala que son sustantivos como *manu* 'mano', *via* 'camino', los que se omiten en usos como *a derechas*, a los que deberían su valor de dirección en el espacio.[2] La elipsis es una explicación que, por lo pronto, podría sostenerse también para las locuciones con adjetivo que analizamos.

Por lo que toca a los adverbios cortos y largos, Hummel en varias contribuciones (2014, 2017, 2019, entre otras) ha compartido resultados de investigación sobre estos recursos, así como sobre las FP equivalentes (*rápido*, *rápidamente*, *con rapidez*). En ellos menciona, entre otros puntos, que los adverbios cortos lo mismo que las locuciones son propias de la oralidad, en tanto que los adverbios largos lo son de la lengua culta, escrita, atribuyendo a esta última la difusión de los adverbios en *-mente* en las lenguas europeas, como es el caso del inglés que aunque no participó de una historia oral popular común con las lenguas romances, sí compartió con estas una historia escrita y oral culta en cuanto a la ciencia y la actividad intelectual en general.

En opinión de Hummel (2013), el empleo de *-mente* en la formación de adverbios está asociado a la lengua escrita, frente a los adjetivos adverbializados, que serían del dominio de la lengua hablada. De este modo, los adverbios en *-mente* se habrían extendido a la lengua oral, permitiendo la aparición de las variantes *-miente* y *-mientre*. Su segunda hipótesis es que la fijación del valor discursivo en estos adverbios tuvo lugar en la escritura y la lengua oral culta antes de su introducción o uso en la lengua más informal, pues la cultura compartida entre las lenguas romances y el inglés, constatada por esos adverbios, concierne a la tradición culta oral y escrita. El autor lleva a cabo un exhaustivo análisis de los adverbios en inglés y en las lenguas romances, contrastando sus cronologías y polifuncionalidad a partir, principalmente, de información lexicográfica.

Una contribución importante sobre el tema es la de Company (2018), quien contrastó el comportamiento de dos pares de adverbios, *rápido ~ rápidamente / infinito ~ infinitamente* en datos de los siglos XVIII y XX-XXI, y llegó a la

2 La *-s* plural atribuida a analogía y la *a* asociable con femenino son, según Spitzer, una codificación de la feminización de colectivos cuyo rasgo femenino se refleja en los elementos con los que concuerda. La vocal es un marcador subjetivo que revela el sentimiento del hablante. El autor (1941:342–343, 347, 357) sugiere que es la indeterminación inherente al femenino la que se hace explícita mediante la omisión del sustantivo y agrega que a diferencia del neutro —expresado en románico, en general, por el masculino que tiene algo de absolutamente deshumanizado, de inorgánico e inerte—, el femenino trae consigo “un no sé qué de viviente”.

conclusión de que los adverbios cortos y largos (o en *-mente*) ponen de relieve aspectos gramaticales distintos: en tanto que los cortos están más cohesionados y cercanos al verbo y aparecen en situaciones de menor complejidad, los largos, aunque pueden aparecer en los mismos contextos que los cortos, pueden y suelen tener menor cohesión verbal y aparecer en situaciones mucho más complejas.

En este trabajo, congruentemente con el enfoque teórico funcional cognoscitivo ya mencionado, buscamos ilustrar la a veces matizada individualidad semántica de los recursos.

## 3 Comportamiento diacrónico de los recursos adverbiales bajo estudio

La historia del español documenta la existencia de una serie de unidades fraseológicas, locuciones adverbiales que se caracterizan por la presencia de una base adjetiva sin sustantivo al cual modifiquen. En este trabajo nos centramos, como se anticipó, en el análisis de cuatro adjetivos que admiten tanto la locución prepositiva, como el adverbio largo y corto,

### 3.1 *Ciego-ciega*

Un tipo de adjetivo de interés en este estudio es *ciega-ciego*, ejemplificado en (3), que admite la expresión prepositiva *a ciegas* con el adjetivo terminado en *-as*, lo mismo que adjetivos adverbializados como *ciegamente* en (4). El ejemplo en (3), cronológicamente concurrente con el de (4) resulta doblemente atípico respecto a este último, ya que no solo se caracteriza por la ausencia de un nominal al cual modifique sino por la opacidad de la motivación de la terminación:

(3 Afirmando Trinidat/ y las diuinas personas/ ser tres y vno en vnidat/ y en potencia y dignidat/ yguales las tres coronas, / daquesta verdat carecen/ todas estas morerías/ y **a ciegas** asý perecen, / pues batismo no conocen, a Infierno van todos días (Marcuello, Pedro, *Cancionero*, c 1482 - c 1500, CORDE)

(4 adoraron en grecia / no solamente ala publica mujer del partido leemna que dezimos aca lehona. mas ala inuentora del publico logar / que fue

venus. En roma bien que adorassen a flora que al mismo deshonesto partido gano quanto tenia: & por dexar al senado heredero / & le instituyeron templo / sacrificios / y juegos florales / que no son de nombrar tan feos eran: mas nunca lehi / que ala inuentora de tales maldades adorasen tan **ciegamente** / como adoraron los griegos (Anónimo, *De las mujeres ilustres en romance*, 1494, CORDE)

El contraste de los ejemplos (3) y (4) ilustra un comportamiento también contrastante o diferenciado. En tanto que *a ciegas* subraya una conducta no deseada, vivir sin fe, y sus consecuencias, la muerte de los no creyentes, contexto propio de las locuciones con *a*+ base adjetiva terminada en *-as* (Ortiz Ciscomani 2014), en un contexto que exalta lo valioso de la misma, esto es, larga vida en la tierra y doble retribución celestial (que el Rey y la Reyna de España recibirán por ello), *ciegamente* remite a firmeza de posición de crítica hacia los griegos que adoraban a la "inventora de tales maldades".

Ambos recursos con base adjetiva se presentan en el español peninsular, desde el siglo XV, con una sola ocurrencia en cada caso, y en el español mexicano a partir del siglo XVII, con uno y tres casos, respectivamente para el adverbio largo y la locución. El corpus y la lengua, hasta hoy, no registran un adverbio corto con esta base, pero sí un incremento diacrónico paulatino de frecuencia de uso de la forma larga, como se observa en la Tabla 1.

La Tabla 1 nos permite observar el incremento diacrónico, mayor en España que en México, de las formas en *–mente*. Aunque la locución con base adjetiva *-as* también se incrementa con el paso de los siglos, su baja frecuencia relativa seguramente obedece a lo marcado del contexto inicial, que en alguna medida supone contraexpectativa o atipicidad.

**Tabla 1.** Número de ocurrencias de *ciega* en el corpus

| | | XIII | XV | XVII | XIX | XX | CREA |
|---|---|---|---|---|---|---|---|
| Adv corto | | 0 | 0 | 0 | 0 | 0 | 0 |
| *-mente* | Esp | 0 | 1 | 13 | 119 | 63 | 83 |
| | Méx | 0 | 0 | 1 | 3 | 0 | 17 |
| *A ciegas* | Esp | 0 | 1 | 133 | 61 | 54 | 167 |
| | Méx | 0 | 0 | 3 | 0 | 8 | 19 |

Los casos mexicanos, menores en número que los del español peninsular, crecen en el siglo XX tanto en la forma larga como en la locución. Véase en (5) y (6) que, como en los ejemplos del español peninsular (supra), los usos se presentan en contextos diferentes: en tanto que *a ciegas* remite a una situación interna indeseable para la santa, que genera confusión, pérdida de claridad y que la conduce a la posible pérdida de la virtud que tanto anhela conservar, el adverbio *ciegamente* describe una situación de obediencia de la madre al padre, sin discusión ni vacilación.

5) Mientras la Gracia me excita / por elevarme a la Esfera, /más me abate a lo profundo / el peso de mis miserias. /La virtud y la costumbre en el corazón pelean, /y el corazón agoniza en tanto que lidian ellas. /Y aunque es la virtud tan fuerte, /temo que tal vez la venzan,/que es muy grande la costumbre/y está la virtud muy tierna./ Obscurécese el discurso/entre confusas tinieblas; /pues ¿quién podrá darme luz/ si está la razón **a ciegas**?/ De mí mesma soy verdugo / y soy cárcel de mí mesma (Sor Juana Inés de la Cruz, *Poesía Lírica. Lírica personal*, c 1666 - a 1695 CORDE)
6) Mi padre es un hombre honrado, pero muy austero en la observancia de sus principios religiosos y políticos. Es enemigo de las ideas liberales. Mi madre es un ángel de bondad, pero sumisa a la voluntad de mi padre, le obedece **ciegamente** (Altamirano, Manuel Ignacio, *Clemencia*, 1869, CORDE)

Los datos apuntan a que, especialmente en sus orígenes, estos dos recursos tenían una distribución contextual propia, utilizándose la locución en contextos marcados o expresivos que involucran posiciones no deseables o no acordes a la expectativa, en tanto que la forma larga, no marcada subjetivamente, describe situaciones en las que se implica normalidad, hábito.

### 3.2 *Seco-seca*

Otra unidad fraseológica de comportamiento semejante al de *a ciegas* es *a secas*, ejemplificada en (7). A *secas* se documenta en el siglo XVII, con 9 casos, solo en el español peninsular, como vemos en la Tabla 2.

**Tabla 2.** Usos de *seco-seca* en el corpus

| | | XIII | XV | XVII | XIX | XX | CREA |
|---|---|---|---|---|---|---|---|
| *-mente* | Esp | 0 | 1 | 1 | 88 | 27 | 114 |
| | Méx | 0 | 0 | 0 | 3 | 5 | 11 |
| *A secas* | Esp | 0 | 0 | 9 | 37 | 66 | 113 |
| | Méx | 0 | 0 | 0 | 3 | 5 | 28 |
| *En seco* | Esp | 0 | 0 | 3 | 182 | 129 | 64 |
| | Méx | 0 | 0 | 4 | 1 | 6 | 4 |

Los ejemplos en (7) son evidencia de la semejanza del comportamiento de estos recursos al de los analizados en §3.2. El primer caso en (7) *¿Y el hombre a secas?* designa al ser humano ordinario solo, sin vestidura, que habla en forma directa y tajante. El contexto, como en el caso de *a ciegas*, permite inferir la posición crítica del escritor ante el hombre que pasa sin dejar huella, frente a la figura del que genera un ideal, producto del mito. En la siguiente oración (7b) *no lo llamaron sino Comendador a secas* la locución aparece en un contexto en el que el Comendador es conceptualizado como un hombre no merecedor de la dignidad que le confiere su cargo, al que se juzga en forma muy desfavorable, adversa, personificación del pueblo bajo. El ejemplo (7c), por ello no era "un dictador a secas", de nuevo alude en un contexto de crítica a la conducta de alguien que pone en perfil todo lo negativo como si fueran verdades. Lo mismo aplica en el ejemplo (7d), *aquello de desayunarse con un desengaño **a secas***! La función de estas locuciones parece ser modal y pone de manifiesto el punto de vista del hablante sobre conductas o situaciones con las que está en desacuerdo o le resultan no deseables o atípicas.

7) a. El hombre se transforma en humo, en polvo, en un aire transparente que da lugar a los mitos, a la leyenda, al endiosamiento… El padre se transforma en un ídolo; el médico, en un ejemplo; el escritor, en lo perenne… Y aquel hombre difícil, enemigo de la palabra hueca, austero y tajante, se diluye entre los vericuetos de perspectivas antagónicas.

El hombre se universaliza y cada quien toma la parte que mejor le conviene a sus propias vestiduras. Las combinaciones son múltiples y todos aseguran poseer el espejo mejor pulido… ¿Y el hombre **a secas**? ¿El atormentado, el introvertido, el soberbio? ¿Y el iracundo y el amigo de la soledad?… De nuestros purgatorios salen prismas que le dan perfiles a un hombre que nunca existió… (Azuela, Arturo, *El tamaño del infierno*, 1973, CORDE)

b. Desde entonces, los de casa, inclusive el juez, no lo llamaron sino Comendador **a secas**. El tal Comendador, vestido de ropas ajenas; ignorante y vicioso; de espíritu vulgar y de tipo ordinario; con sus modales canallas y sus dislocadas ocurrencias, era la perfecta personificación de la lenta conquista que el pueblo bajo realiza en las modernas democracias (Gamboa, Federico *Suprema Ley*, 1896, CORDE) México
c. El poder del Caudillo Franco era omnímodo, aunque no ejerciera más que el fundamental o el decisorio; en los otros pleitos apenas entraba y el territorio del poder decisorio era el del Gobierno, presidido por el propio jefe del Estado y Generalísimo de los Ejércitos. Aquel Régimen era una dictadura presidencialista, aunque esto pueda parecer una redundancia, pero tiene su significado. Franco dejaba hacer a sus ministros, y por ello no era "un dictador **a secas**" (Romero, Emilio, *Tragicomedia de España*, 1985, CORDE)
d. — ¡Eh, que ya nos enfadava y aun tenía muy hartos de tanta verdad a las claras! ¡Qué buen gusto tuvieron los que supieron sacudir de sí al aborrecible entremetido, mosca importuna! El podía ser hijo de la Verdad, mas a mí me pareció padrastro de la vida. ¡Qué enfado tan continuo, qué cosa tan pesada su desengaño cada día, aquello de desayunarse con un desengaño **a secas**! No parava de ir diziendo necedades, a título de verdades (Gracián, Baltasar, *El Criticón, tercera parte. En el invierno de la vejez*, 1657, CORDE)

Otra variante adverbial del adjetivo *seco* es la locución *en seco*, ejemplificada en (8). Esta locución tiende a presentarse con verbos que léxicamente involucran cancelación del movimiento de una entidad, con el uso del freno como en (8a), *que le frenan en seco*, o focalizando solo el cese del movimiento en forma repentina ante una situación inesperada como en *se paró* y se *detuvo* en seco, en (8b). En ocasiones la locución asume el sentido de ausencia de algún movimiento afectivo o comunicativo, como en *despedirse en seco*, en (8c):

8) a. Suenan dos disparos, se tira al suelo la mujer, se cae la niña, Chalán salta por encima de ellas (no les hará nada, piensa, es a mí a quien quiere matar) y gana la esquina salvadora. Sigue corriendo, mientras Dalmau aúlla en la otra calle. No entiende lo que dice, no tiene la menor intención de pararse y discutir el asunto, pero de pronto llegan claras a sus oídos cinco palabras que le frenan **en seco** (Ribera, Jaume, *La sangre de mi hermano*, 1988, CORDE)
   b. - ¿Traes lana? —le preguntó el Macaracas a Norma. Norma se detuvo **en seco**, miró los ojos oblicuos y congelados de su compañero, y se soltó riendo a carcajadas; abrió la bolsa de mano y le arrojó tres billetes de mil pesos a la cara: —Toma, pendejo, y aprende a distinguir (Fuentes, Carlos, *La región más transparente*, 1958, CORDE)
   c. Concha vió alejarse al de Veracruz y derramó lágrimas por si fueren útiles y porque le pareció que no es bueno despedirse **en seco**; acarició las últimas onzas que le quedaban, como el más tierno recuerdo de su amante, y se volvió á quedar sin réditos (Facundo, *Historia de Chucho el Ninfo*, 1871, CORDE)

El corpus registra también el adverbio largo *secamente*, con una frecuencia menor que la de *ciegamente* en ambas variedades, peninsular y mexicana. En (9a) y (9b) presento casos de la primera y segunda variedad, respectivamente, todos ellos del siglo XIX. En el primer caso, en (9a), *secamente* es un adverbio que se refiere a la forma tajante, libre de cortesía con la que Fago contradice la afirmación de su interlocutor considerando un desatino la posible invasión de San Agustín, en tanto que el primer ejemplo en (9b) con el adverbio Manuelita responde en forma terminante, lacónica, sin adorno alguno a la pregunta que se le hizo sobre por qué tiraba tantas flores. En ambos casos, el adverbio describe la forma de respuesta de un participante en el acto de habla.

9) a. Es seguro —dijo Ibarburu al bajar de Artagán—, que mañana dispondrá D. Tomás el asalto de San Agustín. D. Tomás —replicó Fago

**secamente**—, no puede cometer el desatino de asaltar San Agustín, hasta no batir los fuertes de Mallona, y apagarles parte de sus fuegos, si no todos. (Pérez Galdós, Benito, *Zumalacárregui*, 1898, CORDE)

Las Cortes de Madrid de 1573 suplicaron al Rey "mandase que los susodichos no pudiesen ser, ni fuesen elegidos procuradores", a lo cual respondió **secamente** Felipe II "que no convenía hacer en ello novedad" (Colmeiro, Manuel, *Introducción a las cortes de los antiguos reinos de León y Castilla*, 1883-1884, CORDE)

b. — Manuelita, ¿por qué ha tirado usted tantas flores?
— Estaba yo haciendo un ramillete —respondió **secamente** Manuela—, pero me fastidié y las he arrojado. (Altamirano, Ignacio Manuel, *El Zarco*, c 1886-1888, CORDE)
Miguel tenía las orejas como dos tomates y hablaba lo menos que podía, breve y **secamente.** Hizo alguna nueva observación, pero sin insistir, y con mal modo (Rabasa, Emilio, *La gran ciencia*, 1887, CORDE)

Este adverbio es común con verbos de comunicación, como ilustran los ejemplos, describiendo la forma tajante en que se realiza el evento de habla.

Tanto la versión en *-mente* como la locución tienen baja productividad en el corpus mexicano frente al de España.

## 3.3 *Segura-seguro*

El corpus documenta la forma larga y la locución *de seguro*, que a continuación veremos, pero no existe una forma de locución con base adjetiva terminada en *-as*, como *a ciegas* y *a secas*. Tampoco hemos localizado formas adverbiales de adverbio corto; las formas cortas del término *seguro-segura* que se han presentado funcionan como predicativos.[3]

En (10), *desde allí intimará la rendición a la plaza, la cual,* ***seguramente****, contestará que no se rinde* el adverbio **seguramente** indica certeza, pero una

[3] Un ejemplo del uso predicativo se documenta en (9a) "Es seguro [...] que mañana dispondrá D. Tomás el asalto de San Agustín[...]", que hemos dejado fuera del estudio por su categoría de adjetivo manifiesta en la concordancia. Las formas cortas de *seguro* y *claro* (§3.4) desarrollaron marcadores discursivos que también excluimos del estudio.

certeza atenuada en el contexto, que por ser situación futura, y fuera de su dominio, que la plaza de Mallona no se rendirá, resulta un tanto incierta, no aseverada, sino supuesta.

10) — Entonces, ¿qué cree usted, gran táctico? — Creo que mañana castigará D. Tomás los fuertes del Emparrado y del Circo, y luego quizás lance sus batallones al asalto. - ¿Contra San Agustín? — No, hombre; contra Mallona, que es la parte más débil; y conquistada ésta, desde allí intimará la rendición a la plaza, la cual, **seguramente**, contestará que no se rinde. — ¿Usted qué sabe? — Lo sé. — ¿Tan poco puede D. Tomás? (Pérez Galdós, Benito, *Zumalacárregui*, 1898, CORDE)

Lo mismo puede apreciarse en (11), de México, en donde Carmen, que analizaba sus temores, al preguntarse qué le podría arrebatar la extraña que estaba por llegar, se responde: *Sus hijos no, seguramente no.* Se infiere que su seguridad no es total; está intentando creer, convencerse de que es seguro, pero no lo asevera. Es un modificador modal, una posibilidad, algo que conlleva una cierta falta de certidumbre.

11) Revisaba su vida, de lucha ruda y escasas compensaciones; examinaba su comportamiento, de esposa honrada y honrada madre de familia, y ni la una ni el otro justificaban el temor. Esa extraña, esa extraña que estaba para llegar ¿le arrebataría algo? ¿Qué?... Sus hijos no, **seguramente** no, ¿acaso su marido?... El presentimiento, se plantaba en esa duda; sí, sólo a su marido podría quitarle (Gamboa, Federico, *Suprema Ley*, 1896, CORDE)

Una certeza de grado alto se presenta con la locución *de seguro* en (12). Esta locución prepositiva contrasta con el adverbio en *-mente* precisamente por su carácter de afirmación de seguridad, frente a seguridad atenuada propia de adverbio largo. Véase que, en contraste con el adverbio largo, *mejorará, de seguro, el Colegio*; *te bastará, de seguro, ésta de la Santa de Avila*; *allí encontrará usted de seguro caballos* concurren con verbos que en futuro dan lugar a interpretaciones de aseveración, en (12). Se refieren a situaciones futuras pero aseveradas, en contraste con las de adverbio largo que aparecen casi siempre en contextos con pospretérito de indicativo o potencial (11), congruente con modalidad de menor grado de seguridad, caso en el cual el contexto proporciona otros índices de cierta duda (Tabla 3).

12) Con estas reformas y con algunas otras modificaciones en favor del personal de todas clases que presta sus servicios en el Establecimiento, y sin perjuicio de las reglas y garantías convenientes para la adquisición de los efectos destinados a la alimentación y equipo de los alumnos internos, mejorará, **de seguro**, el Colegio… (Anónimo, *Colección legislativa de primera enseñanza*, 1887, CORDE)
Me dices que por qué te recomiendo siempre, con tanto empeño, el uso diario del agua bendita. - Muchas razones te podría dar. Te bastará, **de seguro**, ésta de la Santa de Avila: "De ninguna cosa huyen más los demonios, para no tornar, que del agua bendita" (Escrivá de Balaguer, José María, *Camino*, 1939-1957, CORDE)
Las hernias del hiatus diafragmático son, con mucho, mucho más frecuentes, cifrándose en algunas estadísticas su frecuencia en un 10 por 100 respecto a los enfermos gástricos observados radioscópicamente. Tal cifra, no obstante, es exagerada y **de seguro** incierta (Díaz Rubio, M., *Lecciones de patología y clínica médica. Aparato digestivo*, 1964, CORDE)
Se echará usted el capuchón sobre la cabeza, y nadie podrá reconocerle. Se dirigirá usted a la casa de Clemencia, que mi asistente que irá con usted señalará, y allí encontrará usted **de seguro** caballos para escaparse (Altamirano, Ignacio Manuel, *Clemencia, 1869,* CORDE)

**Tabla 3.** Usos de *seguro* en el corpus

| | | XIII | XV | XVII | XIX | XX | CREA |
|---|---|---|---|---|---|---|---|
| *de seguro* | Esp | 0 | 59 | 5 | 432 | 78 | 6 |
| | Méx | 0 | 0 | 1 | 9 | 5 | 10 |
| *seguro* | Esp | 0 | 0 | 0 | 0 | 0 | 0 |
| | Méx | 0 | 0 | 0 | 0 | 0 | 0 |
| *seguramente* | Esp | 0 | 254 | 141 | 615 | 648 | 1273 |
| | Méx | 0 | 0 | 0 | 32 | 52 | 332 |

### 3.4 *Claro-clara*

El adjetivo *claro-clara* se presenta en la locución *a las claras*, lo mismo que en los adverbios largo y corto, *claramente* y *claro*, respectivamente. *A las claras*, documentada por primera ocasión en el siglo XVII con 5 ocurrencias en España, gana frecuencia en los siglos siguientes con mayor número de casos en España que en México, como se aprecia en la Tabla 4.[4]

**Tabla 4.** Usos de *claro-clara* en el corpus

| | | XV | XVII | XIX | XX | CREA |
|---|---|---|---|---|---|---|
| *A las claras* | Esp | 0 | 5 | 105 | 75 | 33 |
| | Méx | 0 | 0 | 3 | 2 | 8 |
| *claramente* | Esp | 409 | 75 | 835 | 1073 | 953 |
| | Méx | 0 | 20 | 8 | 25 | 106 |
| *claro* | Esp | 0 | 0 | 0 | 0 | - |
| | Méx | 0 | 4 | 6 | 5 | - |

Los ejemplos en (13a), correspondiente el primero a España y el segundo a México, son usos de la unidad fraseológica con el adjetivo nominalizado. Aparecen en contextos que designan una manera franca, abierta, tajante de hablar en un contexto en donde el proceder se opone a lo que puede ser una conducta normal, en tanto que *claramente*, en (13b), remite a un modo directo, fácil de percibir o escuchar, en tono más descriptivo que expresivo.

13) a. - Lo temporal no existe si existe Dios. Cuando respiro, respiro delante de Dios. [...]. Sólo en nombre de Dios puedo rebelarme contra lo que está mal en este mundo. Pero si Dios no apoya mi rebeldía, es contra Dios contra quien me rebelo. Y si esto es así, ¿por qué no hacerlo sinceramente, **a las claras**, con las cartas sobre la mesa? Yo

[4] En el siglo XXI, en CREA, se documentan muchas ocurrencias de la forma *claro*, en su gran mayoría con valor discursivo. Señalo con guión (-) en la tabla la ausencia de conteo estricto de los adverbios cortos en CREA. El recurso merece mayor estudio en esta fuente, aunque se advierte que suele presentarse con los mismos verbos que en CORDE.

no puedo llegar un día delante del Señor, y responder con trampas y evasivas a su acusación: "¡Señor, yo no sabía que obraba contra Ti! (Torrente Ballester, Gonzalo, *Don Juan*, 1963, CORDE)

— ¡Pero, la mi Madre celeste!...¡Mire que es tema el de este hombre de Satanás! ¿Cómo he de decirle yo esas cosas?
— Como se dicen otras, Lituca...
— Pues ya se lo dije endenantes, y bien **a las claras**.
— Y bien **a las claras** respondí a usted que aquello era pedir imposibles (Pereda, José María de, *Peñas arriba*, 1895, CORDE)
[...] turbóse Clotilde al ser interrogada; en un principio negó; confesó luego, mas confesó a trompicones, contradiciéndose, no **a las claras** y de corrido, cual era de esperarse (Gamboa, Federico, *Suprema Ley*, 1896, CORDE)

b. Y si no comprende, [...], las cosas del espíritu de Dios, será para él ignorancia, porque se han de examinar espiritualmente, y le falta la experiencia. Pero el espiritual, el experimentado, todo lo ve **claramente** y lo juzga como es (Molinos, Miguel de, *Guía espiritual*, 1675-1676, *CORDE*)
Entonces dijo Cortés: "Mandad que nadie se me acerque, porque a quien tal haga, le pasaré con este chuzo: si tenéis de mí alguna queja, decídmela **claramente**: por lo que a mí toca, como nada he temido más en mi vida que la nota de traidor, preciso me es vindicarme (García Icazbalceta, Joaquín, *Vida de Hernán Cortés*, 1858, CORDE)

En (14), el adverbio corto *claro*, de uso poco frecuente históricamente (véase Tabla 4), suele combinarse con verbos de comunicación, como *hablar* (14a) y *contar* (14b), comúnmente en subjuntivo e imperativo, esto es, en contextos modales. El adverbio perfila una forma patente, obvia, sin rodeos, de comunicar algo.

(14) a. Sólo para una cosa son buenos los muchos libros, que es para prestarlos a quien desea aprender de ellos y no los tiene. Lo primero que hace este hombre es negarlos a quien se los pide, y le sabe que le pidan prestado un libro a lo que le sabe que le pidan una figura de un tapiz prestada al que tiene colgada una tapicería. Hablemos **claro**,

señor mío: si esos libros son colgadura, trataremos de comprárselos por anas (Zavaleta, Juan de, *El día de fiesta por la tarde*, 1660, CORDE)

b. —Pues bien, decía ésta, ¿por fin á qué debernos atenernos? ¿Cárlos es liberal de esos que hay tantos y cuyas máximas van ya hasta la herejía y la impiedad, ó es un hombre timorato y de buenas costumbres? hable usted **claro**, Perez; pues nosotros nos hemos fiado de usted, y esperamos que será usted leal (Facundo, *Historia de Chucho el Ninfo*, 1871, CORDE)

Un señor anda penando por el corral de ahí abajo, se parece a su padre y dice que quiere hablar con usted... No se te vaya a chamuscar la lengua; cuéntamelo bien **claro** porque no te creo ni el bendito (Azuela, Arturo, *El tamaño del infierno*, 1973, CORDE)

## 4 Conclusiones

En este trabajo hemos presentado el desarrollo diacrónico de las unidades fraseológicas prepositivas y base adjetiva y adverbios cortos y largos con la misma base, que compiten en el ámbito de la modificación adverbial, ilustrando que, aunque todos son modificadores de manera, cada uno aporta valores distintos o ligeramente distintos a la predicación

El análisis sugiere algunas conclusiones:

a. Las unidades fraseológicas con prep *a* + adj *-as* aportan a la predicación modalidades que resultan maneras no esperadas o atípicas en los contextos de uso, en tanto que los adverbios largos del corpus suelen reportar sentidos relacionados con el significado de las bases adjetivas, de carácter más descriptivo en el caso de *ciegamente* y *secamente* y más epistémico en el caso de *seguramente* y *claramente*.
b. Las unidades fraseológicas con base adjetiva admiten adjetivos de diversas clases semánticas. Las analizadas en este trabajo pertenecen a la clase de características físicas: *ciego* y *seco*; y de valor: *claro* y *seguro*.
c. Los adjetivos de características físicas que aparecen en frases prepositivas con adjetivo en *–as* tienen capacidad para desarrollar adverbios en *–mente*, pero no adverbios cortos, en tanto que los de valor desarrollan adverbios en *–mente* lo mismo que adverbios cortos. Este resultado

apunta a que los adjetivos que designan propiedades físicas de las entidades están restringidos para la forma adverbial corta, en tanto que los de valor como *seguro*, lo están para la frase prepositiva en *-as*.

d. Diacrónicamente, el análisis mostró que la documentación de los recursos no es homogénea, observándose un incremento de uso de los recursos en los dos últimos siglos, en especial de los adverbios en *–mente*. Asimismo, los datos informan de uso bajo de los adverbios cortos, lo mismo que una frecuencia moderada de las unidades fraseológicas, adjudicable a su carácter marcado.

## Referencias citadas

Company Company, C. (2018). Adverbios cortos y adverbios largos en el español. Una comparación gramatical interna diacrónica. En Arnal Purroy, M. L. *et al.* (Eds.), *Actas del X Congreso Internacional de Historia de la lengua española* (pp. 603-621). Zaragoza: Institución Fernando el Católico.

Corpas Pastor, G. (2003). *Diez años de investigación en fraseología: Análisis sintácticos semánticos, contrastivos y traductológicos*. Frankfurt am Main, Madrid: Vervuert / Iberoamericana.

Eberenz R. (1991). Castellano antiguo y español moderno: reflexiones sobre la periodización en la historia de la lengua. *Revista de Filología Española*, 71, pp. 79-106.

García Calvo, A. (1964). La feminidad del camino. *Emerita*, 32, pp. 49-56.

Givón, T. (1984). *Syntax: A Functional-Typological Introduction*. Vol I. Amsterdam Philadelphia: Benjamins.

Hummel, M. (2013). La dimensión intercultural de la expansión diacrónica de los adverbios en mente. En Garcés Gómez, P. (Ed.), *Los adverbios con función discursiva: procesos de formación y evolución*, Lingüística Iberoamericana, vol. 57, Madrid, Frankfurt am Main: Iberoamericana/ Vervuert.

Hummel, M. (2014). Los adjetivos adverbiales. En Company Company, C. (Dir.), *Sintaxis histórica de la lengua española Vol. 1, Tomo 3, Preposiciones, adverbios y conjunciones. Relaciones interoracionales. Tercera parte.* (pp. 613-731). México: UNAM/FCE.

Hummel, M. (2017). Adjectives with Adverbial Functions in Romance. En Hummel, M. y Valera, S. (Eds.), *Adjective Adverb Interfaces in Romance* (pp. 13-46). Amsterdam, Philadelphia: Benjamins.

Hummel, M. (2019). The third way. Prepositional Adverbials in the Diachrony of Romance. Part 1 & 2. *Romanische Forschungen*, 131(2-3), pp. 145-185; pp. 297-327

Langacker, R. (1987). *Foundations of Cognitive Grammar.* Vol I. *Theoretical Prerequisites.* Stanford: Stanford University Press.

Mariner, S. (1968). El femenino de indeterminación. En Quilis, A., Carril, R. B. y Cantarero, M. (Coords.), *Actas del XI Congreso Internacional de Lingüística y Filología Románicas* (pp. 1297-1314). Madrid: Consejo Superior de Investigaciones Científicas.

Menéndez Pidal, R. (1904[1940]). *Manual de gramática histórica española.* Madrid: Espasa Calpe.

Ortiz Ciscomani, R. M. (2014). Locuciones adverbiales con a y base léxica en *-as*. En Company Company, C. (Dir.), *Sintaxis histórica de la lengua española* Vol. 1, Tomo 3. *Preposiciones, adverbios y conjunciones. Relaciones interoracionales. Tercera parte* (pp. 1117-1191). México: UNAM/FCE.

Ortiz Ciscomani, R. M. (2017). From adjective to adverbial modal locutions in Spanish. En Hummel, M. y Valera, S. (Eds.), *Adjective Adverb Interfaces in Romance* (pp. 305-327). Cambridge: Cambridge University Press.

Ortiz Ciscomani, R. M. (2018). Cómo surgió el esquema de las locuciones adverbiales modales del tipo *a ciegas*. En Echenique Elizondo, M. T., Schrott A., y Pla Colomer, F. P. (Eds.), *Cómo se hacen las unidades fraseológicas:* continuidad y renovación en la diacronía del espacio castellano (pp. 261-272). Berlin: Lang.

Penny, R. (2002[1991]). *A history of Spanish language*. Cambridge: Cambridge University Press.

Real Academia Española y Asociación de Academias de la Lengua Española. (2009). *Nueva gramática de la lengua española*. Madrid: Espasa Libros.

Spitzer, L. (1941). Feminización del neutro: rumano *oasele*, italiano *le ossa*, ant. francés *ces brase*, español *las vísceras*. *Revista de Filología Hispánica*, 3, pp. 339-371.

# El avance en el conocimiento de la fraseología histórica española y su integración en la teoría fraseológica del español actual

*Santiago Vicente Llavata*
(Universitat de València)

**ABSTRACT**

Attention to the historical process of the constitution of phraseological units has led to the emergence of a new discipline that, embedded in the very heart of philology, aims to delineate the general process of institutionalization of these units, based on the principles, tools and methods offered by the secular heritage of philological knowledge in our scientific field. Starting from this general panorama of Spanish phraseological research, the aim of the present contribution is to offer a scientific reflection on the need to integrate the advances made in the field of historical Spanish phraseology into the phraseological theory of contemporary Spanish. To this end, three aspects are proposed in order to promote this integration: the terminological question, the essential properties, and the historical processes related to the constitution and consolidation of phraseological units.

***Keywords:*** Spanish Historical Phraseology, Phraseological Theory, Theoretical Integration

**RESUMEN**

La atención al proceso histórico de constitución de las unidades fraseológicas ha dado lugar a la emergencia de una disciplina de nuevo cuño que, incardinada en el centro mismo de la Filología, pretende delinear el proceso general de institucionalización de dichas unidades a partir de los principios, herramientas y métodos que nos ofrece la herencia secular del saber filológico en nuestro ámbito científico. Partiendo de este panorama general en la investigación fraseológica del español, el objetivo de la presente contribución es el de ofrecer una reflexión científica acerca de la necesidad de integrar en la teoría fraseológica del español actual los avances que se han producido en el campo de la Fraseología histórica española. Para ello, se propondrán tres dimensiones sobre las que incidir en dicha integración: la cuestión terminológica, las propiedades definitorias, así como los procesos históricos ligados a la constitución y consolidación de las unidades fraseológicas.

***Palabras clave:*** Fraseología histórica española, teoría fraseológica, integración teórica

## 1 Constatación de una paradoja en la teoría fraseológica del español actual

El avance alcanzado por la Fraseología moderna española desde su misma base (Casares Sánchez 1992 [1950]) hasta sus aportaciones más recientes desde el paradigma teórico de la Gramática de Construcciones (Mellado Blanco / Gutiérrez Rubio 2020; Mellado Blanco 2021; Mellado Blanco / Mollica / Schafroth 2022) supone la consolidación de esta disciplina, intuida y articulada desde su propia naturaleza multidimensional y poliédrica. Entre ambos hitos mencionados se sitúa el desarrollo de la teoría fraseológica del español actual, con contribuciones significativas como las de Zuluaga Ospina (1980), Corpas Pastor (1996), Martínez Marín (1996), Ruiz Gurillo (1997 y 2001), Wotjak (1998), Penadés Martínez (2000, 2012 y 2019), Álvarez de la Granja (2003), Montoro del Arco (2006) o García-Page Sánchez (2008), principalmente.

En una línea paralela al desarrollo teórico de la Fraseología, se han abordado las diferentes posibilidades de la Fraseología aplicada, con atención a aspectos traductológicos y contrastivos (Wotjak 1985 y 2023; Corpas Pastor 2003; Sevilla Muñoz 2014; García Rodríguez 2020; Sinner 2023), así como a la línea centrada tanto en analizar la integración de los fraseologismos en los diccionarios generales como en atender al diseño y elaboración de repertorios fraseológicos (Wotjak 1998; Olímpio de Oliveira Silva 2007; Penadés Martínez 2015; Castillo Carballo 2015; De Beni 2020). A ello habría que añadir los resultados generados desde la fraseografía práctica con la elaboración de diccionarios fraseológicos.[1]

Lo que representa, sin duda alguna, un enorme avance en el conocimiento disponible sobre las unidades fraseológicas del español no puede ser obstáculo para que se constate una paradoja clara: si bien la práctica totalidad de las aportaciones referenciadas sobre teoría fraseológica del español actual pone el acento en que las unidades fraseológicas constituyen el resultado de un proceso de institucionalización desarrollado a lo largo de la historia, la información relativa a dicho proceso resulta testimonial, y en algún caso concreto, hasta inexistente. Con todo, hay que afirmar que no es el fin principal en la teoría fraseológica del español actual abordar el estudio de los procesos

---

[1] Por cuestiones de espacio, no nos es posible detallar aquí cada una de las referencias a dichos diccionarios; remitimos, para ello, al capítulo de Penadés Martínez (2024).

históricos por los que una construcción sintáctica libre deviene de forma progresiva en una secuencia inmovilizada, pero, más allá de esta consideración obvia, se convendrá en la necesidad de integrar en la teoría fraseológica del español actual los avances generados en la Fraseología histórica española.

Además, se ha de subrayar que este campo de estudio se inicia en los primeros años del siglo XXI con la aportación fundamental de M.ª Teresa Echenique y sus "Pautas" (Echenique Elizondo 2003),[2] sobre las que se asentará el estudio histórico e historiográfico de la fraseología española, con resultados sucesivos en forma de proyectos de investigación, tesis doctorales, libros colectivos, contribuciones a congresos, publicaciones en revistas científicas, etc., muchos de estos resultados publicados en tiempo relativamente reciente. Todo ello ha condicionado, por tanto, el hecho que todavía no se haya producido una integración efectiva de esos avances generados en el ámbito de estudio mencionado.

Si realizamos, pues, un examen forzosamente panorámico sobre qué informaciones se recogen en torno a la dimensión diacrónica de la fraseología en algunas de las monografías publicadas hasta la fecha, habría que afirmar que todas ellas confluyen en una idea común, ya enunciada con anterioridad: la consideración general de que las unidades fraseológicas se han conformado a lo largo de la historia del español mediante procesos diacrónicos de fijación e idiomaticidad progresiva, con lo que las unidades fraseológicas del español actual son, pues, el resultado de dichos procesos consolidados en el tiempo.

Así, Zuluaga Ospina (1980: 23), a la hora de establecer una diferencia nítida entre la "sintaxis móvil" y la "sintaxis fija", opone los "procedimientos" de la sincronía a los "procesos" de la diacronía: "Utilizando una lúcida formulación de Saussure, podemos decir que las combinaciones libres son formadas mediante 'procedimientos' propios de la sincronía de la lengua, mientras que las unidades fraseológicas se forman mediante 'procesos' en la diacronía". Con la mención a dichos "procesos", Zuluaga Ospina (1980) a aquellas propiedades morfosintácticas y léxicas que escapan a la configuración gramatical de la lengua actual, tales como posiciones de clíticos no normativas (*Castígame mi*

---

2 Disponemos de la aportación de Lapesa (1992 [1980]) como contribución pionera dentro del ámbito de la Fraseología histórica, centrada en el análisis de la fraseología generada en torno a las voces *alma* y *ánima*.

*madre, y yo trómpogelas*), ausencia de concordancia (*a ojos vista*) o presencia de voces diacríticas (*en un santiamén*).

Por su parte, Corpas Pastor (1996: 22), en una de las menciones más explícitas a la dimensión histórica de la fraseología, incide en el propio proceso de constitución de las unidades fraseológicas mediante el término "génesis", al tiempo que esboza en forma sintética y global dicho proceso de conformación histórica: "De lo anterior se desprende que en la génesis de tales expresiones se da una repetición diacrónica que desemboca en fijación".

También Ruiz Gurillo (1997: 87) hace referencia al mecanismo de la repetición como el agente a partir del cual una construcción sintáctica libre va adquiriendo rigidez formal hasta consolidarse como una secuencia gramatical inmovilizada: "Dichas combinaciones, a fuerza de ser repetidas a lo largo de los años con el mismo orden, con idénticos procedimientos gramaticales, con iguales componentes léxicos, han cristalizado como expresiones fijas en el sistema lingüístico".

Por su parte, Montoro del Arco (2006: 48), en su monografía sobre las denominadas "locuciones particulares" (locuciones prepositivas, conjuntivas y marcadoras), introduce también consideraciones de interés en su propósito de caracterizar la configuración gramatical y el papel funcional de los subtipos de locuciones mencionados: "Más operativa nos parece la segunda posibilidad que presentamos: podemos diferenciar claramente lexicalización y gramaticalización como dos procesos diacrónicos que dan como resultado la misma cualidad semántica general de las locuciones desde el punto de vista sincrónico: la idiomaticidad".

García-Page Sánchez (2008) es, seguramente, el autor que más referencias incluye en su monografía[3] a la dimensión diacrónica de la fraseología, si bien hay que tener en cuenta que cada una de las monografías descritas aquí presenta un objeto de estudio que, siendo el de la teoría fraseológica, se perciben diferencias en el enfoque, el tratamiento, la naturaleza de las unidades fraseológicas en que se pone el foco, etc. Por poner algún ejemplo representativo de menciones directas al proceso de formación histórica, el

---

3 Afirma Echenique (2021: 40) al respecto: "En realidad, *Introducción a la fraseología española. Estudio de las locuciones* es una obra llena de sugerencias para el estudio diacrónico de las unidades fraseológicas y lo cierto es que constituye una llamada de atención hacia la investigación diacrónica de la fraseología".

capítulo dedicado a la propiedad de la variación es especialmente rico en estas consideraciones: "Asimismo, con esa visión simplificadora, se obviarían numerosos factores históricos o diacrónicos que intervienen en la configuración de los fraseologismos y que dan cuenta de su estructura prefabricada, de su rango de frase hecha en el pasado" (García-Page Sánchez 2008: 214).

Penadés Martínez (2012: 56) hace referencia directa al desarrollo de la Fraseología histórica con la mención a proyectos de investigación y publicaciones en estos términos:[4]

> En cuanto a la variación fraseológica marcada, la resultante de la incidencia sobra las locuciones de los factores tiempo, lugar, características sociales de los hablantes, situaciones comunicativas y modalidades de lengua, cada vez se va viendo más la necesidad de investigarla. Lo prueban 1) trabajos que abogan por la conveniencia de un estudio histórico de la fraseología (Echenique Elizondo y Martínez Alcalde 2005: 233-251), los que analizan las locuciones desde un enfoque diacrónico, de los que son una muestra los citados en la nota a pie de página, y más todavía el proyecto *Diacronía fraseológica del español. DIAFRAES*, desarrollado en la Universidad de Valencia de 2001 a 2004 bajo la dirección de Echenique Elizondo [...].

Finalmente, también en la *Nueva gramática de la lengua española* (2009: 57) se pueden advertir referencias genéricas, pero lo suficientemente significativas, en torno a la dimensión diacrónica de la fraseología: "[La fraseología] se ocupa de las combinaciones que se consideran idiomatizadas, es decir, las locuciones, los giros, los clichés, los refranes, los dichos y otras clases de modismos [...] se registran entre las locuciones numerosos casos de variación, sea histórica, geográfica o sociolingüística". La alusión a los distintos tipos de variación y, en particular, a la variación histórica permite certificar el carácter nuclear del proceso diacrónico con relación al resultado como tal, en forma de unidad fraseológica.

## 2 Compendio de los avances generados en la Fraseología histórica española

Ante el reto científico que supone la pregunta de cómo se ha forjado el componente fraseológico en español, la atención científica al proceso histórico de

---

4 También en Penadés Martinez (2019: 450) se hace referencia genérica a la perspectiva histórica con la citación de alguna investigación doctoral sobre Fraseología histórica.

constitución de las unidades fraseológicas de la mano de Echenique Elizondo (2003, 2010, 2021, 2023) ha dado lugar a la emergencia de una disciplina que, incardinada en el núcleo de la Filología, pretende delinear el proceso general de institucionalización de estas unidades a partir de los principios, herramientas y métodos que nos ofrece la herencia secular del saber filológico.

El trabajo conjunto del Grupo de Investigación HISLEDIA ("Historia e historiografía de la lengua castellana en su diacronía") de la Universitat de València[5] ha cumplido diferentes hitos significativos en el desarrollo de esta disciplina. En efecto, la ejecución de sucesivos proyectos de investigación (DIAFRAES,[6] HISLA,[7] FRASLEDIA[8] e HISLECDIAC[9]) desde el año 2001 ha permitido sentar las bases teóricas y metodológicas de la Fraseología histórica española. En el seno de dicho grupo científico, y como desarrollos de los proyectos mencionados, se han llevado a cabo acciones conjuntas como la publicación de libros colectivos con aportaciones metodológicas marcadas por la innovación (Echenique Elizondo *et al.* eds. 2016; Echenique Elizondo / Martínez Alcalde / Pla Colomer eds. 2017; Echenique Elizondo / Schrott / Pla Colomer eds. 2018) o la elaboración de una muestra arquetípica de un diccionario histórico-fraseológico del español (Echenique Elizondo / Pla Colomer eds. 2021).[10] A estas iniciativas hay que sumar las aportaciones derivadas de tesis doctorales sobre fraseología histórica, como Scandola (2006), Vicente Llavata

---

5 Grupo de Investigación reconocido por la Universitat de València (GIUV2013-080), creado y dirigido por M.ª Teresa Echenique Elizondo hasta su jubilación, y dirigido actualmente por María José Martínez Alcalde.

6 *Diacronía fraseológica del español* (*DIAFRAES*) [2001–2004], dirigido por M.ª Teresa Echenique Elizondo desde el Departamento de Filología Española de la Universitat de València.

7 *Historia, codificación y fijeza de las locuciones adverbiales en un segmento temporal del español (1492–1596)* (*HISLA*) [2005–2008], dirigido por M.ª Teresa Echenique Elizondo desde la Universitat de València.

8 *Fraseología de la lengua castellana en su diacronía: desde los orígenes hasta el siglo XVIII* (*FRASLEDIA*) [2014–2017], dirigido por M.ª Teresa Echenique Elizondo y María José Martínez Alcalde desde la Universitat de València.

9 *Historia de la lengua castellana en su diacronía contrastiva* (*HISLECDIAC*) [2018–2021], dirigido por M.ª Teresa Echenique Elizondo y María José Martínez Alcalde desde la Universitat de València.

10 En las páginas 52–69 se puede consultar un listado de las publicaciones sobre Fraseología histórica de los miembros del grupo hisledia.

(2011), Álvarez Vives (2013), Codita (2016 [2013]), Porcel Bueno (2015); Han (2021), Ribes Lorenzo (2022) y Puertas Ribés (2023).[11]

Desde una "Fraseología histórica contrastiva", Echenique Elizondo (2011) ha abordado el estudio filológico del léxico y de la fraseología en el dominio vasco-románico, dada la gran trascendencia que este presenta en la conformación histórica del ámbito hispánico y románico. Asimismo, Echenique Elizondo / Vicente Llavata (2021) han delineado la trayectoria histórica de *alrededor* y *alrededor de*; en dicho análisis se destaca la incidencia del elemento aragonés como posible dominio-puente en la consolidación de este adverbio en el ámbito castellano. En el marco de los estudios fraseológicos contrastivos, otra aplicación del método contrastivo en el estudio de la fraseología reside en la línea de trabajo con lenguas tipológicamente alejadas como es el chino (Han 2021).

En el estudio de contraste entre la lengua castellana y las modalidades lingüísticas del este peninsular, Vicente Llavata (2011, 2013 y 2017) ha estudiado la incidencia del elemento catalán, aragonés y occitano en la obra de don Íñigo López de Mendoza, así como en *Los doze trabajos de Hércules* de don Enrique de Villena (Vicente Llavata 2020b y 2021). El estudio filológico del aragonés medieval a partir del análisis de la fraseología representada en el corpus literario promovido por Juan Fernández de Heredia ha centrado también la atención de Vicente Llavata (2016, 2020a); dichos estudios se han articulado en torno a la traducción aragonesa herediana estudiada en su contraste con el resto de las versiones peninsulares, entendidas como eslabones fundamentales en la historia textual del texto base de referencia. Desde este enfoque metodológico de base contrastiva, Pla Colomer / Vicente Llavata (2020) han sistematizado el estudio de la fraseología inserta en la tradición narrativa de materia troyana en el ámbito hispánico, representada por una serie amplia de versiones en castellano, catalán, aragonés, gallego y portugués.

En el desarrollo de los estudios sobre fraseología histórica, ocupa asimismo un espacio relevante la atención a algún autor concreto, con vistas a caracterizar su estilo frente a los usos lingüísticos de la época, aislando de este modo creaciones estilísticas de autor. Es el caso de los trabajos dedicados

---

11 Aparte de las tesis doctorales apuntadas, centradas en la Fraseología histórica española, dejamos constancia de la tesis doctoral de Sánchez López (2013) sobre el estudio de las colocaciones en la poesía de Ausiàs March desde la lingüística de corpus.

a Góngora y a Quevedo (García Padrón / Batista Rodríguez 2016 y 2018), o los ya mencionados más arriba, referidos a Juan Fernández de Heredia, don Enrique de Villena y don Íñigo López de Mendoza. También podría mencionarse en este conjunto de trabajos el análisis estilístico de la fraseología representada en el *Cancionero* (1516) del poeta aragonés Pedro M. de Urrea (Vicente Llavata 2023).

Por otra parte, otro modo de acercamiento en el ámbito de la Fraseología histórica reside en centrarse en una obra o en una tradición textual, como en el caso de García Valle / Ricós Vidal (2017), quienes estudian la fraseología en la *Primera Crónica General*. Por su parte, Serradilla Castaño / González Cobas (2017) han abordado el estudio de las unidades fraseológicas con verbos de movimiento en el *Quijote*. Un texto que ha recibido una atención relevante en materia fraseológica en los últimos años es el *Libro de buen amor*, para el que se ha abordado el análisis histórico de la terminología y fraseología jurídicas (Tabares Plasencia 2018 y 2023), el estudio de las paremias desde una perspectiva fraseométrica (Pla Colomer 2020), o el análisis de la formulación fraseológica desde una perspectiva fraseoestilística (Vicente Llavata 2024).[12]

El ámbito de la historiografía lingüística resulta fundamental en la tarea por trazar el proceso general de institucionalización de las unidades fraseológicas del español, pues el conjunto de descripciones y valoraciones permite completar adecuadamente la descripción de dicho proceso, tal como se detalla en Echenique Elizondo / Martínez Alcalde (2013), así como en Echenique Elizondo / Martínez Alcalde / Sánchez Méndez (2016: 25-28), adonde remitimos para acceder a una bibliografía detallada sobre esta perspectiva de estudio.

## 3 Hacia una propuesta de integración teórica de los avances generados en la Fraseología histórica española

Iniciábamos este trabajo con la constatación de una paradoja, que puede sintetizarse en estos términos: a pesar de que la teoría fraseológica del español actual insiste en la idea de que las unidades fraseológicas del español son el resultado de un conjunto de procesos diacrónicos que desembocan

---

12 Aparte de las referencias citadas, remitimos a los trabajos señalados en Aguilar Ruiz (2010: 127–128).

en la institucionalización, no se han llegado a integrar en las aportaciones publicadas hasta la fecha los avances en el conocimiento sobre dichos procesos diacrónicos, con la salvedad de que constituyen, todavía, resultados preliminares.

Llegados a este punto, es el momento de trazar una propuesta de integración, que haga posible una interacción entre ambas parcelas de estudio en favor de una coherencia interna de la propia disciplina. Para ello, se propone centrar la atención en tres dimensiones sobre las que avanzar en dicha integración de conocimientos: la cuestión terminológica, las propiedades definitorias, y los procesos históricos ligados a la constitución y consolidación de las unidades fraseológicas.

En el aspecto referido a la cuestión terminológica, se debería reflejar la diversidad, en términos de divergencia, entre la terminología empleada en la descripción de la fraseología del español actual y aquella utilizada en la descripción de la fraseología en su dimensión diacrónica, pues, trasladar la terminología utilizada en la teoría fraseológica a la Fraseología histórica del español supone renunciar en cierto modo a trazar el proceso diacrónico de formación de las unidades fraseológicas, por cuanto la terminología entendida como resultado puede no reflejar en toda su complejidad el grado altísimo de variación que experimenta una secuencia lexicalizada en su proceso de consolidación histórica.

Por poner un ejemplo de cuanto aquí se trata, se puede pensar en el término *unidad fraseológica* como el concepto generalmente aceptado en la teoría fraseológica del español, y, de forma complementaria, el término *locución* para referirnos al tipo de unidad fraseológica prototípica dentro del componente fraseológico del español. Pues bien, emplear estos términos en el estudio histórico de la fraseología plantea problemas de partida, por cuanto dichos conceptos denotan ya resultados consolidados desde la teoría fraseológica del español, mientras que para el análisis de ciertas construcciones en proceso de lexicalización, registradas en los diferentes tramos temporales a lo largo de la historia del español, se requiere el empleo de otras opciones terminológicas.

La atención a las propiedades definitorias está estrechamente relacionada con el problema planteado con la cuestión terminológica, ya que características como la fijación, la variación, la pluriverbalidad, la idiomaticidad o la institucionalización, con sus procesos históricos asociados, condicionan en última instancia la cuestión terminológica. En cualquier caso, más allá de esta vinculación directa entre ambas dimensiones, es evidente que el estudio de estas propiedades desde la Fraseología histórica española ofrece una singularidad clara con relación al dibujo de dichos rasgos en español actual, por lo que también sería deseable integrar en la teoría fraseológica del español actual los conocimientos disponibles sobre las propiedades referidas en su evolución diacrónica.

En lo que respecta a la tercera dimensión, referida a la explicitación de los procesos de constitución y consolidación de las unidades fraseológicas del español (Martí Sánchez 2012-2013), si bien estamos lejos todavía de poder ofrecer un dibujo preciso de cómo se forjó el componente fraseológico en la lengua española, lo cierto es que se ha avanzado mucho y se dispone de algunas certezas que pueden ser, por tanto, aprovechadas para complementar la descripción de la fraseología del español actual en aras de asegurar una coherencia interna entre ambos campos de estudio. Así, se debería hacer referencia expresa en las monografías de teoría fraseológica al proceso de fraseologización por el que una construcción sintáctica deviene en una secuencia inmovilizada en virtud de la activación de diferentes procesos de gramaticalización y lexicalización (Elvira González 2007), y acompañar dicha formulación de los resultados parciales que se han ido generando a partir de investigaciones inscritas en la Fraseología histórica.

En definitiva, sería deseable que en las monografías futuras sobre teoría fraseológica del español actual se dedicara un breve capítulo preliminar a la dimensión diacrónica de la fraseología, o lo que es lo mismo, a sintetizar los avances generados en la explicación del proceso de constitución y consolidación normativa de las unidades fraseológicas. Partimos, por tanto, del convencimiento de que con esta inclusión planificada se contextualizaría de una forma más integrada y coherente la tarea de descripción científica de la fraseología española.

## Referencias citadas

Aguilar Ruiz, M. J. (2010). Fuentes bibliográficas para el estudio de las locuciones desde una perspectiva histórica: elaboración de corpus e inserción de diccionarios. *Res Diachronicae*, 8, pp. 123-135. Recuperado de <https://resdi.net/wp-content/uploads/2013/12/volumen-8–09_manuel_jose_aguilar.pdf>.

Álvarez de la Granja, M. (2003). *As locucións verbais galegas*. Santiago de Compostela: Universidade de Santiago de Compostela.

Álvarez Vives, V. (2013). *Estudio fraseológico contrastivo de las locuciones adverbiales en los diccionarios de Vicente Salvá y de Esteban Pichardo. Hacia una fraseología histórica del español en la lexicografía del siglo XIX*. Valencia: Universitat de València.

Casares Sánchez, J. (1992 [1950]). *Introducción a la lexicografía moderna*. Madrid: CSIC.

Castillo Carballo, A. (2015). *De la investigación fraseológica a las decisiones fraseográficas. Un estudio de interrelaciones*. Vigo: Academia del Hispanismo.

Codita, V. (2016). *La conformación y el uso de las locuciones prepositivas en castellano medieval*. Madrid, Frankfurt am Main: Iberoamericana / Vervuert.

Corpas Pastor, G. (1996). *Manual de fraseología española*. Madrid: Gredos.

Corpas Pastor, G. (Ed.) (2003). *Diez años de investigacion en fraseología: análisis sintáctico-semánticos, contrastivos y traductológicos*. Madrid, Frankfurt am Main: Iberoamericana / Vervuert.

De Beni, M. (Ed.) (2020). Representación de la fraseología en herramientas digitales: problemas, avances, propuestas (monográfico). *Círculo de Lingüística Aplicada a la Comunicación*, 82, pp. 3-92.

Echenique Elizondo, M.ª T. (2003). Pautas para el estudio histórico de las unidades fraseológicas. En Girón Alconchel, J. L. *et al.* (Eds.). *Estudios ofrecidos al profesor José Jesús de Bustos Tovar* (pp. 545-560). Madrid: Editorial Complutense.

Echenique Elizondo, M.ª T. (2010). Las unidades fraseológicas en la historia del español. En Civil, P. y Crémoux, F. (Eds.), *Actas del XVI Congreso de la Asociación Internacional de Hispanistas* (París 2007). *Nuevos caminos del hispanismo* (1-7). Madrid, Frankfurt am Main: Iberoamericana / Vervuert.

Echenique Elizondo, M.ª T. (2011). Fraseología vasco-románica. Acotaciones para su estudio. *Oihenart*, 26, pp. 145-162.

Echenique Elizondo, M.ª T. (2021). *Principios de fraseología histórica española*. Madrid: Instituto Universitario Menéndez Pidal. https://www.ucm.es/smenendezpidal/coleccion-ars-maiorum

Echenique Elizondo, M.ª T. (2023). Unidades fraseológicas. En Dworkin, S. N. *et al.* (Eds.), *Lingüística histórica del español* (pp. 267-278). London: Routledge.

Echenique Elizondo, M.ª T. / Martínez Alcalde, M. J. (2013 [2000]). *Diacronía y gramática histórica de la lengua española*. Valencia: Tirant Humanidades.

Echenique Elizondo, M.ª T. y Pla Colomer, F. P. (Eds.) (2021). *DHISFRAES. Diccionario histórico fraseológico del españo. Tarea lexicográfica del siglo XXI. Combinaciones de carácter locucional prepositivo y adverbial. MUESTRA ARQUETÍPICA*. Bern: Lang.

Echenique Elizondo, M.ª T. / Vicente Llavata, S. (2021). Más sobre la diacronía del castellano "alrededor", "alrededor de" y otros cognados hispánicos. *Revista de Historia de la Lengua Española*, 16, pp. 9-34.

Echenique Elizondo, M.ª T. / Martínez Alcalde, M.ª J. y Sánchez Méndez, J. P. (2016). Perspectivas en el estudio diacrónico de la fraseología en su amplitud hispánica (peninsular, insular y americana). En Echenique Elizondo, M.ª T. *et al.* (Eds.). *Fraseología española: diacronía y codificación* (pp. 17-32). Madrid: CSIC (Anejos de la *Revista de Filología Española*, 104).

Echenique Elizondo, M.ª T. / Martínez Alcalde, M. J. (Eds.) / Pla Colomer, F. P. (Coord.) (2017). *La fraseología a través de la historia de la lengua española y su historiografía*. Valencia: Tirant Humanidades / Université de Neuchâtel.

Echenique Elizondo, M.ª T. / Schrott, A. / Pla Colomer, F. P. (Eds.) (2018). *Cómo se "hacen" las unidades fraseológicas. Continuidad y renovación en la diacronía del espacio castellano*. Bern: Lang.

Echenique Elizondo, M.ª T. *et al.* (Eds.) (2016). *Fraseología española: diacronía y codificación*. Madrid: CSIC (Anejos de la *Revista de Filología Española*, 104).

Elvira González, J. (2007). Algo más que palabras: uso y significado en las locuciones del español. *Verba hispanica: anuario del Departamento de la Lengua y Literatura Españolas de la Facultad de Filosofía y Letras de la Universidad de Ljubljana*, 15(2), pp. 109-126.

García Padrón, D. / Batista Rodríguez, J. J. (2016). Compilación, desautomatización y desarticulación fraseológica en Quevedo. En Echenique Elizondo, M.ª T. *et al.* (Eds.). *Fraseología española: diacronía y codificación* (pp. 111-131). Madrid: CSIC.

García Padrón, D. / Batista Rodríguez, J. J. (2018). Nombres propios en fraseologismos de Góngora y Quevedo: función semántica e idiomaticidad. En Echenique Elizondo, M.ª T. / Schrott, A. / Pla Colomer, F. P. (Eds.). *¿Cómo se hacen las unidades fraseológicas. Renovación y continuidad en la diacronía del espacio castellano* (pp. 71-109). Bern: Lang.

García Rodríguez, J. (2020). *La fraseología del español y el catalán. Semántica cognitiva, simbolismo y contrastividad*. Bern: Lang.

García Valle, A. / Ricós Vidal, A. (2017). La expresión de la causa a través de las combinaciones locucionales prepositivas medievales en las crónicas alfonsíes y en sus traducciones al gallego y al portugués. En Echenique Elizondo, M.ª T. / Martínez Alcalde, M.ª J. (Eds.) / Pla Colomer, F. P. (Coord.). *La fraseología a través de la historia de la lengua española y su historiografía* (pp. 87-111). Valencia: Tirant Humanidades, Université de Neuchâtel.

Han, F. (2021). *Fraseología histórica contrastiva. Unidades fraseológicas con mención de color en español y en chino*. Valencia: Tirant Humanidades, Université de Neuchâtel.

Lapesa, R. (1992 [1980]). *Alma* y *ánima* en el *Diccionario histórico de la lengua española*: su fraseología. En Lodares, J. R. (Ed.), *Léxico e Historia, II: diccionarios* (pp. 79-86). Madrid: Istmo.

Martí Sánchez, M. (2012-2013). El proceso de constitución de las unidades fraseológicas y algunos problemas fundamentales. *Linred: Lingüística en la Red*, pp. 10, pp. 1-52. Recuperado de <https://linred.web.uah.es/monograficos_pdf/LR_monografico10-articulo4.pdf>.

Martínez Marín, J. (1996). *Estudios de fraseología española*. Málaga: Ágora.

Mellado Blanco, C. / Gutiérrez Rubio, E. (Coords.) (2020). *Nuevas aportaciones de la Gramática de Construcciones a los estudios de fraseología en las lenguas románicas*. Volumen monográfico de *Romanica Olomucensia* 32(1). Recuperado de <https://romanica.upol.cz/magno/rom/2020/mn1.php>.

Mellado Blanco, C. (Coord.) (2021). *Productive patterns in Phraseology and Construction Grammar: A multilingual approach*. Berlin: De Gruyter.

Mellado Blanco, C., Mollica, F. y Schafroth, E. (Eds.) (2022). *Konstruktionen zwischen Lexikon und Grammatik. Phrasemkonstruktionen monolingual, bilingual und multilingual*. Berlin: De Gruyter.

Montoro del Arco, E. T. (2006). *Teoría fraseológica de las locuciones particulares. Las locuciones prepositivas, conjuntivas y marcadoras en español*. Frankfurt am Main: Lang.

Olímpio de Oliveira Silva, M.ª E. (2007). *Fraseografía teórica y práctica*. Frankfurt am Main: Lang.

Penadés Martínez, I. (2000). *La hiponimia en las unidades fraseológicas*. Cádiz: Servicio de Publicaciones de la Universidad de Cádiz.

Penadés Martínez, I. (2012). *Gramática y semántica de las locuciones*. Alcalá de Henares: Servicio de Publicaciones de la Universidad de Alcalá.

Penadés Martínez, I. (2015). *Para un diccionario de locuciones. De la lingüística teórica a la fraseografía práctica*. Alcalá de Henares: Servicio de Publicaciones de la Universidad de Alcalá.

Penadés Martínez, I. (2019). Fraseología. En Ridruejo, E. (Ed.), *Manual de lingüística española* (pp. 432-452). Berlin: De Guyter.

Penadés Martínez, I. (2024). Los diccionarios fraseológicos. En Torner Castells, S., Battaner Arias, M.ª P. y Renau, I. (Eds.). *Lexicografía hispánica* (pp. 537-550). London: Routledge.

Pla Colomer, F. P. (2020). Cuando no se da gato por liebre sino veneno por miel: estudio de las formas parémicas del *Libro de buen amor*. *Paremia*, 30, pp. 205-214.

Pla Colomer, F. P. / Vicente Llavata, S. (2020). *La materia de Troya en la Edad Media hispánica. Historia textual y codificación fraseológica*. Madrid / Frankfurt am Main: Iberoamericana / Vervuert.

Porcel Bueno, D. (2015). *Variación y fijeza en la fraseología castellana medieval. Locuciones prepositivas complejas en la literatura sapiencial castellana (siglos XIII-XV)*. Tesis. València: Universitat de València, Recuperado de <http://roderic.uv.es/handle/10550/47896>.

Puertas Ribés, E. (2023). *Estudio diacrónico de locuciones nominales y adjetivales españolas en diferentes tradiciones discursivas (siglos XVI al XX)*. València: Tirant Humanidades.

Real Academia Española (2009). *Nueva gramática de la lengua española*. Madrid: Espasa.

Ribes Lorenzo, J. M. (2022). *Las palabras diacríticas en fraseología histórica*. Bern: Lang.

Ruiz Gurillo, L. (1997). *Aspectos de fraseología teórica española*. València: Universitat de València.

Ruiz Gurillo, L. (2001). *Las locuciones en español actual*. Madrid: Arco/Libros.

Sánchez López, E. (2013). *Estudi de la llengua d'Ausiàs March a través de les col·locacions: una aproximació semiautomàtica*. Berlin: De Gruyter.

Scandola Cenci, V. (2006). *El tratamiento de la fraseología en los diccionarios de la Real Academia Española (1726-2001). Análisis fraseológico y fraseográfico. Contribución a la historia de la fraseología española*. Tesis. València: Universitat de València.

Serradilla Castaño, A. y González Cobas, J. (2017). Unidades fraseológicas con verbos de movimiento en el *Quijote*: un acercamiento a la lengua real de la época. *Paremia*, 26, pp. 42-54.

Sevilla Muñoz, J. (2014). *Fraseología y léxico: un enfoque contrastivo*. Lugo: Axac.

Simó Escartín, L. (2017). *Los verbos* andar *e* ir *en el castellano del siglo XV en la Corona de Aragón: estudio semántico, funcional, cognitivo y contrastivo*. Tesis. Barcelona: Universitat de Barcelona.

Sinner, C. (2023). La variación fraseológica en la traducción literaria. *Revista de Filología de la Universidad de La Laguna*, 46, pp. 273-293.

Tabares Plasencia, E. (2018). La fraseología jurídica en el "Libro de Buen Amor". *Estudis romànics*, 40, pp. 259-288.

Tabares Plasencia, E. (2023). *Terminología y fraseología jurídicas en el* Libro de Buen Amor. Berlin: Lang.

Vicente Llavata, S. (2011). *Estudio de las locuciones en la obra literaria de Íñigo López de Mendoza (Marqués de Santillana). Hacia una fraseología histórica del español*. València: Universitat de València.

Vicente Llavata, S. (2013). Notas de fraseología hispánica medieval. A propósito de la impronta catalano-aragonesa en la obra literaria de don Íñigo López de Mendoza. En Calvo, C. y Casanova, E. (Eds.). *Actas del XXVI Congreso Internacional de Filología y Lingüística Románicas* (pp. 431-444). Berlin: De Gruyter.

Vicente Llavata, S. (2016). Fraseología hispánica medieval y codificación. A propósito de la traducción aragonesa del *Secretum Secretorum* promovida por Juan Fernández de Heredia. En Echenique Elizondo, M.ª T, *et al.* (Eds.). *Fraseología española: diacronía y codificación* (pp. 75-96). Madrid: CSIC.

Vicente Llavata, S. (2017). *¡O vos, dubitantes, creed las istorias e los infortunios de los humanales!* Ficción alegórica y modos de "recontar" en los decires narrativos de don Íñigo López de Mendoza. *Dicenda. Cuadernos de filología hispánica*, 35, pp. 325-347.

Vicente Llavata, S. (2020a). La *Grant Crónica de Espanya*: reflexiones en torno a la incidencia de los procesos de lexicalización en su edición. *Zeitschrift für romanische Philologie*, 136(2), pp. 445-474.

Vicente Llavata, S. (2020b). Estudio de la fraseología en *Los doze trabajos de Hércules* de don Enrique de Villena. *Nueva Revista de Filología Hispánica*, 68(2), pp. 641-693.

Vicente Llavata, S. (2021). *Los doze trabajos de Hércules* (1417) de Enrique de Villena: continuidades estilísticas y codificación fraseológica. *Verba: Anuario Galego de Filoloxía*, 48, pp. 1-40.

Vicente Llavata, S. (2023). Aproximación a un estudio integral de la fraseología en el *Cancionero* (Toledo, 1516) de Pedro Manuel de Urrea. *Revista de Filología de la Universidad de La Laguna*, 46, pp. 127-145.

Vicente Llavata, S. (2024). Sobre la fórmula fraseológica *¡mal pecado!* en el *Libro de buen amor*, *Romanica Cracoviensia*, https://doi.org/10.4467/20843917RC.24.005.19714.

Wotjak, G. (1985). Algunas observaciones acerca del significado de expresiones idiomáticas verbales en el español actual. *Anuario de Lingüística Hispánica*, 1, pp. 213-226.

Wotjak, G. (Ed.) (1998). *Estudios de fraseología y fraseografía del español actual*. Madrid / Frankfurt am Main: Iberoamericana / Vervuert.

Wotjak, G. (2023). Reflexiones acerca de la traducción de elementos del "discurso repetido". *Revista de Filología de la Universidad de La Laguna*, 46, pp. 295-312.

Zuluaga Ospina, A. (1980). *Introducción al estudio de las expresiones fijas*. Tübingen: Max Hueber.

# *Más perdido que Wally en el Metropolitano.* Convencionalización y productividad de una construcción comparativa fraseológica[1]

*Pedro Ivorra Ordines*
(Centro Universitario de la Defensa, Zaragoza)

**ABSTRACT**

In recent years, interest in comparative constructional idioms in Spanish has grown within the framework of Construction Grammar (Ivorra Ordines 2022; Ivorra Ordines / Mellado Blanco 2021; Mellado Blanco 2015 and 2023a). After addressing the contradictions regarding the productivity of the *A as NP* pattern (Fillmore 1997; Kay 2002 and 2013), this work examines the productivity of the <más perdido que X> pattern. Using data from the esTenTen18 corpus (Sketch Engine), the creative potential of the construction is demonstrated, with almost 80% of instances being non-lexicalized and the conventionalization of certain types. Based on the distribution of the instances, the article proposes the subconstruction <más perdido que X en Y>, noted for its extravagant nature in its incongruent slot fillers and different degrees of conventionalization in pockets of productivity.

***Keywords:*** Comparisons, patterns of coining, constructions, productivity, creativity.

**RESUMEN**

En los últimos años ha crecido el interés por las construcciones comparativas fraseológicas en español desde la Gramática de Construcciones (Ivorra Ordines 2022; Ivorra Ordines / Mellado Blanco 2021; Mellado Blanco 2015 y 2023a). Tras abordar las contradicciones sobre la productividad del patrón *A as NP* (Fillmore 1997; Kay 2002 y 2013), este trabajo estudia la productividad del patrón <más perdido que X>. Usando datos del corpus esTenTen18 (Sketch Engine), se constata el potencial

1 Este trabajo se enmarca en los proyectos de investigación CONSTRIDIOMS *Construction Grammar and Phraseology: German and Spanish Constructional Idioms in contrast through Corpora* (FFI2019-108783RB-100) y CREA-CONSTRIDIOMS *Creativity through the lens of Construction Grammar: a corpus and AI-based repository of constructional idioms in German, Spanish and English* (PID2024-161338OB-I00), ambos financiados con fondos FEDER por el Ministerio de Ciencia e Innovación y dirigidos por Carmen Mellado Blanco desde la Universidade de Santiago de Compostela. Asimismo, se encuadra también en el proyecto europeo COST-Action CA22115 *Building a Multilingual Repository of Phraseme Constructions*, dirigido por Katrin Schlund desde la Universität Halle (Alemania).

creativo de la construcción, con casi un 80% de instancias no lexicalizadas y la convencionalización de ciertos types. A partir de la distribución de las ocurrencias, el presente estudio postula la subcontrucción <más perdido que X en Y>, destacada por su naturaleza extravagante en los *slot fillers* incongruentes y diferentes grados de convencionalización en clústeres semánticos productivos.

***Palabras clave:*** Comparaciones, patrones de acuñamiento, construcciones, productividad, creatividad

## 1 Introducción

En los últimos años se ha experimentado un creciente interés por las construcciones comparativas fraseológicas en español[2] del tipo [*más* ADJ *que* X] y [V *más que* X] desde los postulados de la Gramática de Construcciones (Ivorra Ordines 2022; Ivorra Ordines / Mellado Blanco 2021; Mellado Blanco 2015 y 2023a). En efecto, estas estructuras comparativas intensificadoras han sido estudiadas como un tipo de construcción, y más concretamente como una construcción fraseológica, en la medida que se tratan de emparejamientos de forma y significado con constituyentes léxicamente saturados y *slots* que se actualizan en el discurso (*tertium comparationis* y *comparatum*). Este enfoque ha permitido abordar el estudio de estas unidades dentro del *continuum* léxico-gramática y así poder explicar los diferentes grados de idiomaticidad, esquematicidad y productividad.

1) Está claro que hacer ejercicio sin música es **más aburrido que la retransmisión de una carrera de caracoles.** [12492125995]
2) Crucé el puente de Manhattan, **alegre como una mosca ante un pastel de bodas.** [67139635]

A partir de lo expuesto, nos proponemos abordar el estudio del patrón comparativo <más perdido que X> adoptando un enfoque construccionista. En este contexto, se plantea una paradoja teórica importante: mientras que algunos enfoques construccionistas restringen el concepto de *construcción* a patrones lingüísticos altamente productivos y con una estructura formal

2 También desde enfoques construccionistas, se han llevado a cabo estudios sobre estas estructuras en otras lenguas como el inglés (Desagulier 2015 y 2018), el alemán (Mellado Blanco 2023b; Mollica / Schafroth 2018) o el italiano (Giacinti 2019).

generalizable (la vertiente de Berkeley, de la cual Paul Kay es un defensor), otros, como el enfoque cognitivo, tienen una definición más inclusiva (cfr. Goldberg 2019; Hoffmann 2022a). Esto genera tensiones conceptuales sobre qué puede considerarse una construcción en el ámbito de la Gramática de Construcciones. Así pues, en la Sección 2, se presentan los argumentos que defienden Kay (2002 y 2013) y Fillmore (1997) a la hora de considerar la fórmula *A as NP* como un patrón de acuñamiento, y no una construcción. En contraposición, la vertiente cognitiva de la Gramática de Construcciones es redundante: cualquier patrón con una frecuencia suficiente o cuyo significado global no se derive de la suma de sus componentes puede considerarse una construcción. Desde esta perspectiva, abordamos en la Sección 3 la productividad del patrón desde el nivel de la construcción fraseológica <más perdido que X> (Barðdal 2008) y analizamos la distribución y convencionalización de los *slot fillers* y su productividad, subrayando la presencia de una subcontrucción con ítems léxicos que la saturan eminentemente extravagantes, atendiendo a la incongruencia semántica que se produce entre los dos *slot fillers*. Las conclusiones se resumen en la Sección 4.

## 2 Las contradicciones en el estudio de la productividad sintáctica. Los *patterns of coining* de Fillmore (1997) y Kay (2002)

El concepto de productividad ha sido uno de los más esquivos en la lingüística, con definiciones variadas que destacan su importancia en la formación de palabras (Zeldes 2012: 17). En este sentido, en la entrada sobre "Productividad" en la *Encyclopedia of Language and Linguistics* (Brown 2006), Plag define la productividad en el contexto de la formación de palabras como "its general potential to be used to create new words" (Plag 2006: 127). Sin embargo, en un estudio minucioso de la productividad sintáctica, Barðdal (2008: 9-54) revela 19 significados diferentes que se agrupan en tres categorías: 'extensibilidad', 'regularidad' y 'generalidad'.

La 'productividad como extensibilidad' consiste en la extensibilidad de un patrón a nuevos *types*, no a nuevos *tokens* (Barðdal 2008: 29). Esta manera de entender la productividad es la que emplearemos en la siguiente sección para abordar la habilidad de la construcción semiesquemática [*más perdido que* X] ⇔ 'muy perdido' a la hora de atraer ítems léxicos nuevos o licenciar ya existentes. En este contexto, un *type* hace referencia a los diferentes ítems léxicos que pueden instanciar dicha construcción parcialmente saturada.

La 'productividad como generalidad', según Kay (2002 y 2013), sostiene que solo las construcciones completamente esquemáticas y generales son productivas. Los modelos de herencia completa defienden que la gramática debe contener solo lo necesario para producir y entender todas las posibles expresiones de una lengua (Kay 2013: 32). Algunos patrones no se consideran parte de la gramática y deben ser memorizados por separado, sirviendo como generalizaciones no productivas que pueden motivar nuevas expresiones.

La noción de patrones de acuñamiento, introducida por Fillmore (1997) y desarrollada por Kay (2002), son procesos parcialmente productivos que Kay excluye de la gramática para situarlos en la meta-gramática. Fillmore no es tan radical en su postura y considera incluirlos en la gramática como un tipo especial de construcción "limitada", que se caracterizan por (i) no heredar características o restricciones de construcciones más esquemáticas, (ii) servir de patrones para muchas construcciones dependientes y (iii) encarnar la identidad tipológica de una lengua, a la vez que son lo suficientemente flexibles como para admitir un uso del lenguaje creativo. Según este razonamiento, un ejemplo podría ser el patrón *No solo de X vive el hombre* (cfr. Mellado Blanco 2024).

A partir de lo expuesto se desprende la postura opuesta entre Fillmore y Kay en lo que concierne a la descripción de la productividad. Por una parte, Fillmore (2002) defiende que la productividad es gradual y que todas las construcciones gramaticales tienen restricciones generales. Por lo tanto, la gramática también debe identificar construcciones con funciones de acuñamiento, que representan la subestructura de palabras morfológicamente complejas y algunas frases idiomáticas. En cambio, Kay (2002), por su parte, se opone, argumentando que los patrones parcialmente productivos no deben considerarse construcciones, manteniendo una separación clara entre construcciones productivas y patrones no productivos.

En sus estudios, Kay (2002 y 2013) examina dos patrones en inglés, considerando uno de ellos como patrón de acuñamiento y no como construcción, debido a su naturaleza no productiva. Desde el enfoque que adopta, considera que la fórmula *A as NP* no es una construcción porque no permite licenciar nuevas instancias libremente y tiene restricciones en su combinabilidad, entre otros criterios. No obstante, la distinción entre construcción y patrón de acuñamiento requiere de un estudio empírico con mayor detalle. Atendiendo a la naturaleza formal del patrón con dos *slots*, una exploración de la productividad no debe restringirse al nivel más esquemático, sino que también puede darse en niveles menos esquemáticos, donde la construcción es parcialmente esquemática o está totalmente saturada (Desagulier 2015 y 2018; Ivorra Ordines 2022; Ivorra Ordines y Mellado Blanco 2021; véase Bybee 2010). Para el estudio empírico de la productividad de la fórmula *A as NP*, nos ocuparemos en la siguiente sección del patrón en español [*más perdido que* X] ⇔ 'muy perdido'.

## 3 Análisis de corpus de la construcción [*más perdido que* X] ⇔ 'muy perdido'

De acuerdo con las premisas de la Gramática de Construcciones basada en el uso (Bybee 2010; Diessel 2019) en su vertiente cognitiva (Goldberg 2019; Hoffmann 2022a), en el presente estudio se utiliza una metodología inductiva basada en corpus. Para ello, nos servimos del macrocorpus *esTenTen18* de Sketch Engine. A partir de una búsqueda del patrón <más perdido que>, el corpus arroja 1212 resultados, de los cuales, tras un filtrado manual, 851 ocurrencias están licenciadas por la construcción objeto de estudio (cfr. una comparación intensificadora en el ejemplo 3 y una gramatical en el ejemplo 4).

3) [...] no hace ni dos horas que me han concedido una plaza para 6 meses a Ljubljana para segundo de Traducción e Interpretación y estoy **más perdido que el barco del arroz**. [7330001266]
4) [...] con un padre pusilánime que parece **más perdido que ellos**, que, en vez de protegerles, en vez de situarse en la vanguardia, se cobija junto a ellos" [537311936].

Los ejemplos arriba mencionados ponen de manifiesto un *continuum* de idiomaticidad entre la construcción intensificadora (ejemplo 3) y la construcción comparativa gramatical (ejemplo 4), es decir, "from structures that are completely idiosyncratic and lexically particular to structures that share most of their semantic and syntactic properties with other grammatical patterns" (Diessel 2019: 56) (véase Ivorra Ordines 2022; Ivorra Ordines / Mellado Blanco 2021). Asimismo, dada la naturaleza polisémica de las construcciones

(Gonzálvez-García 2013: 190), conviene explicar la relación semántica que se establece entre el *tertium comparationis* y el *comparatum* dentro de la construcción comparativa intensificadora, dado que en ocasiones se da una lectura más literal ("adj. Dicho de un lugar: Muy escondido o apartado del tránsito común.", *DLE*, *s.v.*) y en otras ocasiones un más figurada ("adj. Que se ha salido de su ruta y no sabe llegar a su destino", *Diccionario de la lengua española*). Atendiendo a las instancias licenciadas por la construcción intensificadora, un 25,03% de los ejemplos se adhieren a la primera lectura (ejemplo 5), mientras que la lectura figurada es mucho más predominante con un 74,97% de los casos (ejemplo 6).

5) Cachito **más perdido que Adán el día de la Madre**, se fue a su casa en su auto, pero no se animó a prender el GPS, porque vaya a saber a qué barrio o comuna lo mandaba. [17135672852]
6) A veces me siento limitado cuando me veo rodeado por gente que "entiende" de música. No puedo seguir el hilo de la conversación y me siento **más perdido que Anelka en un partido del Madrid.** [2482693310]

Una vez extraídas las ocurrencias que conforman el objeto de estudio, abordamos dos aspectos relevantes de la construcción: la distribución y convencionalización de los *slot fillers*, así como su potencial creativo, subrayando el establecimiento de un nuevo esquema.

### 3.1 *Distribución y convencionalización de los* slot fillers

Al ordenar los diferentes ítems léxicos que saturan el *slot* de la construcción por frecuencia *token* observamos que presenta una distribución zipfiana, dado que nos encontramos con pocos *types* con una frecuencia *token* muy elevada y muchos *types* con una frecuencia *token* muy baja, que en muchas ocasiones se trata de ocurrencias únicas (véase Bouso 2024; Ivorra Ordines 2022; Masini 2024 para construcciones con distribuciones similares). Entre los ítems léxicos situados en la parte superior de la Tabla 1, nos encontramos con construcciones saturadas léxicamente que son fraseologismos como es el caso de *un pulpo en un garaje*, así como extensiones analógicas a partir de una construcción totalmente saturada por medio de sustitución léxica de determinados ítems léxicos (ejemplo 7) y ocurrencias nuevas licenciadas por la construcción semiesquemática que subrayan el carácter productivo y creativo de la construcción (ejemplo 8).

7) Y es que al bueno de Juan lo sacabas de sus papeles de cowboy, militar o marino y el pobre estaba **más perdido que un pulpo en una discoteca.** [5055166380]
8) "Estoy **más perdido que el carro de Manolo Escobar**", reconocía en los primeros momentos de incredulidad y tras mostrarle a San Pedro la etiqueta de Anís del Mono. [1679663968]

**Tabla 1.** Los diez *types* más frecuentes de la construcción

| ***Types*** | ***Tokens*** | ***Types*** | ***Tokens*** |
|---|---|---|---|
| un pulpo en un garaje | 151 | Adán en el día de la madre | 22 |
| el barco del arroz | 48 | Wally en el Frente Atlético | 20 |
| el hijo de Lindbergh | 30 | turco en la neblina | 13 |
| un hijo de puta en día del padre | 30 | un pato en un garaje | 12 |
| el teniente Bello | 27 | Carracuca | 8 |

Tal y como se desprende de la Tabla 1, los *slot fillers* que actualizan el *slot* X ponen de manifiesto que existe una relación semántica entre el ítem léxico saturado 'perdido' de la construcción comparativa (o *tertium comparationis*) y los *slot fillers* (o *comparatum*), lo que implica que el adjetivo 'perdido' y los *slots fillers* que actualizan el *slot* X no se pueden combinar libremente. Dicho de otro modo, "[t]he key factor for extension are the semantic restrictions that his construction as a whole imposes on its variable constituents" (Vujić / Miladinović 2016: 74). Siguiendo la clasificación de Mellado Blanco (2023a) sobre la relación entre el *tertium comparationis* y el *comparatum* en el nivel literal de la construcción, nos encontramos con tres tipos de relaciones, que inciden de manera desigual en el significado intensificador de la construcción fraseológica: (i) los *comparata* que representan prototipos de la cualidad de perdido como *el teniente Bello*, *turco en la neblina*, *la madre de Marco*, *el hijo de Lindbergh*, *la mamá del Chavo*, entre otros, los cuales constituyen estereotipos de la cualidad de 'perdido' según el hablante; (ii) los *comparata* lexicalizados con valor intensificador[3] que no están ligados a un *tertium comparationis* sino que sirven para intensificarlo por su propio valor semántico hiperbólico como *Carracuca* o *la (h)ostia*; y (iii) el *tertium comparationis perdido* es polisémico, lo que permite que se juegue con diferentes acepciones del término: el *comparatum* "el hijo de Lindbergh" activa la acepción física de *perdido* —relacionada con la desaparición física del hijo de Lindbergh—, mientras que el significado construccional esperado en el enunciado recae en una acepción figurativa que intensifica la idea de desorientación o confusión[4] (véase ejemplo 9).

9) Uno que anda **más perdido que el hijo de Lindbergh** es el exalcalde. A Juan de los Charcos le dijeron que para despejar la mente y pensar bien qué va a hacer, se fue a Estados Unidos. [18649875883]

Asimismo, además de las relaciones distinguidas por Mellado Blanco (2023a), conviene destacar la relación incongruente del antiprototipo que se da en la subconstrucción [*más perdido que* X *en* Y] entre los *slot fillers* X e Y del *comparatum*, dado que sitúa a prototipos de la cualidad de perdido —personas, comida y animales (véase apartado 3.2.)— en lugares o momentos que chocan con nuestra experiencia de la realidad, de manera que se produce una incongruencia pragmática con respecto a nuestro conocimiento del mundo. Así pues, en el ejemplo *Angela Merkel en una sesión de risoterapia*, la política alemana Angela Merkel y una sesión de risoterapia pueden considerarse elementos contrarios, dado que dicho personaje político siempre se ha caracterizado por tener carácter y su seriedad, por lo que es muy improbable encontrarla en una sesión de risoterapia atendiendo a nuestra experiencia del mundo (ejemplo 10).

10) Si estás **más perdido que Angela Merkel en una sesión de risoterapia**, tranquilo, aquí estamos nosotros para echarte un cable. [2391458806]

---

3 Dado su carácter versátil, reciben el nombre de *comparata passepartout*. De hecho, una simple búsqueda del patrón <más ADJ que la ostia | hostia> en el corpus *esTenTen18* (Sketch Engine) arroja disparidad de adjetivos como *majo, peligroso, turbio, feo, molesto*, etc.

4 Agradezco al revisor anónimo por el comentario al respecto.

Otro aspecto que cabe destacar es el predominio de lo creativo sobre lo lexicalizado,[5] donde casi un 80% instancias representan prototipos no convencionalizados de la cualidad de 'perdido'. Entre las fuentes de inspiración en la construcción del estereotipo, nos encontramos con personajes reales y ficticios (*Caperucita en el bosque*, *Frankenstein en el día del padre*), comida (*un grano de arroz en medio del desierto*, *un pepino en un entierro*), animales (*gaviota en el desierto*, *ñu en La Castellana*, *piojo en una calva*) y objetos (*un bolígrafo en un dormitorio*, *el alambre del Pan Bimbo*). Cabe destacar que algunos de estos *types* tienen una frecuencia *token* relativamente elevada, lo que puede ser un indicador de convencionalización y *entrenchment* (Bybee 2010; Goldberg 2019; Schmid 2020). En este sentido, cuanto más se ha repetido una determinada ocurrencia, y cuantas más veces se ha activado el patrón de asociaciones (*sequential relations* según la terminología de Diessel 2019: 65), dicha secuencia estará más convencionalizada y fijada cognitivamente debido a la rutinización y esquematización. Dicho en palabras de Schmid (2020: 6-7):

> Repetition is conducive to entrenchment because it drives routinization and schematization, and in turn entrenchment is conducive to repeated usage because more strongly entrenched associations are activated faster and with less effort than less strongly entrenched ones. So the frequency with which a pattern of associations becomes activated during the processing of similar utterances is both a cause and an effect of entrenchment.

Considerando la naturaleza gradual de convencionalización[6] de los *types*, podemos encontrar diferentes grados de convencionalización atendiendo a parámetros como la frecuencia *token*, la capacidad de licenciar extensiones analógicas, la ausencia de conexión de los *types* con el contexto más inmediato

---

5 Así también se pone de manifiesto en estudios previos sobre construcciones comparativas fraseológicas como la construcción [*más feo que* X] ⇔ 'muy feo' (Ivorra Ordines 2022) o la construcción [*más tonto que* X] ⇔ 'muy tonto' (Ivorra Ordines / Mellado Blanco 2021).

6 Otros factores que inciden en la convencionalización de determinados *types* son los que se dan en la construcción semiesquemática a partir del proverbio *Dime con quién andas y te diré quién eres* y su equivalente en alemán. En este caso, los fraseologismos emergentes vienen apoyados por un autor en concreto, quien probablemente no fue quien acuñó la forma, sino quien la reprodujo y, en calidad de figura pública, contribuyó a su difusión (Ivorra Ordines / Mellado Blanco 2025).

(su uso no está ligado a la situación comunicativa) y el hecho de que sea menos composicional (véase Ivorra Ordines 2021; Mollica / Schafroth 2018). Un posible candidato de comparación emergente[7] sería el comparatum *Wally en el Frente Atlético*, donde nos encontramos casos en los que la expresión es independiente del contexto (ejemplo 11) u otras ocasiones en las que la ciudad de Madrid (ejemplo 12) o el contexto futbolístico (ejemplo 13) podrían considerarse como desencadenantes[8] de la creatividad lingüística. Estos ejemplos subrayan la idea de que los fraseologismos pueden entenderse como emparejamientos de forma y significado con perfiles sintagmáticos difusos (véase Mellado Blanco 2020; Mellado Blanco / Ivorra Ordines 2023). Dicho de otro modo, adoptar la estructura conceptual de las construcciones como punto de partida y abordar la variabilidad en términos de divergencia de un prototipo, nos permite acercarnos a la flexibilidad de las construcciones, en la medida que si la misma construcción se repite de manera continuada con variaciones menores, "it becomes entrenched in memory as a cluster of overlapping exemplars that influence the categorization of the same or similar instances of that construction in future use" (Diessel 2023: 12). Este punto de vista, por lo tanto, proporciona un marco dinámico para analizar la aparición de estructuras y significados lingüísticos, lo que explicaría el caso de *Wally en el Frente Atlético* que con 8 ocurrencias funcionaría como prototipo, a partir del cual se pueden postular otros *types* en los que subyace la misma idea del personaje Wally (que es conocido y reconocido por llevar una camiseta de rayas rojas y blancas) que se encuentra en un lugar donde los asistentes llevan una camiseta rojiblanca, con ejemplos como *Wally en el Calderón* (4 ocurrencias), *Wally en un partido del Atlético de Madrid* (3), *Wally en el campo del Atlético* (1), *Wally en el Metropolitano* (1) y *Wally en Sanfermines* (1).

11) Hace unas semanas fui a Hacienda a preguntar y básicamente lo que me dijo el tipo que me atendió —que andaba **más perdido que Wally en el Frente Atlético**— es que cuando me toque hacer la declaración de

---

7 Por motivos de espacio, nos hemos centrado en un único ejemplo, aunque también cabría mencionar los *types el barco del arroz*, *el teniente Bello* o *turco en la neblina*.

8 Véase Hoffmann (2022b) o Ivorra Ordines / López Meirama (2024) para ver ejemplos donde la creatividad lingüística viene propiciada por el entorno inmediato.

la renta marque una casilla (ahora no recuerdo cuál) [...]. [3807607702]

12) Si quieres visitar los museos de *Madrid*, siempre es recomendable hacer la visita guiada para no terminar **más perdido que Wally en un partido del Atlético de Madrid.** [1905897011]
13) Por su parte, *Kevin Gameiro* estaba **más perdido que Wally en el Metropolitano**, demostrando que sin *Costa* no hay paraíso. [11916510307]

Tal y como hemos podido observar, este ejemplo podría concebirse como una comparación fraseológica emergente en proceso de construccionalización, lo que estaría en consonancia con la última actualización de la noción de construcción de Goldberg (2019: 7), es decir, como "emergent clusters of lossy memory traces that are aligned within our high-(hyper-!) dimensional conceptual space on the basis of shared form, function, and contextual dimensions" (Goldberg 2019: 7). El hecho de que estas secuencias se utilicen en repetidas ocasiones no se entiende como un vehículo de innovación, sino que son en sí mismas motor del cambio.

## 3.2 *Productividad: frecuencia* type *y* token *y esquematicidad formal*

La productividad de la fórmula comparativa es más compleja de lo que sugiere Kay (2002 y 2013), por lo que la diferencia entre *construction proper* y *pattern of coining* requiere un mayor análisis empírico. Dado que las comparaciones tienen dos *slots* no especificados, un examen detallado de la productividad no puede limitarse al nivel más esquemático. Así pues, también debe incluir "a complementary inspection of productivity at sub-schematic levels, where the construction is partially or fully specified" (Desagulier 2018: 174). Según las aproximaciones lingüísticas cognitivo-funcionales (Barðdal 2008: 45), el nivel de esquematicidad más cognitivamente fijado determina la productividad de una construcción, y no necesariamente el nivel más esquemático. Desde esta perspectiva, abordamos la productividad del patrón [*más perdido que* X] ⇔ 'muy perdido', entendida como la capacidad del *slot* para atraer nuevos ítems léxicos ('productividad como extensibilidad' según Barðdal 2008).

El análisis de corpus permite determinar la productividad de una construcción a través de la frecuencia de *tokens* y *types*. Según Bybee (2010: 67), cuantos más *types* saturen un *slot*, mayor será la productividad. El estudio de corpus arroja 376 *types* de un total de 851 ocurrencias, por lo que presenta una *type / token ratio* relativamente elevada (44,18%). Asimismo, el número de ocurrencias únicas también influye en la productividad, teniendo en cuenta que cuantas más ocurrencias únicas aparezcan en el *slot* de un patrón, más ítems léxicos puede que se usen de forma única en ese patrón fuera del corpus (Cappelle 2014). Así pues, el hecho de que aparezca un número elevado de ocurrencias únicas (86,7% de los 376 distintos ítems léxicos que saturan el *slot*) o con una frecuencia absoluta muy baja es un índice de la fijación de la construcción.

Es importante recordar que la productividad puede estar relacionada con la esquematicidad de una construcción: a mayor esquematicidad, se puede dar una mayor productividad. Siguiendo la distinción de Perek (2020: 144-146) entre esquematicidad semántica y esquematicidad formal, incidimos en esta última para subrayar que cuantas más categorías gramaticales puedan saturar el *slot* de una construcción, mayor es su esquematicidad formal. En la construcción estudiada, el hecho de que el 99.88% de los *slot fillers* sean solo sintagmas nominales (ejemplo 14) puede ser un factor determinante que repercute en el grado de productividad, dado que solo hay una instancia con un *slot filler* encabezado por una forma verbal (ejemplo 15). Según lo expuesto, nos encontramos ante un patrón que es más bien de naturaleza léxica y no tanto sintáctica.

14) Soy nuevo en el lugar y de momento estoy **más perdido que el alambre del pan Bimbo.** [8728484570]
15) Pruebas quizás con un "buenos días ¿qué tal?" dándote cuenta más tarde de que estabas **más perdido que buscando un mueble en Ikea.** [5414012582]

## 3.3 *Construcciones emergentes, extravagancia y* pockets *de productividad*

En investigaciones previas (Ivorra Ordines 2022; Ivorra Ordines / Mellado Blanco 2021) hacíamos especial hincapié en la productividad de las comparaciones en el nivel de la microconstrucción por medio de extensiones analógicas (véase Barðdal 2008), en la medida que comparaciones fraseológicas como *más feo que pegarle a un padre* o *más tonto que Abundio* admitían la expansión del *comparatum* para contrarrestar el desgaste expresivo debido a su frecuente uso, dando lugar a las construcciones parcialmente saturadas [*más feo que pegarle a un padre* X] ⇔ 'muy feo' (ejemplo: *más feo que pegarle a un padre con un calcetín sudado*) y [*más tonto que* X] ⇔ 'muy tonto' (ejemplo: *más tonto que Abundio, que para poder comprar los cordones vendió los zapatos*), respectivamente. En este mismo nivel de saturación, en esta ocasión la construcción parcialmente saturada surge como resultado de la sustitución léxica de algunos componentes (véase Mellado Blanco 2020). Más concretamente, a partir de la micro-construcción [*más perdido que un pulpo en un garaje*] con una alta frecuencia *token* (151 ocurrencias) se puede constatar variabilidad o bien en el primer *slot* (ejemplo 16), o bien en el segundo (ejemplo 17), o incluso en ambos (ejemplo 18).

16) Pues estoy **más perdido que un pato en un garaje**. No entiendo qué está fallando aquí, normalmente en la carpeta del Theme hay un archivo que se llama Theme.plist. [5219431397]
17) Y es que al bueno de Juan lo sacabas de sus papeles de cowboy, militar o marino y el pobre estaba más perdido que **un pulpo en una discoteca**. [5055166383]
18) Porque por lo que contesta él demuestra que está **más perdido que Belén Esteban en la NASA** y que no se ha enterado de nada. [2259868273]

En efecto, podemos postular la existencia de una subconstrucción eminentemente productiva —es decir, [*más perdido que* X *en* Y] ⇔ 'muy perdido'—, teniendo en cuenta que, además, licencia el 72,38% de las instancias de la construcción fraseológica [*más perdido que* X] ⇔ 'muy perdido'.[9] Dado que se trata de un nuevo esquema a partir de la generalización de muchas

---

9 Asimismo, la subconstrucción abarca el 76,32% de los *types* y el 78,22% de los *hapax legomena*, lo que implica que los hablantes del español no solo usan el patrón en el nivel de la construcción fraseológica, sino que también pueden tener subconstrucciones cognitivamente fijadas con un gran potencial productivo y creativo. Futuras investigaciones deben comprobar si realmente existe la construcción más abstracta [*más* ADJ *que* X *en* Y] con las restricciones de incongruencia correspondientes de X e Y, o si, de lo contrario, el *slot* adjetivo está conformado por un grupo cerrado de subconstrucciones 'hermanas' que presentan dichas peculiaridades/restricciones («al ver al marido más triste que Kalimero en un Kentucky» [182361630], «Estoy más sola que Bambi en el día de la madre. Todos mis amigos tienen pareja y hoy me quedo en casa» [2402521056].

ocurrencias, estamos frente a un ejemplo de E-creatividad,[10] según la propuesta de Sampson (2016), pues el hablante va más allá de las posibilidades que ofrece la construcción fraseológica —el uso modela la estructura— y "creates new communicative possibilities which are not already in the language" (Leech 1965: 24). Un aspecto relevante de la subconstrucción es la naturaliza eminentemente extravagante de X e Y, teniendo en cuenta que "it typically juxtaposes two semantically incompatible or at least nontrivially related concepts" (Hartmann / Ungerer 2024: 605) (véase Mellado Blanco 2023a y 2023b). Así pues, se produce una incompatibilidad semántica entre los *slot fillers*, es decir, entre *Cristóbal Colón* y *La Guerra de las Galaxias* (ejemplo 15) o entre *un vegetariano* y *un asador de Segovia* (ejemplo 16). Estas situaciones contradicen nuestro conocimiento pragmático del mundo, construyendo constructos imaginarios basados en el pensamiento contrafactual (compárense ejemplos 15 y 16: cuanto mayor es la incompatibilidad con el mundo, mayor es la expresividad y la intensificación del constructo), lo que en algunas ocasiones puede generar efectos humorísticos (ejemplo 17).

(15) Con tanto tecnicismo, estoy **más perdido que Cristóbal Colón en La Guerra de las Galaxias**. [4303459777]

(16) [...] y adoran a la diosa pagana Anna Gabriel, al ser supremo creador Cabezamocho, o a su apóstol terrenal Tòfol Soler, que mira que me cae bien el hombre, aunque está **más perdido que un vegetariano en un asador de Segovia**. [1434039835]

(17) Estoy **más perdido que un pedo en un jacuzzi**. Sigo teniendo 2 perfiles; uno que hace "música" (JSV60) y otro que solo dice paridas en los foros (jsv60). [369149343]

Al principio de este apartado abordábamos la productividad desde el nivel de la construcción fraseológica. No obstante, conviene examinar más de cerca qué ocurre con la subconstrucción [*más perdido que* X *en* Y] ⇔ 'muy perdido'. Para ello, hacemos hincapié en el aspecto semántico de los *slot fillers*, el cual "plays a role in the lexical openness of a construction and the way it extends" (Van den Heede / Lauwers 2023: 724). Un análisis de la naturaleza semántica

---

[10] El otro tipo de creatividad que Sampson (2016: 19) distingue es F-creatividad, es decir, "examples drawn from a fixed and known (even if infinitely large) range", noción que se acerca a la 'productividad como regularidad' (Barðdal 2008).

del *slot* X de la subconstrucción arroja un total de cuatro clústeres principales, los cuales presentan una distribución desigual: animales con un total de 316 ocurrencias (37,16% de la subconstrucción; ejemplo 18), comida con 16 ocurrencias (1,88%; ejemplo 19), objetos con 18 ocurrencias (3,17%; ejemplo 20) y personajes reales o ficticios con 257 ocurrencias (30,2%; ejemplo 21).

(18) Espero que no acabes haciendo como yo y te olvides de ese usuario que anda **más perdido que un camello en la Antártida.** [3031030342]
(19) De tus tierras tenemos a @rantur que entra más por estos lares y @ BUANIX que anda **más perdido que un chorizo en un restaurante vegano.** [7636212491]
(20) BQ va **más perdido que una brújula en una fábrica de electroimanes.** [4867353760]
(21) Desde el momento en el que la tortuga roja se convierte en una mujer e inicia una relación con el tipo que la mató [...], he andado **más perdido que la Sirenita en una zapatería.** [5371530890]

En términos generales, la relación semántica entre los *types* es clave para entender mejor la productividad, teniendo en cuenta que pueden desencadenarse extensiones de construcciones basadas en analogía a nuevos *types* léxicos. Así pues, constatamos que los *types* no solo se circunscriben bajo el clúster de los animales, donde se encuentra la comparación fraseológica *más perdido que un pulpo en un garaje*, sino que se pueden postular otros clústeres que ofrecen una productividad notable, por lo que podemos observar un desplazamiento en el foco del dominio fuente de la subconstrucción,[11] sin que ello implique una sustitución del clúster de los animales (véase Figura 1). En este sentido, el uso repetido de determinadas instancias puede llegar a modificar "conventional utterance types and reorganize their conformity profiles in such a way that the sources of conventionality shift" Schmid (2020: 150).

11 Véase Ivorra Ordines (2022), Ivorra Ordines / Mellado Blanco (2021) o Mellado Blanco (2015, 2023a), donde se puede constatar una gran productividad de personajes reales o ficticios en otras construcciones fraseológicas comparativas. En este contexto conviene subrayar el rol de la analogía, la cual juega un papel fundamental en la organización de la gramática, por lo que "[a]ckowledging, and also formalizing, systematic analogical relations between sets of constructions lets us see paradigms as emergent categories of grammar, based on generalizations over repeatedly observed analogies" (Leino 2022: 61).

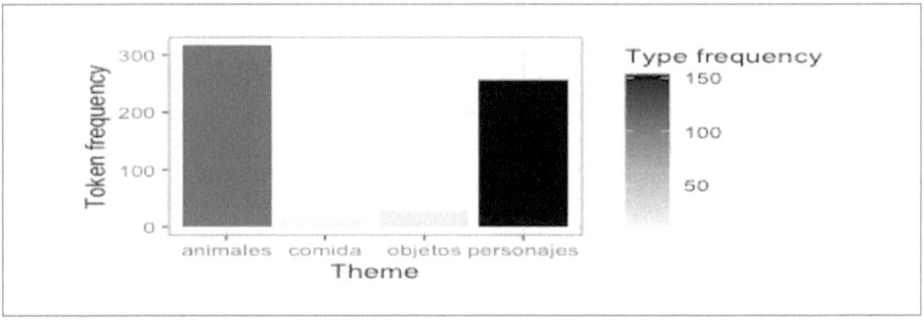


**Figura 1.** *Type/token ratio* de la subconstrucción [*más perdido que* X *en* Y] ⇔ 'muy perdido'

El alto grado de productividad del clúster de los personajes queda patente a través del 59,53% de *type/token ratio*, así como con el 51,75% de ocurrencias únicas, con algunos *types* con una frecuencia relativamente elevada (véase Tabla 1), lo que subraya ciertos "corners of convention in pockets of productivity" (Cappelle 2014: 278). Asimismo, se constata que los clústeres de personajes y animales son los responsables del 89,58% de los *types*, así como del 82,44% de los *hápax legómena* de la subconstrucción, por lo que gran parte de la productividad de la subconstrucción se podría explicar a partir de estos dos clústeres semánticos. En este contexto, la extravagancia puede concebirse como una estrategia comunicativa para captar la atención que permite explicar la creación de instancias creativas que se basan en desviaciones de aquello que está cognitivamente fijado y convencionalizado (Schmid 2020: 79). En palabras de Norde / Trousdale (2024), estamos ante un tipo de creatividad-F2 —a diferencia de la creatividad-F1, donde las instancias están totalmente licenciadas por el esquema—, en la medida en que se trata de ocurrencias "partially sanctioned by that schema", en las que "increasing frequency of a product of F2-creativity may lead to entrenchment".

## 4 Conclusiones

El análisis de la productividad sintáctica en la lingüística revela una notable diversidad en su conceptualización, abordando principalmente tres categorías: 'extensibilidad', 'regularidad' y 'generalidad' (véase Barðdal 2008). Atendiendo a esta última categoría, Fillmore (1997) y Kay (2002, 2013) presentan posturas divergentes sobre la inclusión de patrones parcialmente productivos en la gramática, como es el caso de la fórmula *A as NP*. Por su parte, Fillmore (1997) defiende que estos patrones deben formar parte de la gramática como construcciones especiales debido su habilidad de acuñar nuevas palabras, mientras que Kay (2002 y 2013) los excluye, situándolos en la meta-gramática por su falta de productividad total.

A partir de los postulados construccionistas basados en el uso en su vertiente cognitiva (Goldberg 2019; Hoffmann 2022a), abordamos el estudio del patrón <más perdido que X>. El análisis de corpus (esTenTen18) subraya la distribución zipfiana en los *slot fillers* con pocos *types* con una frecuencia relativamente elevada y muchos *types* con una frecuencia muy baja, que en muchas ocasiones constituyen ocurrencias únicas. De entre los *types* con más frecuencia se puede observar una tendencia a la convencionalización de algunos de ellos, como es el caso de *Wally en el Frente Atlético*, lo que sirve de ejemplo en la manera de entender la variabilidad como un clúster de ejemplares que se solapan entre sí. Asimismo, se constata una notable productividad no solo en el nivel de la construcción fraseológica, sino especialmente en el nivel de la subconstrucción <más perdido que X en Y>: licencia el 72,38% de las instancias y abarca el 76,32% de los *types* y el 78,22% de las ocurrencias únicas. En el nivel de la subconstrucción, destaca la naturaleza extravagante de los *slot fillers*, así como la distribución desigual de los clústeres semánticos (personajes reales/ficticios, animales, comida y objetos), donde encontramos diferentes grados de convencionalización en clústeres semánticos productivos.

En resumen, el análisis de la variabilidad de las construcciones comparativas fraseológicas puede abrir interesantes vías de estudio en la Gramática de Construcciones y en la Fraseología en combinación con la creatividad, la productividad y la incongruencia.

## Referencias citadas

Barðdal, J. (2008). *Productivity: Evidence from Case and Argument Structure in Icelandic*. Amsterdam / Philadelphia: Benjamins.

Bouso, T. (2024). Towards a usage-based characterisation of the English Superlative Object Construction. *Constructions and Frames*, 16(1), pp. 100-129. 10.1075/cf.22020.bou.

Brown, K. (Ed.). (2006). *Encyclopedia of Language & Linguistics*, 2nd edn. Amsterdam: Elsevier Science.

Bybee, J. L. (2010). *Language, usage and cognition*. Oxford: Oxford University Press.

Cappelle, B. (2014). Conventional combinations in pockets of productivity. English resultative and Dutch ditransitives expressing excess. En Boogaart, R., Colleman, T. y Rutten, G. (Eds.), *Extending the scope of Construction Grammar* (pp. 251-282). Berlin / Nueva York: De Gruyter.

Desagulier, G. (2015). Le statut de la fréquence dans les grammaires de constructions: *simple comme bonjour? Langages*, 197(1), pp. 99-128.

Desagulier, G. (2018). A lesson from associative learning: asymmetry and productivity in multiple-slot constructions. *Corpus Linguistics and Linguistics Theory*, 12(2), pp. 173-219.

Diessel, H. (2019). *The grammar network: How linguistic structure is shaped by use*. Cambridge: Cambridge University Press.

Diessel, H. (2023). *The Constructicon: Taxonomies and Networks*. Cambridge: Cambridge University Press.

Fillmore, C. J. (1997). *Construction Grammar Lecture Notes*. Recuperado de <http://www1.icsi.berkeley.edu/~kay/bcg/lec02.html>.

Giacinti, F. (2019). *Liscio come l'olio*. Un'analisi corpus-based del pattern Adj-come-NP ion italiano. *CLUB. Working Papers in Linguistics*, 3, 69-72.

Goldberg, A. E. (2019). *Explain Me This: Creativity, Competition, and the Partial Productivity of Constructions*. Princeton: Princeton University Press.

Gonzálvez-García, F. (2013). Breves consideraciones en torno a la interacción entre coerción y polisemia: El caso de la predicación secundaria con verbos de cognición en español. En De Knop, S. y Mollica, F. (Eds.), *Konstruktionsgrammatik in den romanischen Sprachen* (pp. 187-203). Frankfurt am Main: Lang.

Hartmann, S. / Ungerer, T. (2024). *Attack of the snowclones*. A corpus-based analysis of extravagant formulaic patterns. *Journal of Linguistics*, 60(3), pp. 599-634.

Hoffmann, T. (2018). Creativity and Construction Grammar: Cognitive and Psychological Issues. *Zeitschrift für Anglistik und Amerikanistik*, 66(3), pp. 259-276.

Hoffmann, T. (2022a). *Construction Grammar: The Structure of English*. Cambridge: Cambridge University Press.

Hoffmann, T. (2022b). Constructionist approaches to creativity. *Yearbook of the German Cognitive Linguistics Association*, 10(1), pp. 259-284.

Ivorra Ordines, P. (2021). De construcciones fraseológicas a comparaciones fraseológicas: el rol de las microconstrucciones emergentes en la creación de comparaciones fraseológicas. *eHumanista IVITRA*, 19, pp. 440-455.

Ivorra Ordines, P. (2022). Comparative constructional idioms. A corpus-based study of the creativity of the [*más feo que* X] construction. En Mellado Blanco, C. (Ed.), *Productive Patterns in Phraseology and Construction Grammar. A Multilingual Approach* (pp. 29-52). Berlin: De Gruyter.

Ivorra Ordines, P. y López Meirama, B. (2024). *Vete a freír cristales*. The interplay of convention and innovation in a constructional idiom of rejection in Spanish. *Review of Cognitive Linguistics* [Online First-Articles], pp. 1-38.

Ivorra Ordines, P. y Mellado Blanco, C. (2021). *Más tontos que el novio de la Chelo*. La intensificación de la estulticia en foros y chats por medio de comparaciones creativas: una aproximación desde la Gramática de Construcciones. *Estudios Románicos*, 30, pp. 39-58.

Ivorra Ordines, P. y Mellado Blanco, C. (2025). Semi-schematic patterns and their social dimension on the proverb *Dime con quién andas y te diré quién eres* in Spanish and German. A constructionist study. En Filatkina, N. y Arndt-Lappe, S. (Eds.), *Dynamics at the lexicon-syntax interface: creativity and routine in word-formation and multi-word expressions* (pp. 323-352). Berlin: De Gruyter.

Kay, P. (2002). *Patterns of coining*. https://www1.icsi.berkeley.edu/~kay/coining.pdf.

Kay, P. (2013). The limits of (Construction) Grammar. En Hoffmann, T. y Trousdale, G. (Eds.), *The Oxford Handbook of Construction Grammar* (pp. 32-48). Oxford: Oxford University Press.

Leech, G. N. (1969). *A linguistic guide to English poetry*. London: Longman.

Leino, J. (2022). Formalizing paradigms in Construction Grammar. En Diewald, G. y Politt, K. (Eds.), *Paradigms regained. Theoretical and empirical arguments for the reassessment of the notion of paradigm* (pp. 37-65). Berlín: Language Science Press. 10.5281/zenodo.5675843.

Masini, F. (2024). *Construzioni su construzioni*. Idiomaticity and regularity of NPN discontinuous reduplications in Italian. En Casadei, F. y Koesters Gensini, S. E. (Eds.), *I fraseologismi schematici. Questioni descrittive e teoriche* (pp. 51-83). Rome: Aracne.

Mellado Blanco, C. (2015). Antiphrasis-Based Comparative Constructional Idioms in Spanish. *Journal of Social Sciences*, 11(3), pp. 111-127.

Mellado Blanco, C. (2020). La desautomatización desde el prisma de la Gramática de Construcciones: un nuevo paradigma de la variabilidad fraseológica. *Nasledje*, 45, pp. 17-34.

Mellado Blanco, C. (2023a). *¡Lo que yo de cura!* El «antiprototipo» en las construcciones comparativas intensificadoras desde un punto de vista construccionista. *Revista De Filología de la Universidad de la Laguna*, 46, pp. 313-333.

Mellado Blanco, C. (2023b). *Wie Fisch un Fahrrad*. Inkongruenz als konstitutives Merkmal der verneinenden Vergleichskonstruktionen mit intensivierender Funktion. En Mollica, F. y Stumpf, S. (Ed.), *Konstruktionsgrammatik IX. Konstruktionsfamilien im Deutsch* (pp. 165-200). Tübingen: Stauffenburg.

Mellado Blanco, C. (2024). The ways of phraseology are mysterious: Humour and snowclones in Spanish and German Bibleisms from a Construction Grammar perspective. En Babič, S. / Williams, F. C. / Christian Grandl, C. y Anna T. Litovkina, A. T. (Eds.), *"Standing on the shoulders of giants": A Festschrift in honour of Wolfgang Mieder on the occasion of his 80th birthday* (pp. 495-512). Universität Osijek: Faculty of Humanities and Social Sciences.

Mellado Blanco, C. e Ivorra Ordines, P. (2023). *Casi palmo de la risa*. A corpus-based study of a Spanish constructional idiom with the causal preposition *de*. *Constructions. Special issue: 35 years of Constructions*, 15(1). Recuperado de 10.24338/cons-537.

Mollica, F. y Schafroth, E. (2018). Der Ausdruck der Intensivierung in komparativen Phrasem-Konstruktionen im Deutschen und im Italienischen: eine konstruktionsgrammatische Untersuchung. En Steyer, K. (Ed.), *Sprachliche Verfestigung. Chunks, Muster, Phrasem-Konstruktionen* (pp. 103-136). Tübingen: Narr Francke Attempto.

Norde, M. y Trousdale, G. (2024). Creativity, paradigms and morphological constructions. Evidence from Dutch pseudoparticles. *Linguistics* [Ahead of Print]. Recuperado de 10.1515/ling-2023-0194.

Perek, F. (2020). Productivity and schematicity in constructional change. En Sommerer, L. y Smirnova, E. (Eds.), *Nodes and networks. Diachronic Construction Grammar* (pp. 142-166). Amsterdam, Philadelphia: Benjamins.

Plag, I. (2006). Productivity. En Brown, K. (Ed.), *Encyclopedia of Language and Linguistics* (pp. 121-128). Amsterdam: Elsevier Science.

Sampson, G. (2016). Two ideas of creativity. En Hinton, M. (Ed.), *Evidence, Experiment and Argument in Linguistic and Philosophy of Language* (pp. 15-26). Bern: Lang.-

Schmid, H. (2020). *The dynamics of the linguistic system: usage, conventionalization, and entrenchment*. Oxford: Oxford University Press.

Traugott, E. C. (2007). The concepts of constructional mismatch and type-shifting from the perspective of grammaticalization. *Cognitive Linguistics*, 18(4), pp. 523-557.

Van de Heede, M. y Lauwers, P. (2023). Syntactic productivity under the microscope the lexical and semantic openness of Dutch minimizing constructions. *Folia Linguistica*, 57(3), pp. 723-761.

Vujić, J. y Miladinović, N. (2016). Genitive Constructions as Constructional Idioms in English. *Belgrade English Language and Literature Studies*, 8(1), pp. 69-89.

Zeldes, A. (2012). *Productivity in argument selection. From morphology to syntax*. Berlin: De Gruyter.

# Frustración y lógica dialéctica: la construcción discursiva ...*el caso es que*... y sus variantes y construcciones emparentadas

*Manuel Martí Sánchez*
(Universidad de Alcalá)

**ABSTRACT**

*El caso* and other *anaphoric incapsulators* (*el problema, lo malo, lo único*...) in the discursive construction studied facilitate an interpretation in which the first argument is annulled by the factuality of its opposite. The fact that the impossibility of the fulfilment of the other's expectations is behind it often explains the use of the construction to attenuate and its relation to frustration. The construction is complex, contradictory at all levels of analysis, and not sufficiently consolidated. By its own force, ...*el caso es que*... conveys an opposition between two arguments, the second of which imposes itself. This is typical of adversativity, but the construction scheme easily incorporates some concessive mark that cancels the first argument and prevents the action of ... e*l caso es que* ... from surprising.

***Keywords:*** *El caso/lo único es que..., la verdad es que...*, concessives, contrast, phraseological constructions, frustration

**RESUMEN**

*El caso* y otros encapsuladores (*el problema, lo malo, lo único*...) en la construcción discursiva estudiada facilitan una interpretación en la que el primer argumento se anula por la facticidad de su contrario. Que tras ello esté la imposibilidad del cumplimiento de las expectativas del otro, a menudo, explica el uso de la construcción para atenuar y la relación de esta con la frustración. La construcción es compleja, contradictoria en todos sus niveles de análisis, y no está suficientemente consolidada. Por su propia fuerza, ...*el caso es que*... transmite una oposición entre dos argumentos, el segundo de los cuales se impone. Es lo propio de la adversatividad, pero el esquema de la construcción incorpora fácilmente alguna marca concesiva que anula el primer argumento e impide que la acción de *el caso es que* ... sorprenda.

***Palabras clave:*** *El caso/lo único es que..., la verdad es que...*, concesivas, contraste, construcciones fraseológicas, frustración

# 1 Introducción

Las construcciones prototípicas, aquellas en las que algunas posiciones no están saturadas, pero son indudablemente idiomáticas, plantean los problemas de identificación propios de las categorías pragmagramaticales (Martí Sánchez 2021). Por otra parte, estas construcciones, a las que, siguiendo a Mellado Blanco (2020: 90-92), llamamos *fraseológicas*, expresan diversos contenidos intersubjetivos constitutivos de sus propiedades pragmáticas.

El primer argumento de *...el caso es que...* se anula, lo que suscita un conjunto de emociones que, cuando son adversas, conducen a la frustración de ver que lo que uno espera se incumple (cfr. García Roda 2019: 36). Para compensar tal emoción, se atenúa la fuerza del segundo argumento, que representa una conclusión indeseada impuesta por los hechos. Sobre el esquema causa-efecto, la construcción *...el caso es que...* se vale de la lógica dialéctica como órgano. Como es bien sabido, algunos filósofos han acudido a ella para explicar la marcha de la historia. Frente al inmovilismo del principio de no-contradicción de la lógica formal, el fundamento de la lógica dialéctica es el reconocimiento de la contradicción como esencia de la realidad, con argumentos contrarios compatibles (cfr. Velarde 1977). Es lo que se da en la construcción *...el caso es que...*, donde concurren dos argumentos contrarios, uno de los cuales se anula, ante la fuerza del otro. Este segundo argumento es el que decide por dónde va a proseguir el discurso:

1) Este es el hermano fantasmal que mi tía anónima me dio de regalo a los treinta años, cuando ya me creía a salvo de sorpresas paternas. Poco tiempo me duró el gusto de la fraternidad, en mi periódico leí hace unos días la noticia de su desaparición en la Zona del Silencio. No sé si lo secuestraron, lo mataron o se lo chuparon. O las tres cosas. El caso es que nunca vi, ni siquiera en retratos, a este hermano hipotético (México 2001, CORPES XXI).

El primer miembro de (1) es complejo: integra el deseo de haber conocido a su hermano y, a través de una prótasis concesiva de indiferencia (RAE y ASALE 2009: 3622), la ignorancia sobre la suerte de este. Todo esto es cierto, también, que las expectativas generadas por la noticia de la existencia del hermano quedan invalidadas al comunicar el hablante que con lo que hay que quedarse es que se ha quedado sin conocer a su hermano.

Se ha empezado calificando de *construcción fraseológica* la combinación *...el caso es que...* Es lo que pensamos, pero, para evitar la falacia de la petición de principio, convertimos en pregunta de investigación la cuestión de si es una construcción fraseológica (cfr. Martí Sánchez 2020), en el sentido como se consideran las construcciones en la Gramática de construcciones como la cristalización de un patrón repetido, que trasmite, en este caso, unos contenidos intersubjetivos (Ibarretxe-Antuñano / Valenzuela 2021: 47). La determinación de estos contenidos nos pondrá delante también de la oposición concesión y adversatividad, como variantes marcadas del contraste, en el nivel discursivo; y, junto a ella, de la relación de *...el caso es que...* con las construcciones que contienen *la verdad* (*es que*)... o reformuladores de distanciamiento (*de todos modos, en cualquier caso ...*).

# 2 Análisis

## 2.1. El caso *y otros encapsuladores factuales modales*

La figura de esta construcción es *caso*. *Caso* es el elemento central de varias locuciones marcadoras y conjuntivas: *en ese caso, en otro caso, en último caso, en todo caso, en cualquier caso, en caso de...* (Fuentes Rodríguez 1995/6: 344-345; Santos Río 2003: 237-242; Seco / Andrés / Ramos 2004: 262-264; Pérez Béjar 2019: 117-118 y n.10; Duque 2024:315). Como en otras unidades con sustantivos semejantes (*lugar, parte, modo...*), la causa de esta capacidad reside en su significado —vago, casi deíctico— y en la coerción que ejerce el esquema de la construcción sobre él. Respecto al significado literal de *caso*, hay que reparar en su deslizamiento en ciertos contextos a cargarse negativamente, como, por ejemplo, en el título del desaparecido semanario español de sucesos *El caso*, donde los casos que en él aparecían eran todos trágicos o, al menos, delictivos. Este sentido[1] contrasta con su neutralidad en otras construcciones (Duque 2024: 314-315).

En la posición de *...el caso...* caben otros sintagmas nominales (*problema, desgracia, rollo, cosa...*):

---

1 Estas connotaciones negativas de *caso* son evidentes combinado con *fortuito*. "CASO FORTUITO. Sucesso que acontece impensadamente, y sin haver precedido antecedente alguno: como incendio de una casa o caída de ella, tormenta repentina en la mar: y assí otros semejantes acontecimientos" (*Diccionario de Autoridades*, II 1729).

2) Yo no quería abandonar al perro. El problema es que en aquellos días me quedé sin casa y sin trabajo (Colombia 2001, CORPES XXI).
3) Para mí cada año que pasa me da una alegría y al mismo tiempo me da un poco de tristeza porque la alegría es que he ganado un año más en experiencia, en amigos, en sapiencia y después, la desgracia es que es un año menos en todo lo que acabo de vivir (España 1991, CREA).
4) El mundo del cine es especialmente complejo, quizá todo pase por plantearse que hay cierto cine que puede funcionar dentro de un protectorado puramente cultural y otro que debe plantearse desde una lógica industrial. El Gobierno también debería contribuir a que los incentivos fiscales sean atractivos. El rollo es que los gobiernos, sean de izquierdas o de derechas, se enteren de las posibilidades que ofrece el cine y lo promuevan (España 2018, CORPES XXI).
5) Y no sé qué pasó con ella. El día en que me quedé aquí yo venía atravesando por el andamio para cortar camino y de pronto… fue un momento de distracción… no sé… se me habrá caído o quizás alguno me la robó. La cosa es que nunca más he vuelto a verla (Argentina 2004, CORPES XXI).[2]

También son posibles sintagmas con *lo* individuativo o referencial (RAE y ASALE 2009: 1074) (*lo único, lo malo, lo que pasa es que…*):

6) Los virus son responsables (…) de más enfermedades que cualquier otra clase de parásitos (…). Por ello, conocerlos a fondo para lograr vacunas efectivas contra ellos es de primera prioridad en los programas de salud; lo único es que producirlas no es tan fácil como decirlo. Si fuese fácil tendríamos ya la vacuna contra el virus del sida (Venezuela 1988, CREA).
7) A: Hola, ¿qué tal? Mañana me paso para tomar un cafecito. B: Hola. Lo malo es que me han puesto una reunión y tengo que salir pronto (mensaje de WhatsApp, intercambiado por dos adultos, 2024).

2 (5) es interesante por la equivalencia entre *la cosa* y *el caso* señalada por autores como Santos Río (2003: 237).

8) Yo tengo siete [hermanos]. Tengo siete soles pequeños y brillantes. Y me gustaría tener siete hijos, lo que pasa es que no tengo marido (Reig Alamillo 2011: 1436).

Fuera de la categoría nominal, es posible también en ese hueco un adverbio emotivo (Kovacci 1999: 746), aislado, cuyo significado es transparente respecto a su función:

9) Le dijeron que cada uno tenía secretos y querían saber los suyos. Desgraciadamente, él no tenía nada sabroso que ofrecerles porque su vida era rutinaria, salvo algunos estudios que tenían (Chile 2001, CORPES XXI México, 2022).

Por su función cohesiva y la conservación de su significado literal, *el caso* y todos estos sintagmas son categorías semiléxicas (Sanromán Vilas y Carrasco 2019: 10-15) y, por su función anafórica, encapsuladores (*anaphoric incapsulators, shell nouns*),[3] en concreto, encapsuladores factuales (Duque 2024: 314). Además, son modales por la valoración que hacen del segundo argumento. Ordenados en una escala de transparencia respecto a esa función, *el caso* o *la cosa* ocuparían una posición baja y *la lástima*, alta:

10) Pues, claro, ponme otros dos cubitos, guapetón, y el último chupito, la lástima es que ahora me tengo que tomar los caramelos por estas reglas absurdas de tráfico (España 2001, CORPES XXI).

---

3 En el centro de los encapsuladores, están las *etiquetas discursivas*, "aquellos sintagmas nominales anafóricos que tienen como núcleo un nombre de significado abstracto que condensa o sintetiza el contenido de una o más predicaciones del texto" (López Samaniego 2015: 418. Cfr. 451–454). Algunos autores, como Fuentes Rodríguez (1995/6), han visto la relación de los encapsuladores con los conectores discursivos. También existe una relación entre *la verdad es que* y *el caso es que* con los operadores de refuerzo argumentativo (*de hecho, en realidad…*), dado que los primeros expresan "un compromiso del hablante con lo dicho" (Soler Bonafont 2017: 431). Más abajo, en § 3.2.1., se tratará esta relación.

En (10) se ve claramente que el argumento más poderoso, el introducido por *la lástima es que…*, contraviene el deseo del hablante de seguir bebiendo, aunque no le queda más opción que cambiar la bebida por los caramelos.

## 2.2 *Concurrencia con otras marcas*

A veces, ante …*el caso*… puede aparecer una partícula reforzando la oposición de los argumentos y, por tanto, la construcción (ver, abajo, § 4.2.). Una de ellas es el conector discursivo concesivo *con todo* (RAE y ASALE 2009: § 30.13a). *Con todo* y *el caso es que* se reparten las funciones: *con todo* se refiere anafóricamente al primer argumento, lo anula e introduce el argumento segundo que *el caso* identifica con un suceso contrario a lo esperado:

11) En otras palabras, un Pasapalabra reducido a la mínima expresión. Sin embargo, lo peor que lleva la audiencia es que sea un programa grabado. No por el hecho en sí de la grabación –Pasapalabra también era en diferido en su mayoría de emisiones–, sino por hacer ver que el espacio se emite en riguroso directo. Una situación que ha indignado a propios y extraños, así como desorientado (…). Con todo, el caso es que la audiencia se pregunta cuál es la finalidad de hacer ver esta suerte de "pantomima", como lo califican los internautas (*El Español*, 4/11/19).

En (11), con varios incisos que interrumpen el hilo del discurso, se oponen la indignación y la desorientación de la audiencia a la falta de ideas claras en esta.

A veces, lo que va delante de *el caso es que*… es *pero* o *aunque*, ambas como conjunciones adversativas:[4]

12) No sabemos si el entonces regente tuvo posibilidades más o menos reales o tan solo él mismo se las fecundó y se las fertilizó. Pero, el caso

---

4 Caracteriza el *aunque* adversativo "la conmutación por *pero* y el refuerzo con el conector *eso sí* (…) u otras construcciones preposicionales en inciso (*de todos modos*, *para serte sincero* (…)" (Borreguero 2019: 241). Los refuerzos son de naturaleza distinta: un conector discursivo adversativo (*eso sí*), uno concesivo (*de todos modos*) y un operador ilocutivo (*para serte sincero*). La presencia de los dos primeros es otra prueba de que concesión y adversatividad no son incompatibles en el discurso.

es que su berrinche para con Salinas rebasa el natural aturdimiento y hasta el enojo que, en ocasiones, ha invadido a los derrotados (México 2022, CORPES).

13) Cuando ha habido alguna huelga de titulares, los PNNs los hemos apoyado. ¿Por qué no se produce reciprocidad? Muy fácil, porque a ellos nuestro problema ya no les afecta y, en cambio, la resolución de sus problemas actuales repercute en nuestro futuro. Esta actitud es bastante egoísta, puesto que algunos de ellos han tenido que pasar por lo mismo que nosotros, mientras que para otros todo fue más fácil en su tiempo, pero parece que no les importa, aunque el caso es que todos ellos están de acuerdo en que nuestra situación es injusta a todas luces (España 1998, CREA).

Que *el caso es que* pueda combinarse con conectores concesivos o adversativos es una señal de que en el nivel del discurso la distinción entre adversativas y concesivas se complica y, aún más, cuando un conector concesivo va delante del primer miembro, en correlación con *el caso...* en el segundo miembro:

14) Aunque no hace mucho insistió en su arrepentimiento, el caso es que su siembra de errores ha producido ahora estos efectos boomerang (España 2004, CORDE).

A veces, la concesividad derivada de la anulación del primer argumento no requiere de un conector. En (15) *ojalá*, combinado con un pretérito pluscuamperfecto de subjuntivo, anula el deseo expresado por el primer miembro y se justifica con el segundo introducido por *el caso*:

15) Me paro en seco y me dedico a mirarla. Ojalá hubiera podido evitarlo, *el caso es que* se ha dado cuenta de que miraba sus rodillas; la verdad es que no sólo sus rodillas, también sus tobillos (España 1984, CORDE).

Los ejemplos de prótasis concesiva de indiferencia, como (1), sería otra muestra de concesión sin conector concesivo.

## 2.3 *Esquema*

Haspelmath es claro respecto a la necesidad de que una construcción cuente con un esquema:

> A construction is a conventional schema for creating or motivating well-formed, expressions in which there is at least one open slot that can be filled by one of several expressions belonging to the same form-class (Haspelmath 2023: 1).

El esquema de *…el caso es que…* es el siguiente:

a) ARGUMENTO CANCELADO, PERO MIRADO POSITIVAMENTE[5]
b) ARGUMENTO OPUESTO MÁS FUERTE, REPRESENTADO POR UNA SUBORDINADA SUSTANTIVA QUE CONTIENE LA INFORMACIÓN NUEVA, QUE SE IDENTIFICA MÁS (*LO MALO, EL ROLLO, EL PROBLEMA…*) O MENOS NEGATIVAMENTE (*OTRA COSA, EL CASO*)

La anulación del primer argumento depende del segundo argumento introducido por *el caso es que…*, a veces, también de las marcas concesivas (un conector, una determinada construcción…) que pueden ir en él (ver, arriba, § 2.2.). En cualquier caso, el primer argumento abre un hueco, se sature o no, para estos signos concesivos. El segundo miembro lo constituye una construcción hendida eventiva tematizadora o, si preferimos, una copulativa identificativa. RAE y ASALE (2009: 2802) analiza estas copulativas como inversas, de modo que *el caso* o variantes serían el atributo y la subordinada sustantiva, el sujeto. Este análisis de *…el caso es que…* y variantes como atributo delante de la cópula, no niega su función cohesiva, claramente temática (cfr. RAE y ASALE 2009: 1078).

5 Hemos tomado este término (*positive regard*) de Thompson (1987: 66), aunque, frente a ella, esta consideración positiva la vemos nosotros hacia el primer miembro de la construcción, no hacia el núcleo de esta, el segundo.

# 3 Funciones

## 3.1 *Concesión, frustración, solidaridad y atenuación*

En retórica, la figura de la concesión se caracteriza por que "se concede o, como suelen decir, se da algo de barato al contrario, / para persuadir otra cosa más importante, o lo que derribe todo lo que hemos concedido" (Mayans y Siscar 1984 [1755]: 367-368 § 29). Grote, Lenke y Stede (1997: 93-94) concretan más señalando las tres razones para conceder: convencer al oyente, prevenir falsas implicaturas e informar acerca de acontecimientos sorprendentes. Por su primer miembro, sobre todo, cuando contiene algún signo concesivo, ...*El caso es que*... parece encajar en la concesión, cuestión que se discutirá abajo en § 4.2. En medio de esa función retórica de persuadir de que las cosas no son como podría pensarse por el hecho inicial, ...*el caso es que*... frecuentemente se utiliza para expresar frustración[6] y, en la medida en que esta afecta a otra persona, para justificar y atenuar una decisión difícil y salvaguardar la imagen de ambos.

Ciertamente, solo a veces, porque no siempre ...*el caso es que*... transmite frustraciones (reales o fingidas, propias o ajenas), porque el segundo argumento no se identifica necesariamente con lo indeseado, ni el primero con expectativas. Es lo que sucede en (16), con un *bueno* que comunica la aceptación condicionada de un hecho, pero también su inoperatividad argumental, propia de la concesión:

16) Me costó un poco hacerme con el truco del encendido y apagado, para que el aparato utilizase la habilidad de apagarse, al plegar la pantalla, y regresar luego exactamente al punto en que se quedaron los programas, sin tener que rebotar. Bueno, el caso es que funciona (España 1997, CREA).

En cualquier caso, (16) y los ejemplos que lo preceden nos ponen ante la evidencia de que "looking at sentences in isolation, it is impossible to infer writer purposes, and therefore· impossible to determine what relation is exhibited" (Thompson 1987: 68).

---

6 La relación entre concesión y frustración ha sido vista por algunos autores, como Thompson (1987: 66. Cfr. Carbonell Olivares 2005: 17, quien cita a Longacre 1983).

## 3.2 *(Re)conocimiento de expectativas relevantes en peligro*

En la construcción *...el caso es que...* y sus variantes, el hablante es consciente de la compatibilidad de dos argumentos contrarios, uno de los cuales, el más poderoso, se opone, a menudo, a sus intereses, que pueden ser estrictamente propios o resultado de la solidaridad con el interlocutor.

Para cerrar la descripción de *el caso es que...*, se analizará su relación con dos construcciones próximas con las que comparte el reconocimiento de unas expectativas relevantes y el peligro de que estas se contravengan o se hayan contravenido. Emparentada con esta experiencia de frustración, *...la verdad es que...* pone el foco en el reconocimiento del hablante de que la realidad no se ajusta a sus expectativas. Distinto es el caso de los reformuladores de distanciamiento (*de todos modos, de todas formas/maneras, en cualquier caso, en todo caso, de cualquier forma/manera* o *de cualquier modo*), en los que también hay un cambio en la mente del hablante, pero, en ese caso, dictada por una acción más voluntaria, menos obligada por la fuerza de los hechos. El reformulador de distanciamiento comunica el incumplimiento de las expectativas del primer argumento a favor de las expectativas con las que se solidariza el hablante. Inversamente a lo que sucede en *...el caso es que...*, donde muchas veces salen perdiendo los intereses del otro.

### 3.2.1. La superación de una resistencia en el hablante: *la verdad (es que)...*

*La verdad* (*es que*) constituye una construcción con puntos en común con ... *el caso es que...* En ambas, puede imponerse por la fuerza de los hechos el argumento indeseado, que no hay más remedio que reconocer. Además, como en *el caso es que..., la verdad* (*es que*)... "reduce la fuerza ilocutiva de la proposición" (Soler Bonafont 2017: 432). *La verdad* (*es que*)... se centra en la interioridad del hablante, mientras que *...el caso es que* ... se mueve más en el orden externo de los sucesos. A ello hay que añadir la menor capacidad cohesiva de *la verdad es que* frente a *...el caso es que...*:

17) Poco a poco fue remitiendo la sensación de mareo aunque en algún momento tuve una crisis de pánico, en la que pensé en el infierno y en el paraíso, en la recompensa y en el castigo, pero esta clase de temor irrazonable no se prolongó mucho tiempo. La verdad es que empecé a sentirme mejor (Chile 2001, CORPES XXI).

En (17), la función cohesiva entre los dos argumentos depende de *pero, la verdad es que* solo introduce un comentario al segundo argumento.

Contrariamente a *...el caso es que...*, *la verdad es que...* puede ir con el primer argumento, el que se anula. Es lo que se observa en (18), donde, superpuestos en distintos niveles enunciativos, se distribuyen *la verdad (es que)* y *...el caso es que...* en el primer y segundo argumento respectivamente:

18) —La verdad es que sí. Pero el caso es que él no lo va a saber.— (X, 14/4/2024)

En (19), *la verdad es que...* se reduce a *la verdad* operando como un comentario aislado (Soler Bonafont 2017: 431). Además, en (19), frente al anterior (17), donde había un conector adversativo marcando la relación entre los dos argumentos, es la conjunción copulativa la que conecta los dos miembros:

19. Hicieron esto muy mediático, y la verdad no es para tanto (X, 24/06/22).[7]

### 3.2.2. La atenuación retrospectiva y el bloqueo de las implicaturas: los reformuladores de distanciamiento

Otra construcción en la que fracasan unas expectativas y están en juego intereses con los que se solidariza el hablante es aquella en la que delante del segundo miembro van unas locuciones, en algunas de las cuales está presente el sustantivo *caso* (*de todos modos, de todas formas/maneras, en cualquier caso, en todo caso, de cualquier forma/manera, de cualquier modo*). Según la función que se destaque, estas locuciones se han clasificado como reformuladores de distanciamiento (Martín Zorraquino / Portolés 1999: 4128-4133) o como conectores discursivos concesivos (Fuentes Rodríguez 1995/6: 342; RAE y ASALE 2009: 2361; Martí Sánchez / Fernández Gómiz 2018: 208-210). Estos conectores bloquean implicaturas del primer argumento que pueden encerrar

---

7 Existe una correspondencia entre *la verdad* y el adverbio *ciertamente*. Del que dice Santos Río (2003: 38) que expresa: "estratégicamente, el reconocimiento previo o concesión (...) de un hecho defendido o defendible por otro anticipando una adversación radical donde, con el debido relieve, se expresa el hecho o dato defendido por el que habla, presentado como el hecho principal". Esta afirmación es válida si el adverbio va en el primer argumento.

alguna amenaza a la imagen del interlocutor y habilitan un segundo argumento más favorable a esta (Martí Sánchez / Fernández Gómiz 2018: 210-212):

20) ¿Me está tomando el pelo?, le reprocha el doctor de la gripe, y él le responde: en cualquier caso no lo estoy insultando, doctor. (Uruguay 2001, CORPES XXI).

## 4 Discusión

En la introducción se señalaba que el capítulo busca una respuesta a la pregunta de si la construcción discursiva[8] *...el caso es que...* y sus variantes es realmente una construcción fraseológica. Si lo es, ¿qué tipo de construcción fraseológica es? La respuesta es que es una construcción fraseológica y que, aunque esquemáticamente su forma es la de una adversativa, la concesividad tiende también a hacerse presente. Intentaremos, en este apartado, dar más consistencia a esta paradójica respuesta.

### 4.1 *¿Es una construcción fraseológica?*

Entendemos por construcción aquellas "emergent clusters of lossy memory traces that are aligned within our high- (hyper!) dimensional conceptual space on the basis of shared form, function, and contextual dimensions" (Goldberg 2019: 7). Abundando en lo señalado al principio, las construcciones que más atención han llamado por su idiomaticidad sin ser fraseologismos, y con las que empezó la Gramática de Construcciones (Ungerer y Hartmann 2023: 3-4), son las *construcciones fraseológicas*: "patrones o esquemas sintácticos con casillas vacías que están dotados en su conjunto de un significado global" (Mellado Blanco, 2020: 90).

Todas estas propiedades se dan en la construcción que está analizándose. Como toda construcción que emerge del uso, la identidad de *...el caso es que...* y sus variantes es borrosa. Tal como la vemos, la construcción es el resultado de una doble especialización habida en un continuo de expresiones. En ella

8 Está considerándose esta construcción como discursiva, dado que supera los límites oracionales, al afectar a más de un enunciado e incluir contenidos intersubjetivos (Martí Sánchez 2024: 304–306).

el núcleo es la construcción hendida eventiva tematizadora, encabezada por *el caso* y otros encapsuladores, que sirve para un nuevo desarrollo temático:

21) A veces acercaba el oído a la puerta y la escuchaba sollozar. Después, al volver al salón y ver a mi padre leyendo el periódico tranquilamente, ajeno a las lágrimas, me decía a mí mismo: mamá consigue engañarlo, pero a mí no. Y estaba tentado de decirle algo: *Creo que mamá está llorando; de hecho, creo que cada vez que se encierra en el baño llora, y si abre el grifo es para que no nos demos cuenta*. Creo que heredé de mi padre la cobardía. El caso es que estaba convencido de que no se daba cuenta de nada hasta que llegamos a Madrid y vi nuestra nueva casa (España 2009, CORPES XXI).

Esta fuerza argumental ha podido servir para atraer la información precedente a la construcción, convertirla en argumento contrario, que se anula por la capacidad de *…el caso es que…* de introducir un argumento más fuerte:

22) Empecé, pues, a escribir este libro, por supuesto, sin ninguna fe en mí mismo, y mucho menos en mi constancia. Y el caso es que lo he terminado (España 1952, CORDE).
23) –Ya, pero a éste le gustaban las mujeres. O una mujer en particular. El caso es que una noche la chica le dijo que aquello se había acabado, que ella no podía continuar con un monje y que se iba a casar con un chico del pueblo (2001 España, CORPES XXI).

Esta es la primera especialización. La segunda proviene de la interpretación del argumento anulado como una esperanza razonable que se frustra. Se entreven ya ejemplos de este sentido en CORDE a partir de la primera mitad del siglo XVI:

24) FELIDES. Ora, tornando a nuestra plática, la pendencia es de amores y no de armas. PANDULFO. ¿De amores, señor? Pues éstas son mis missas. CELESTINA. Pues el caso es que a mí me cumple que tú traves pendencia y procures tener amores con Quincia, criada de Paltrana, la viuda (España 1534, CORDE).

25) –A los santos, padre nuestro, güeno es servirlos; pero el caso es que, según mi corto maginamiento, en estas mayordomías de mis pecados se sirve poco a los santos y mucho a los cofrades (España 1758, CORDE).

En (24), hay una contraposición entre la predisposición a la violencia de Pandulfo y la pretensión contraria de la Celestina para que seduzca a Quincia. (25) opone la obligación, con la que se solidariza el enunciador, de servir a los santos con la paradoja de que en las cofradías se adultera tal obligación en beneficio de los cofrades.

La doble especialización de la construcción discursiva *...el caso es que...* se refuerza cuando el primer argumento va precedido por un conector concesivo (14) o al argumento introducido por *...el caso es que...* lo antecede un conector adversativo, como se vio en (12) y (13). Efectos parecidos produce un marcador reactivo como *pues* (24) o un marcador de concesión como *bueno* (16).

Contrariamente, la identidad de la construcción se diluye mucho cuando el conector que precede a *el caso es que...* es un comentador (*así las cosas, dicho esto, en vista de ello* y *pues bien*)[9]:

26) Se dice el pecado, pero no el pecador. Llamémosla (...) Dolores Painful Mist. Pues bien, el caso es que sospecho que la Archidiócesis de Barcelona, u otra institución parecida, los cienciólogos de Hospitalet, o puede que incluso algún oscuro grupúsculo de amantes del reiki, no lo sé, puso en nómina a la señorita Mist para confeccionar una especie de *Index librorum prohibitorum* (España 2015, CORPES XXI).

Precisamente, cuando estos conectores no aparecen, como en (23), las propiedades de la construcción son menos claras, hecho que lleva a pensar que, de los dos signos procedimentales, los conectores o el esquema, los más poderosos procedimentalmente, los más coactivos, son los primeros. Esto es así, sin que ello impida la tendencia a percibir una oposición entre las dos informaciones sobre el esquema causa-efecto. Gracias a la lógica dialéctica, los dos miembros se configuran como entidades fluidas, afectadas por "la interioridad, de la que hay necesidad para la vida" (Velarde Lombraña 1977: 131).

9 Los comentadores son unos marcadores discursivos, parte de los estructuradores de la información. Sobre ellos, puede consultarse Martí Sánchez (2020: 168–173).

### 4.2. *¿A qué clase pertenece?*

Así las cosas, en la construcción hay un contraste de base (Flamenco 1999: 3812-3814, cfr. Grote, Lenke y Stede 1997: 91 y Rodríguez Rosique 2023: 166-168), que tiende a interpretarse en términos de una oposición, con un primer argumento que se anula y un segundo que se impone. Esto nos sitúa ante el dilema de si la oposición que estructura *...el caso es que* y variantes constituye un periodo concesivo o adversativo. La lógica dialéctica permitirá también en el análisis ver el dilema como compatibilidad.

Así vemos la distinción. En la concesión, el argumento primero está anulado por alguna marca, y se justifica la anulación por un argumento opuesto, que se impone:

27) Por más que lo intento, nunca lo consigo.

En la adversatividad se oponen también dos argumentos, pero solo se anula el primero por la fuerza del segundo, que es el marcado, de modo que en la adversatividad es donde más propiamente puede hablarse de contraargumentación, pues un segundo argumento se opone a un primero.[10]

28) No lo consigo, pero lo intento.

Dentro del trasfondo de la relación causa-efecto, concesión y adversatividad comparten la oposición de argumentos, también, la ruptura de alguna expectativa, algo inevitable cuando se empieza con un argumento potencialmente válido. La anulación de este es temática en las concesivas, ya que es información conocida; y remática en las adversativas, pues su información es nueva. En las adversativas, aparece, más o menos sorpresivamente,[11] un segundo argumento opuesto, ayudado de alguna marca, al primero. En las

---

[10] Esa es la razón que vemos en que RAE y ASALE (2009: 2361) diferencie la clase de los conectores adversativos y contraargumentativos de la de los concesivos. En este trabajo, no hemos seguido la distinción habitual entre contraargumentación directa e inversa (Rodríguez Rosique 2023: 169–170), por no necesitarla en nuestra argumentación.

[11] La asociación de la adversatividad con la sorpresa la defiende Rudolph (1996: 46. Cfr. Carbonell 2005: 46). En la lingüística española, a partir de J. Portolés, se maneja la categoría emparentada de la miratividad (Rodríguez Rosique 2023: 173–175).

adversativas, lo distintivo es marcar la oposición del segundo argumento al primero; mientras que en las concesivas es la anulación de este. La presencia en las concesivas oracionales del subjuntivo (no en las adversativas) advierte de que el primer argumento puede tomarse de unas palabras previas del interlocutor o de un pensamiento atribuido a este.

El anterior § 2.3.2 sirvió para hacerse una idea de que en *...el caso es que...* pueden concurrir marcas concesivas y adversativas, a veces, en una misma muestra, en una prueba de que, en el discurso, concesividad y adversatividad no se excluyen. Reducida a su esquema, sin marcas (§ 2.4.), como sucede en las adversativas, el primer argumento se anula con *el caso* u otro equivalente, al que califica y refiere, y que sirve mediante la copulativa identificativa para introducir el argumento que se impone. Sin embargo, las funciones de la construcción, frustración, solidaridad y atenuación son propias de la concesión (§ 3.1.), de ahí la inclusión, en el primer miembro esquema, de un hueco saturable por un signo concesivo. No hay duda de que la construcción es un ejemplo de las contradicciones donde opera la lógica dialéctica.

## 5 Conclusiones

La construcción analizada y aquellas con las que está emparentada (§ 3.2.) reflejan algunas complejidades del pensamiento humano, agudizada en personalidades como las *evitativas*.[12] Pensamos en complejidades como el manejo de informaciones y deseos, a veces, contradictorios, pero con una coherencia de fondo que le proporciona la estrategia final del hablante de preservar su imagen preservando la del otro. Este contenido emerge de la repetición de un uso, cuyo resultado se vuelve relevante y reconocible para los hablantes. En lo que se refiere a *...el caso es que...*, se ha encontrado una relación con una frustración (real o aparente) surgida de que expectativas propias o ajenas se incumplen. Tal relación es el factor desencadenante de que, por

12 "El trastorno de la personalidad por evitación se caracteriza por eludir situaciones sociales o interacciones que impliquen un riesgo de rechazo, crítica o humillación" <https://www.msdmanuals.com/es-es/professional/trastornos-psiquiátricos/trastornos-de-la-personalidad/trastorno-de-la-personalidad-evitativa-por-evitación> (Recuperado el 10/06/2024).

solidaridad, se atenúen las implicaturas del segundo miembro, el más fuerte argumentalmente de los dos. En fin, la construcción surge de muestras reales, dialógicas o dialogales, difíciles de interpretar, polifónicas, donde hay que manejar mucha información implícita empezando por la identificación del destinatario a quien quiere convencerse.

## Referencias citadas

Borreguero Zuloaga, M. (2019). El valor adversativo de *aunque*, un rasgo de la oralidad mimética. *Oralia*, 22(2), pp. 235-264. Recuperado de <https://ojs.ual.es/ojs/index.php/ORALIA/article/view/6643>.

Carbonell Olivares, M. S. (2005). *Estudio semántico – pragmático de las relaciones de contraste y sus marcas em lengua inglesa*. Tesis doctoral. Universidad de Valencia.

Duque, E. (2024). Factual Shell Noun Constructions in Discourse. *Revista Signos. Estudios de Lingüística*, 57(114), pp. 311-336. Recuperado de <https://revistasignos.cl/index.php/signos/article/view/1161/736>.

Flamenco, L. (1999). Las construcciones concesivas y adversativas. En Bosque, I. y Demonte, V. (Coords.), *Gramática descriptiva de la lengua española*, vol. 3 (cap. 59). Madrid: Espasa.

Fuentes Rodríguez, C. (1995/6). El lexema *caso* y su rendimiento en el ámbito de la conexión. *Pragmalingüística*, 3(4), pp. 329-349.

García Roda, C. (2019). *Efectos de la frustración en seres humanos: un estudio conductual y psicofísico*. Pamplona: Universidad de Navarra. Recuperado de <https://dadun.unav.edu/bitstream/10171/58946/1/Tesis_GarciaRoda19.pdf.>.

Goldberg, A. E. (2019). *Explain Me This: Creativity, Competition, and the Partial Productivity of Constructions.* Princeton: University Press. *Productivity of Constructions.*

Grote, B., Lenke, N. y Stede, M. (1997). Ma(r)king Concessions in English and German. *Discourse Processes*, 24(1), pp. 87-117. Recuperado de <https://doi.org/10.1080/01638539709545008>.

Haspelmath, M. (2023). On what a construction is. *Constructions*, 15(1). Recuperado de <https://doi.org/10.24338/cons-539>.

Ibarretxe-Antuñano, I. y Valenzuela, J. (2021). *Lingüística y cognición*. Madrid: Síntesis.

Kovacci, O. (1999). El adverbio. En Bosque, I. y Demonte, V. (Coords.), *Gramática descriptiva de la lengua española*, vol. 1 (cap. 11). Madrid: Espasa.

Longacre, R.E. (1983). *The grammar of discourse*. New York: Plenum Press.

López Samaniego, A. (2015). Etiquetas discursivas, hiperónimos y encapsuladores: una propuesta de clasificación de las relaciones de cohesión referencial. *RILCE*, 31(2), pp. 435-62. Recuperado de <https://revistas.unav.edu/index.php/rilce/article/view/1551>.

Martí Sánchez, M. (2020). Texto, discurso y construcciones fraseológicas. En Hernando Cuadrado, L.A. y Penas Ibáñez, M.ª A. (eds.) (2020). *Análisis del discurso y registros del habla* (pp. 299-317). Madrid / Frankfurt am Main: Iberoamericana / Vervuert.

Martí Sánchez, M. (2021). Las construcciones fraseológicas y la pragmagramática. En Unceta, L. *et al.* (Eds.) (2021), *Amice benigneqve honorem nostrum habes. Estudios lingüísticos en homenaje al profesor Benjamín García Hernández* (pp. 819-834). Madrid: Universidad Autónoma de Madrid Ediciones.

Martí Sánchez, M. y Fernández Gómiz, S. (2018). Atenuación retrospectiva y reformuladores de distanciamiento como recursos suyos. *Spanish in Context*, 15(2), pp. 198-217. <https://doi.org/10.1075/sic.00011.mar>.

Martín Zorraquino, M.ª A. y Portolés, J. (1999). Los marcadores del discurso. En Bosque, I. y Demonte, V. (Coords.), *Gramática descriptiva de la lengua española* vol. 3 (cap. 63). Madrid: Espasa.

Mayans y Siscar, G. (1984 [1755]). *Retórica, Obras completas*, III. ed. A. Maestre Sanchís. Oliva: Ayuntamiento de Oliva-Diputación de Valencia.

Mellado Blanco, C. (2020). *(No) me importa un comino* y sus variantes diatópicas. Estudio de corpus desde la Gramática de construcciones. *ELUA*, anexo VII, pp. 89-111. Recuperado de <https://rua.ua.es/dspace/bitstream/10045/109685/1/ELUA-Anexo-VII_06.pdf>.

Pérez Béjar, V. (2019). *Para el caso*: análisis de una construcción versátil en sintaxis del discurso. *ELUA*, Anexo VI, pp. 111-131. Recuperado de <http://dx.doi.org/10.14198/ELUA2019.ANEXO6.07>.

Real Academia Española y Asociación de Academias de la Lengua Española (2009). *Nueva gramática de la lengua española*. Madrid: Espasa.

Reig Alamillo, A. (2011). The Pragmatic Meaning of the Spanish Construction *lo que pasa es que*. *Journal of Pragmatics*, 43, pp. 1435-1450. Recuperado de <https://www.sciencedirect.com/science/article/abs/pii/S0378216610003474>.

Rodríguez Rosique, S. (2023). Más allá de la suficiencia argumentativa: *pero* y la mirativiad. *Biblioteca de Babel: Revista de Filología Hispánica* (N.º extraordinario, 1), 163-178. Recuperado de <https://doi.org/10.15366/bibliotecababel2023.extra1.006>.

Rudolph, E. (1996). *Contrast: adversative and concessive relations and their expressions in English, German, Spanish, Portuguese on sentence and text level*. Berlin: Mouton de Gruyter.

Santos Río, L. (2003). *Diccionario de partículas*. Salamanca: Luso-Española de Ediciones.

Seco, M., Andrés, O. y Ramos, G. (2004). *Diccionario fraseológico documentado del español actual (Locuciones y modismos españoles)*. Barcelona: Aguilar.

Sanromán Vilas, B. y Carrasco, Á. (2019). Categorías semiléxicas. Haciendo balance entre el contenido léxico y la función gramatical. Introducción. *Revista de la Sociedad Española de Lingüística*, 49, pp. 7-20. Recuperado de <http://revista.sel.edu.es/index.php/revista/article/view/2000/1223>.

Thompson, S. A. (1987). 'Concessive' as a discourse relation in expository written English. En Brian D. J y Zwicky, A.M. (Eds.), *A Festschrift for Ilse Lehiste* (pp. 64-73). Ohio: Ohio State University.

Velarde, J. (1974): Lógica y dialéctica. *Teorema: Revista internacional de filosofía*, 4(3), pp. 177-198. Recuperado de <https://www.jstor.org/stable/43045818>.

PART II

# Incoherencias en la Fraseología del Español y Otras Lenguas

# Delimitando la familia de construcciones fraseológicas litotéticas intensificadoras en español: un análisis contrastivo alemán-español[1]

*Maricel Esteban-Fonollosa*
(Universitat de València)

**ABSTRACT**

The study explores and analyses recurrent structures that can be conceived as litotic constructional idioms in Spanish. It aims to define them as a family, considering different levels of schematization. The main and unifying trait of litotic constructions, as well as the lack of compositionality in their meaning, reveal and highlight the incongruities present in the language. The methodology used is inductive and based on monolingual and parallel German-Spanish corpora. This work aims to bridge the gap between traditional phraseology, which has so far focused on studying various stylistic figures in specific phrases, such as litotes, and Construction Grammar, by conceiving litotes as a semantic-pragmatic resource reflected in some phraseological constructions.

***Keywords:*** Constructional idiom, litotes, intensification, construction family, contrastive linguistics, corpus linguistics, German-Spanish

**RESUMEN**

El estudio explora y analiza estructuras recurrentes que se identifican como construcciones fraseológicas litotéticas en español y propone delimitarlas como una familia, en la que son considerados diferentes niveles de esquematicidad. Su rasgo principal y unificador litotético, así como la falta de composicionalidad en el significado de la construcción, ponen de manifiesto las incongruencias existentes en la lengua. La metodología empleada tiene carácter inductivo-deductivo y está basada en corpus monolingües y paralelos alemán-español. El trabajo tiende un

1 Este trabajo se enmarca en los proyectos de investigación CONSTRIDIOMS *Construction Grammar and Phraseology: German and Spanish Constructional Idioms in contrast through Corpora* (FFI2019-108783RB-100) y CREA-CONSTRIDIOMS *Creativity through the lens of Construction Grammar: a corpus and AI-based repository of constructional idioms in German, Spanish and English* (PID2024-161338OB-I00), ambos financiados con fondos FEDER por el Ministerio de Ciencia e Innovación y dirigidos por Carmen Mellado Blanco desde la Universidade de Santiago de Compostela. Asimismo, se encuadra también en el proyecto europeo COST-Action CA22115 *Building a Multilingual Repository of Phraseme Constructions*, dirigido por Katrin Schlund desde la Universität Halle (Alemania).

puente entre la Fraseología tradicional, que hasta ahora se ha ocupado de estudiar las distintas figuras estilísticas en locuciones, como la lítote, y la Gramática de Construcciones, concibiendo a esta como un recurso semántico-pragmático que caracteriza algunas construcciones fraseológicas.

***Palabras clave:*** Construcción fraseológica, lítote, intensificación, familia de construcciones, lingüística contrastiva, lingüística de corpus, alemán-español

## 1 Introducción

La lítote ha sido considerada tradicionalmente como una figura retórica, es decir, con un uso no literal y un caso desviado del lenguaje (*cfr.* Cabedo 2009) que parece ser una manera de evitar lo que sería una valoración objetiva, siendo así una figura altamente subjetiva (cfr. Torrent-Lenzen 2014: 28). La lítote se refiere principalmente a un rasgo formal en la expresión consistente en la negación del contrario de lo que se quiere decir (Neuhaus 2016). Esta se ha visto relacionada a lo largo de la historia con la ironía y la atenuación en estudios de carácter pragmático-funcional, pero también con la intensificación. En este trabajo consideramos la lítote como rasgo común unido a una función intensificadora (Torrent-Lenzen 2014; Lausberg 1987).

El presente estudio se enmarca en el proyecto CONSTRIDIOMS (Mellado Blanco 2021) del grupo de investigación FRASESPAL (2022), en el que prestamos especial interés al análisis de construcciones fraseológicas intensificadoras. Consideramos que el modelo construccionista puede aportar una nueva mirada al concepto de intensificación lingüística, un campo necesitado aún de exploración (cfr. Mellado Blanco / Iglesias Iglesias, 2023). Esta contribución trata de articular construcciones fraseológicas emparentadas por su carácter litotético desde un punto de vista contrastivo alemán-español, abordando su estudio en términos de familia. Las familias de construcciones ponen en relación aquellas que comparten rasgos de diversa índole lingüística (cfr. Stumpf / Mollica, 2023); en nuestro caso reunimos construcciones emparentadas por este aspecto principalmente formal y procedimental, que constituye la lítote, y el funcional, de carácter intensificador.

En Esteban-Fonollosa (2024) y Esteban-Fonollosa / Holzinger (en prensa) se analizan construcciones fraseológicas [*nicht gerade* ADJ] y [*alles andere als* ADJ], donde se tratan además algunos aspectos contrastivos con el español. En dichos estudios se emplea el método contrastivo unilateral (Kątny *et al.*

2015), que permite el descubrimiento de otras expresiones y construcciones en dos o más lenguas, de la mano de con corpus paralelos.

Los objetivos de esta contribución son los siguientes: (i) identificar y analizar construcciones de carácter litotético en español, que posean rasgo intensificador, inferidas a través de traducciones en un corpus paralelo español-alemán (PaGeS), tomando como punto de partida las construcciones en alemán [*nicht un*-ADJ] 'no in-ADJ', [*nicht gerade* ADJ] 'no precisamente ADJ' y [*alles andere als* ADJ] 'todo menos ADJ', y atendiendo a las restricciones y preferencias de los *slots* variables; (ii) sistematizar las relaciones de familia entre ellas, y sus posibles equivalencias en alemán, en diferentes niveles de abstracción.

El artículo está estructurado del siguiente modo: en primer lugar, tematizamos los conceptos de lítote e intensificación. A continuación, señalamos los aspectos metodológicos que nos han llevado a la detección, el análisis y la propuesta de la familia de construcciones fraseológicas de carácter litotético con función intensificadora de modo contrastivo español-alemán. En el apartado cuatro perfilaremos los conceptos de construcción fraseológica y familia de construcciones desde los que partimos y mostraremos el análisis a partir de los ejemplos de corpus que nos llevarán a ofrecer una propuesta de organización de la familia de construcciones objeto de estudio. Por último, cerraremos el capítulo con unas conclusiones y perspectivas de futuro.

## 2 Lítote e intensificación

### 2.1 *Nuestra aproximación a la lítote*

La lítote ha sido estudiada desde la antigüedad como figura retórica y ha sido considerada como característica de un lenguaje figurado. No existe una definición unánime; sin embargo, dos rasgos son comunes en las definiciones según Torrent-Lenzen (2014) que sigue a Hoffmann (1987): (i) formalmente constituye una expresión parafrástica que niega lo contrario, (ii) desde el punto de vista semántico-pragmático dice menos de lo que quiere decir. La lítote puede constituir (i) la negación de un concepto que posea una idea contraria, sin que haya intensificación, *Mal no está la comida del restaurante*, o (ii) la negación de un concepto que disponga de un contrario, con la intensificación de este último como resultado *Gratulation, wirklich nicht schlecht* (cfr. Torrent-Lenzen 2014). A la luz de los ejemplos, la lítote dice menos de lo que quiere decir a nivel formal; sin embargo, desde el punto de vista pragmático-funcional, teniendo en cuenta el contexto y atendiendo a ciertos elementos del cotexto, puede constituir una intensificación.

Torrent-Lenzen (2014) propone diferenciar entre lítotes en sentido amplio y en sentido estricto. En este último caso, siempre es negado o cuestionado un concepto que dispone de un contrario y siempre se manifiesta una intensificación; por ello, define la lítote como "construcción parafrástica que consiste en negar o cuestionar un concepto y con cuyo uso el emisor quiere intensificar, dentro del marco de una gradación imprecisa, la idea contraria a aquello negado o cuestionado" (Torrent-Lenzen 2014: 26). Por tanto, el posible margen escalar que pueda abrir el concepto negado no es tomado en consideración, sino que el mensaje expresa justo el polo contrario de dicha escala, y los elementos contextuales y cotextuales determinan esta interpretación. Para que este significado litotético sea efectivo se han de dar dos condiciones: (i) que el contexto excluya el significado de una mera negación; (ii) que exista un refuerzo de tipo adverbial; (iii) que haya en el acto comunicativo el receptor entiende una lítote a partir de inferencias (Torrent-Lenzen 2014). Como veremos más adelante, estos van a ser atributos que parcialmente definen la familia de construcciones objeto de análisis.

Berg (1978) entiende que la lítote equivale a la fórmula "S afirma ante A que no p", o "S cuestiona que p sea cierto" como en los ejemplos: *Es ist nicht leicht, diese Aufgabe zu lösen. Peter ist kein Unmensch, Hans ist nicht dumm*. Este autor entiende que es la negación de un concepto negativo; sin embargo, Torrent-Lenzen (2014) señala la existencia de estructuras litotéticas como *Es poco inteligente por tu parte*. Entre las posibilidades de expresión de la negación, encontramos además de los adverbios, otras formas como estructuras negativas como elementos léxicos o morfológicos como *sin*, *in-*, *carente de*, *malo*, *tonto*, *tristeza*, cuyo significado es negativo por la comunidad de hablantes, o *inexperto*, *desequilibrado*; conceptos que indican disminución, pérdida o falta de algo como *romper*, *calvo*, *manco*, *ayunas*, *dejar*, que pueden parafrasearse con una expresión negativa (*cf.* Torrent-Lenzen 2014). Torrent-Lenzen (2014) ya señala la existencia de un refuerzo adverbial en este tipo de estructuras litotéticas mediante adverbios como *justamente*, *precisamente*, entre otros elementos, que acentúan la subjetividad que encierra la lítote.

Con relación al aspecto comunicativo, hay que tener en cuenta el carácter polifónico en el sentido de la teoría sobre la polifonía del lenguaje de Ducrot (1984) (cfr. Torrent-Lenzen 2014; Albelda / Estellés 2021; Cabedo 2009). Según este autor, en el enunciado de la persona que habla se manifestarían voces que no son suyas, relacionadas con las expectativas que actualiza mencionando un concepto contrario al que corresponde a la verdadera intención, como si de otra voz se tratara. En la lítote hay que reconocer el enunciado del que nos hacemos eco, es decir, en el que la secuencia es descriptiva y tiene un uso literal. Mediante la lítote se consigue precisar una dirección y encierra un contenido procedimental de dirección ascendente o descendente. En este sentido, la negación o exclusión logra dos cosas: delimita direccionalmente y consigue más implicaturas, logra que su enunciado sea más relevante y provoque más efectos en el receptor. Cuatro pasos definen el descubrimiento de la lítote según Cabedo (2009): (i) reconocer el enunciado ecoico; (ii) observar que *no* es una palabra con contenido procedimental cuya misión es dirigir hacia uno de los dos polos: el positivo o el negativo, y reconocer que no se trata de una negación (Torrent-Lenzen 2014); (iii) delimitar el campo significativo; (iv) apreciar las implicaturas débiles que no serían observadas de otra manera. El motivo por el que un hablante escoge una estructura litotética en lugar de formular un enunciado más claro y directo es probablemente de corte emotivo-psicológico (cfr. Torrent-Lenzen 2014).

Cabedo (2009) estudia la lítote desde la Teoría de la Relevancia y afirma que la motivación final su empleo es la de conseguir comunicaciones óptimamente relevantes, de modo que el hablante consigue multiplicar las implicaturas débiles de los enunciados y transmitirlos de manera más rica que si empleara una forma literal.

## 2.2 *Perfilando la intensificación*

La intensificación desde una perspectiva pragmática intenta definir y delimitar el fenómeno de modo unificado para poder discriminar los usos intensificadores de otras categorías cercanas. Sin embargo, parece haber consenso en considerarla como una categoría pragmática de carácter estratégico en la comunicación. Albelda / Estellés (2021: 16) definen la intensificación como "el intento lingüístico o estrategia intencional de un hablante por modificar los supuestos que le atribuye al oyente y que no corresponden a sus expectativas". Se considera que esta modificación de los supuestos del oyente persigue unos efectos retóricos determinados, normalmente relacionados con la consecución de metas de los hablantes en una determinada interacción.

La intensificación pragmática supone "la intención evaluativa del emisor de expresar que se sobrepasan los supuestos esperados o establecidos como normales en una situación concreta, y que se genera una implicatura en el contexto en el que se realiza" (Albelda / Briz 2021: 582). El punto de vista del hablante se hace presente en el enunciado y se expresa un juicio evaluativo de la realidad. Frente a la atenuación, supone un aumento del grado de la fuerza ilocutiva y actúa como mecanismo de expresividad y subjetividad de la lengua.

El hablante parte de que es necesario un cálculo previo de lo que piensa o pensaría su interlocutor antes de ofrecerle un enunciado con una forma lingüística marcada. Este carácter metarrepresentacional es compartido con la atenuación; sin embargo, en la atenuación el hablante está conforme con los pensamientos que le atribuye. Al igual que ocurre con las repeticiones, la lítote parece que puede generar un sobrecoste de procesamiento derivado de la idea de *metarrepresentación*, un aumento de los efectos cognitivos, y así lo interpreta el oyente, que hace que lo vea como más relevante al estar marcado (cfr. Albelda / Estellés 2021). El empleo de recursos "antieconómicos" es interpretado por el oyente como una llamada a replantearse la cantidad o intensidad de lo que sería su interpretación neutra.

## 3 Corpus y metodología

El presente estudio se sirve de una metodología inductivo-deductiva basada en corpus. Con el objetivo de desvelar correspondencias funcionales en español se ha empleado el método contrastivo unilateral, consistente en que las construcciones de una lengua son el referente para la búsqueda de equivalencias en la otra lengua a partir de extensos corpus paralelos (cfr. Kątny *et al.* 2015). Dicho método contempla tres pasos: el primero intralingüístico, en el que se describe la construcción en una lengua; en un segundo paso interlingüístico se indagan los equivalentes funcionales en la otra lengua; y, en un tercero, se comprueban y describen las equivalencias detectadas en un corpus monolingüe.

En este caso, partimos de las construcciones fraseológicas recogidas en la plataforma del proyecto CONSTRIDIOMS (Mellado Blanco 2021) https://constridioms.es/, [*nicht gerade* ADJ] 'no precisamente ADJ' y [*alles andere als* ADJ] 'todo menos ADJ', cuyas equivalencias has sido indagadas haciendo uso del corpus paralelo bilingüe *Paralell Corpora German-Spanish* (PaGeS).

A partir de las equivalencias encontradas en dicho corpus (*cf.* Esteban-Fonollosa 2024; Esteban-Fonollosa / Holzinger en prensa), se ha procedido a valorar su consistencia en base a los datos de frecuencia en el corpus monolingüe. En el apartado 4.2. se da cuenta de las equivalencias más relevantes seleccionadas con los datos de frecuencia absoluta. Los corpus monolingües empleados son el *esTenTen*20 en español y el *deTenTen*18 en alemán, de la plataforma Sketch Engine.

Es importante destacar la labor de filtrado de aquellos ejemplos encontrados en el corpus que no están licenciados por la construcción, casos en los que hay un elemento negativo que se niega. En el ejemplo (1a), el adjetivo *desordenada* abre una escala en cuyo extremo contrario se encuentra *ordenada*. La negación del adjetivo en la oración no implica, sin embargo, que Kirstin sea una persona ordenada, sino que probablemente se encuentre en una zona media entre el orden y el desorden.

1a) Con otra nota. —Kristin enrojeció—. **No** soy **desordenada**. De verdad. En el piso de antes sólo limpiaba yo. [01051, Sara, 7]
1b) Kristin wurde rot. »Ich bin **nicht unordentlich**. Wirklich nicht. In meiner früheren Wohnung war ich die Einzige, die geputzt hat. [01051, Sara, 7]

## 4 La familia de construcciones litotéticas intensificadoras en español

En este apartado mostraremos el análisis basado en los ejemplos de corpus tras introducir y tematizar el concepto de familia de construcciones. La sección la cerraremos con la propuesta de organización de las construcciones litotéticas intensificadoras con diferentes niveles de abstracción que hemos identificado en español, en las que integraremos algunas de las equivalencias identificadas en alemán.

### 4.1 *El concepto de familia de construcciones*

En los últimos años ha crecido el interés por identificar rasgos comunes entre construcciones que nos permitan organizarlas en el denominado *constructicón* (Goldberg 1995), como aglutinador ideal estructurado de todas las construcciones de la lengua. Este tipo de estudios ha ganado en número y relevancia

(Stumpf / Mollica 2023; Mellado Blanco *et al.* 2022; Staffeldt 2011). En el contexto de la Gramática de Construcciones, una familia de construcciones presenta parecidos, ya sean formal-estructurales o semántico-pragmáticos, como elementos constituyentes (Stumpf / Mollica 2023). Los parecidos de familia no han de ser compartidos por todos sus miembros en el sentido de Wittgenstein (1988).

Estos parecidos de familia o rasgos que ponen en relación las construcciones se han identificado como verticales y horizontales (Langacker 2008). Traugott (2008) señala que en el eje vertical se encuentran construcciones con diferente grado de abstracción o menor grado de especificidad léxica. La autora diferencia entre (i) macroconstrucciones, "meaning-form pairings that are defined by structure and function", morfosintácticamente específicas y en ocasiones parcialmente lexicalizadas; (ii) mesoconstrucciones, "sets of similarly behaving specific constructions"; (iii) microconstrucciones, "individual construction-types", normalmente parejas de forma y significado saturadas léxicamente, que son de uso frecuente y tienen una frecuencia *token* elevada de los (iv) constructos, que constituyen los *tokens* empíricamente constatados. Con este esquema estructural, las construcciones de un nivel inferior heredarían características o rasgos formales y semánticos de construcciones esquemáticas de un nivel superior (Goldberg 1995).

La mayoría de los estudios sobre familia de construcciones parten de un nivel horizontal y se concentran en relaciones de familia horizontales en un principio. A partir de la descripción de varias construcciones desde el punto de vista de sus rasgos de forma y significado, a menudo se realiza una modelización de los miembros de una familia en el nivel vertical (cfr. Mollica / Stumpf 2022). Para estos autores lo ideal sería realizar un modelo de familia de construcciones en un nivel horizontal y vertical, y no solo atender a los elementos comunes sino a las diferencias. A pesar de todas estas investigaciones, sigue siendo complejo identificar familias de construcciones, así como delimitar sus rasgos y sus relaciones.

### 4.2 *Análisis de construcciones litotéticas intensificadoras a partir de los corpus*

La macroconstrucción [NEG V X ADJ] tiene el significado procedimental de 'afirmar de forma intensificada el contrario de lo expresado por el ADJ'. Como veremos a continuación, este significado lo heredan las subconstrucciones que tienen algunos elementos fijos, pero mantienen otros variables o *slots*. A modo de ejemplo y sin pretensión de ser exhaustivos, se presentará el análisis del *slot* adjetivo en algunas de las microconstrucciones identificadas como litotéticas. A continuación, veremos ejemplos de corpus que nos ayudan a organizar e identificar las relaciones de familia entre las construcciones estudiadas.

En el ejemplo (2a) el adverbio de negación *nicht* reforzado por el adverbio *gerade* cambia de dirección la interpretación del adjetivo de polaridad positiva *schlau*. En este caso, la afirmación se completa con una oración coordinada en la que con *nicht* so *gefährlich* presenta coherencia con la interpretación del adjetivo de sentido contrario.

2a) Die Biester waren **nicht gerade schlau** und daher auch einzeln nicht so gefährlich wie der Schäferhund aus dem Reich der Toten, aber dafür waren sie zu dritt. [00011, 11]

2b) Los animalitos **no** eran **precisamente listos** y, en consecuencia, por separado **no eran tan peligrosos** como el pastor alemán que había regresado del reino de los muertos, pero eran tres. [00011, 11]

El ejemplo (3a) nos muestra la combinación del adverbio de negación *nicht* acompañado del adverbio *gerade* y el participio adjetival de polaridad positiva *begeistert*. En este caso una afirmación a continuación refuerza la misma idea.

3a) Schweigend gingen wir weiter zu ungefähr dreißig Arbeitern, die an einer Straßenecke auf uns warteten und **nicht gerade begeistert** waren, uns zu sehen, denn unsere Anwesenheit war für sie sehr gefährlich. [00010, 44]

3b) Continuamos andando en silencio hasta sumarnos a unos treinta hombres que nos esperaban en una esquina y que **no** se sintieron **precisamente entusiasmados** al vernos, ya que nuestra presencia era muy peligrosa para ellos. [00010, 44]

En el caso del ejemplo (4a) de nuevo está presente la secuencia del adverbio de negación *nicht* seguido del adverbio de foco *gerade* y un adjetivo de polaridad positiva *gut*.

4a) Wir Italiener haben die **nicht gerade gut** behandelt, und für die nächsten Wahlen fürchte ich das Schlimmste.« [00037, Montagsleb …]
4b) Los italianos **no** les tratamos **precisamente bien**, y en las próximas elecciones me temo lo peor. [00037, Vida de lu …]

La Tabla 1 muestra los ocho constructos más frecuentes de las microconstrucciones [*no es nada* ADJ] y [*no es precisamente* ADJ], que a su vez pertenecen a la mesoconstrucción [*no es* ADV ADJ]. Como podemos observar el *slot* adjetivo es prototípicamente de polaridad positiva, frente a los estudios tradicionales de la lítote que han abundado en la negación de un elemento negativo. En cualquier caso, los constructos licenciados por la construcción intensifican el contrario de estos adjetivos. El adverbio *precisamente* tiene un uso frecuente con valor enfático según el *Diccionario de la lengua española* (DLE 2023), sin embargo, lo consideramos como elemento de la construcción que la emparenta también con otras microconstrucciones (cfr. Gerhalter 2021).

**Tabla 1.** Listado de los adjetivos más frecuentes de [*no es nada* ADJ] y [*no es precisamente* ADJ]

| [***no es nada*** **ADJ**] | Frec. | [***no es precisamente*** **ADJ**] | Frec. |
|---|---|---|---|
| no es nada nuevo | 11419 | no es precisamente barato | 1450 |
| no es nada bueno | 2709 | no es precisamente bueno | 657 |
| no es nada sencillo | 2609 | no es precisamente fácil | 546 |
| no es nada malo | 2384 | no es precisamente pequeño | 260 |
| no es nada raro | 2088 | no es precisamente sencillo | 248 |
| no es nada complicado | 1953 | no es precisamente agradable | 223 |
| no es nada personal | 1818 | no es precisamente nuevo | 186 |
| no es nada difícil | 1803 | no es precisamente económico | 141 |

El *Diccionario de la lengua española* (2023) recoge la secuencia *no ser nada* como locución verbal coloquial usada "para quitar importancia al daño producido". Sin embargo, este uso se refiere a su uso aislado, dado que, cuando forma parte de la construcción objeto de estudio en este trabajo, la combinación con el ADJ hace que provoque el significado contrario del adjetivo negado. Asimismo, en la entrada de *nada*, nos aclara dicho diccionario, que se trata de un adverbio indefinido que "[i]ndica el grado mínimo de la cualidad denotada por el adjetivo o el adverbio al que modifica. *Los ejercicios no eran nada fáciles. Ese tren no va nada despacio*". Si seguimos esta definición, el primer ejemplo significaría que los ejercicios eran *fáciles* en grado mínimo; sin embargo, consideramos que la interpretación más correcta sería que los ejercicios eran *muy difíciles*, es decir, el hablante estaría empleando la forma litotética como recurso de intensificar el contrario. En el ejemplo (5) se muestra un ejemplo prototípico de la microconstrucción [*no es nada* ADJ] en la que se interpreta que lo que se describe es *muy difícil*, este significado viene reforzado en el cotexto con la información que sigue en la oración coordinada *y las dudas son muchas*:

5) Nota de Canaltrabajo: Ya sabemos que **no es nada fácil** y las dudas son muchas, por eso, a los que necesitéis una opinión imparcial sobre vuestra idea os animamos a hacer uso del formulario de contacto.

La Tabla 2 recoge las microconstrucciones [*no es para nada* ADJ] y [*no es lo que se dice* ADJ] ambas emparentadas por el rasgo formal de presentar un marcador discursivo como elemento variable. Si atendemos al *slot* adjetivo, observamos igualmente los adjetivos de polaridad positiva como prototípicos, compartidos entre las microconstrucciones: *fácil, bueno, sencillo,* entre otros. En este caso, ambas microcontrucciones heredan propiedades de la mesoconstrucción [$ADV_{neg}$ $V_{cop}$ MARC ADJ], en las que uno de los *slots* es un marcador discursivo que determina el significado final.

**Tabla 2.** Listado de los adjetivos más frecuentes de [*no es para nada* ADJ] y [*no es lo que se dice* ADJ]

| [***no es para nada*** **ADJ**] | Frec. | [***no es lo que se dice*** **ADJ**] | Frec. |
|---|---|---|---|
| no es para nada fácil | 502 | no es lo que se dice importante | 58 |
| no es para nada sencillo | 375 | no es lo que se dice buena | 18 |
| no es para nada bueno | 298 | no es lo que se dice barato | 17 |
| no es para nada recomendable | 294 | no es lo que se dice feliz | 9 |
| no es para nada difícil | 260 | no es lo que se dice fácil | 7 |
| no es para nada malo | 226 | no es lo que se dice nuevo | 6 |

| [***no es para nada*** ADJ] | Frec. | [***no es lo que se dice*** ADJ] | Frec. |
|---|---|---|---|
| no es para nada cierto | 161 | no es lo que se dice sencillo | 6 |
| no es para nada agradable | 159 | no es lo que se dice mejor | 5 |

Desde el punto de vista contrastivo y mediante el método contrastivo unilateral comentado más arriba, hemos identificado dos construcciones en alemán que comparten la misma forma litotética, con el mismo significado procedimental, y cuyos elementos fijos y variables comparten rasgos (Tabla 3).

**Tabla 3.** Listado de los *types* más frecuentes de [*alles andere als* ADJ] y [*nicht gerade* ADJ]

| [***alles andere als*** ADJ] | Frec. | [***nicht gerade*** ADJ] | Frec. |
|---|---|---|---|
| alles andere als einfach | 9077 | nicht gerade einfach | 9422 |
| alles andere als gut | 7031 | nicht gerade leicht | 9096 |
| alles andere als leicht | 4670 | nicht gerade billig | 8272 |
| alles andere als begeistert | 4294 | nicht gerade gut | 7252 |
| alles andere als selbstverständlich | 2955 | nicht gerade günstig | 6075 |
| alles andere als optimal | 2813 | nicht gerade begeistert | 3785 |
| alles andere als sicher | 2311 | nicht gerade förderlich | 3558 |
| alles andere als langweilig | 2286 | nicht gerade zimperlich | 3161 |

Neuhaus (2019) realiza un estudio de lo que considera la lítote prototípica en alemán determinada por la doble negación compuesta por la negación de un adjetivo con el prefijo negativo *un-*, como es el caso en el siguiente ejemplo, cuya traducción en español ha trasladado la intensificación; no obstante, sin apoyarse en una forma litotética formalmente equivalente. El ejemplo (6a) muestra esta construcción cuyo contenido semántico-pragmático ha sido traducido mediante otra construcción más literal y propia del polo gramatical:

6a) Solche Dinge waren **nicht unwichtig.** Drei Jahre hatten die Botschafter nur darüber verhandelt, wer sich vor wem zu verneigen hatte und wer vor wem zuerst den Hut abnehmen musste. [00089, Westfalen, 1]

6b) Todas esas cosas eran **de gran relevancia**. Tres años habían pasado los embajadores solo para ponerse de acuerdo en quién tenía que hacerle la reverencia a quién y quién debía quitarse el sombrero antes. [00089, Westfalia, 1]

Casos en los que los que hay una lítote con la forma de la negación de un adjetivo con prefijación negativa, se aprecian en el ejemplo (7a) *no eres inmortal* equivaldría a *eres mortal*; en este caso se trata de un término contradictorio, en el que el adjetivo no admite una escala, sino que mortal e inmortal son excluyentes:

7a) Timothy Duane la aguardaba en su automóvil frente al modesto edificio donde ella vivía. —**No eres inmortal**, Bel. ¿Qué pasará con tu hijo cuando ya no estés? [01022, 4]

7b) Timothy Duane wartete in seinem Auto auf sie vor dem bescheidenen Haus, in dem sie wohnte. »**Du bist nicht unsterblich,** Belle. Was wird aus deinem Sohn, wenn du nicht mehr bist?« [01022, 4]

En el ejemplo (8a) la expresión *no [...] tan extraño* se convierte en la interpretación a que era algo normal. En el texto se entienden otras implicaturas de reproche o protesta en la descripción realizada de la situación.

8a) –Igual lo que estaba mal era la penicilina. **No** hubiera sido algo **tan extraño.** Había más de un caso de penicilina y de otros medicamentos adulterados que habían dejado un rastro de muertos y enfermos crónicos. [01065, 2]

8b) "Vielleicht lag es am Penizillin" Das war **nicht ungewöhnlich.** Es kam immer wieder vor, dass Menschen an gepanschten Medikamenten starben oder schwer erkrankten. [01065, 2]

En el ejemplo (9a) se da el caso de una negación de un adjetivo con prefijo de negación reforzado con un adverbio de foco como es *gerade*. En estos casos, el adverbio de refuerzo de la intención intensificadora de la afirmación del hablante. Asimismo, parece acompañado de elementos que hacen referencia a la prosodia, como es la acotación de *er kicherte*, y no otros elementos lingüísticos que inciden en el cambio de dirección del adjetivo, además del refuerzo que constituye la subordinada que sigue a la lítote que constituyen llamadas de atención al hablante a interpretar correctamente la afirmación en forma de lítote.

(9a) Drachen«, er kicherte, »Drachen sind **nicht gerade unauffällig,** wenn ihr versteht, was ich meine. [00087, Die Schiff…]

(9b) Los dragones —soltó una risita contenida—, los dragones **no son precisamente discretos**, si sabéis lo que quiero decir. [00087, La rata de…]

La combinación del adverbio de negación *nicht* seguido del adverbio de foco *gerade* y un adjetivo con prefijo de negación *unangehm* la vemos en el ejemplo (10a). Dicha combinación implica asimismo una intensificación a través del cambio de dirección en la interpretación del adjetivo, que nos lleva al contrario, a *angenehm*.

10a) Er fand, was sich um ihn herum tat, albern, aber **nicht gerade unangenehm.** Er begriff sehr schnell, dass Menschen sich um seine Gunst bemühten, dass sie ihn liebten und bewunderten. [00099, Das ganz a…]

10b) Lo que ocurría en torno a él le parecía ridículo, aunque **no precisamente desagradable.** Comprendió muy rápido que la gente buscaba su favor, que lo quería y lo admiraba. [00099, Lo complet…]

### 4.3 *Propuesta de árbol de familia*

Tras haber analizado y observado las construcciones objeto de este estudio a través de los corpus, la Tabla 4 muestra una propuesta de ordenación de estas, que refleja las relaciones de familia en español. Asimismo, recogemos algunas equivalencias en alemán a nivel de microcostrucción y de constructos.

**Tabla 4.** Organización de la familia de construcciones litotéticas analizadas

| Macroconstrucción | | | |
|---|---|---|---|
| [NEG V (X) ADJ] | | | |
| Mesoconstrucción | | | |
| [NEG $V_{cop}$ (ADV) $ADJ_{pref\ neg}$] | [$ADV_{neg}$ $V_{cop}$ ADV ADJ] | [$ADV_{neg}$ $V_{cop}$ MARC ADJ] | [$V_{cop}$ $X_{posit}$ $ADV_{neg}$ ADJ] |
| Microconstrucción | | | |
| **[*no es* $PRE_{neg}$-ADJ]** | **[*no es precisamente* ADJ]** | **[*no es para nada* ADJ]** | **[*es todo menos* ADJ]** |
| [*ist nicht un*-ADJ] | [*ist nicht gerade* ADJ] | | [*ist alles andere als* ADJ] |

| | | | |
|---|---|---|---|
| | [*no es nada* ADJ] | [*no es ni mucho menos* ADJ] | [*es cualquier cosa menos* ADJ] |
| | | [*no es lo que se dice* ADJ] | |
| | Constructos | | |
| ***no eres inmortal*** | ***no es precisamente barato*** | ***no es para nada fácil*** | ***es todo menos fácil*** |
| *bist nicht unsterblich* | *ist nicht gerade billig* | | *alles andere als einfach* |
| | ***no es nada bueno*** | ***no es ni mucho menos suficiente*** | ***es cualquier cosa menos fácil*** |
| | | ***no es lo que se dice importante*** | |

## 5 Conclusiones

La lítote se ha estudiado a lo largo de la historia como una figura retórica ligada a la ironía y a la atenuación. Sin embargo, algunos de ellos han señalado un valor pragmático intensificador. En su mayoría coinciden, al menos, en determinar que se trata de un uso no literal que afirma algo a través de la negación de su contrario. Se trata, por tanto, de un fenómeno que pone de manifiesto las incongruencias existentes en la lengua.

El objeto de este trabajo ha consistido en determinar las relaciones de familia entre construcciones fraseológicas de carácter litotético intensificador, partiendo de [*nicht gerade* ADJ] 'no precisamente ADJ' y [*alles andere als* ADJ] 'todo menos ADJ', construcciones recogidas en la plataforma del proyecto CONSTRIDIOMS (Mellado Blanco 2021), donde se identifican, analizan y recogen en un repositorio bilingüe construcciones fraseológicas del alemán y del español.

Las construcciones fraseológicas son aquellas combinaciones de palabras de uso recurrente, que forman pares de forma y significado, constituidas por elementos fijos y otros elementos que se actualizan en el discurso, denominados *slots*. El carácter litotético de las construcciones consideradas viene dado porque formalmente expresan una afirmación a través de la expresión de un contrario, prototípicamente mediante un elemento negativo, ya sea explícito o implícito. Con ello, la construcción tiene una fuerza ilocutiva mayor que la expresión en sentido literal. Por tanto, las construcciones estudiadas implican que el hablante sabe que el interlocutor tiene una creencia opuesta y trata de contrarrestarla e influir mediante una mayor fuerza ilocutiva.

El análisis efectuado deja entrever algunos rasgos de la familia de construcciones litotéticas en español, además de mostrar alguna de sus equivalencias en alemán, las cuales se componen estructuralmente por una negación, o en su caso expresión de exclusión, de un elemento prototípicamente positivo, para intensificar su contrario, y que vienen acompañadas por un elemento subjetivizador como puede ser un elemento adverbial o un marcador discursivo. La presencia del adverbio de foco hace que sea obligada la interpretación del contrario del adjetivo, descarta la interpretación de otro grado medio en la escala abierta por el adjetivo negativo, y el polo contrario determina el giro del polo semántico de lo que se dice y aporta el carácter intensificador a la construcción.

En próximos trabajos sería deseable ahondar en el estudio de las construcciones de carácter litotético y ampliar las posibles relaciones de familia con otras construcciones. Asimismo, consideramos el estudio paralelo de las mismas a nivel contrastivo en alemán, que permita tanto la conversión a nivel holístico no solo semántico, sino también formal y funcional, algo que nos permite el enfoque de la Gramática de Construcciones; tanto en la enseñanza de lenguas como en el ámbito de la traducción.

## Referencias citadas

Albelda Marco, M. y Briz Gómez, A. (2021). Atenuación e intensificación. En Escandell Vidal, M. V. *et al.* (Ed.), *Pragmática* (pp. 567-590). Madrid: Akal.

Albelda, M. y Estellés, M. (2021). De nuevo sobre la intensificación pragmática: revisión y propuesta. *Estudios Románicos*, 30, pp. 15-37.

Berg, W. (1978). *Uneigentliches Sprechen: zur Pragmatik und. Semantik von Metapher, Metonymie, Ironie, Litotes und rhetorische Frage*. Tübingen: Narr.

Cabedo Nebot, A. (2009). Análisis y revisión del sarcasmo y la lítote: propuesta desde la Teoría de la Relevancia. *Boletín de Filología*, XLIV(2), pp. 11-38.

Real Academia española y Asociación de Academias de la Lengua Española (2014). Diccionario de la lengua española. Madrid: Espasa-Calpe. (DLe). Recuperado de <http://dle.rae.es>.

Ducrot, O. (1984). *El decir y lo dicho. Polifonía de la enunciación*. Barcelona: Paidós.

Esteban-Fonollosa, M. (2024). La traducción de la lítote: Análisis contrastivo alemán-español de la construcción fraseológica [*nicht gerade* X]. En Lozano-Sañudo, B., Robles i Sabater, F. y E. Sánchez (Ed.), *Cruzando puentes. Nuevas perspectivas sobre la traducción del alemán y el español* (pp. 103-121). Berlin: Frank & Timme.

Esteban-Fonollosa, M. y Holzinger, H. (en prensa). Die Phrasem-Konstruktion [*alles andere als* X] und ihre Entsprechungen im Spanischen. En Cotta Ramusino, P., Flinz, C., Luppi, R., Maiko, T., Mollica, F. y Nikitina, J. (Ed.), *New Trends in Phraseology: Languages and Cultures in Comparison*. Cambridge: Cambridge Scholars Publishing.

FRASESPAL (2022). Recuperado de <https://frasespal.com/>.

Gerhalter, K. (2021). *El silencio no es precisamente una de sus virtudes …* Diachronie und Pragmatik der Konstruktion [Negation + Exaktheits-Fokusadverb + X] im Französischen, Portugiesischen und Spanischen. En Hennemann A. y Döhla, H.-J. (Eds.), *Konstruktionsgrammatische Zugänge zu romanischen Sprachen*, (pp. 17114). Berlin: Frank & Timme.

Goldberg, A. E. (1995). *Constructions.* Chicago: University of Chicago Press.

Goldberg, A. E. (2006). *Constructions at work. The Nature of Generalitation in Language*. Oxford: Oxford University Press.

Hoffmann, M. E. (1987). *Negatio contrarii. A study of Latin Litotes*. Assen / Maastrich: Van Gorcum.

Ivorra-Ordines, P. (2022). *Codazo en plena cara* y *puñetazo en toda la boca*: La familia de construcciones somáticas de golpe. En dos Santos Machado Vieira, M. (Ed.), *Predicar: uma rede de perspectivas metodológicas*, (31-55). São Paulo: Blucher.

Kątny, A., Olszewska, D. y Socka, A. (2014). Kontrastivität in der Linguistik und ihre Dimensionen. *Studia Germanica Gedanensia*, 31, pp. 9-23.

Lausberg, H. (1984). *Manual de retórica literaria.* Madrid: Gredos.

Mellado Blanco, C. (2020). Esquemas fraseológicos y construcciones fraseológicas en el continuum léxico-gramática. En Tabares, E. *et al.* (Ed.), *Clases y categorías en la fraseología de la lengua española,* (pp. 13-36). Frankfurt am Main: Lang.

Mellado Blanco, C. (2021). Proyecto de investigación CONSTRIDIOMS: las construcciones fraseológicas del alemán y el español en contraste a través de los corpus. *Linred: Lingüística en la Red, 18*. Recuperado de <http://www.linred.es/informacion_pdf/LR-informacion25-22052021.pdf>.

Mellado Blanco, C. e Iglesias Iglesias, N. M. (2022). Traducir y descubrir construcciones. En De la Fuente Marina, B. y Holl, I. (Ed.), *La traducción y sus meandros* (pp. 361-378). Salamanca: Ediciones Universidad de Salamanca.

Mellado Blanco, C., Mollica, F. y Schafroth, E. (2022). *Das interessiert mich einen* X! Die intensivierende Konstruktionsfamilie der absoluten Interesselosigkeit im Spanischen, Italienischen und Deutschen. En Mellado Blanco, C., Mollica, F. y Schafroth, E. (Ed.), *Konstruktionen zwischen Lexikon und Grammatik: Phrasem-Konstruktionen monolingual, bilingual und multilingual* (pp. 283-368). Berlin, Boston: De Gruyter.

Mollica, F. y Stumpf, S. (2022). Families of constructions in German. A corpus- based study of constructional phrasemes with the pattern [XNP attribute]. En Mellado Blanco, C. (Ed.), *Productive Patterns in Phraseology and Construction Grammar. A Multilingual Approach*, (pp. 79-105). Berlin, Boston: De Gruyter.

Langacker, R. W. (2008). *Cognitive Grammar. A Basic Introduction*. Oxford: Oxford University Press.

Neuhaus, L. (2016). On the relation of irony, understatement, and litotes. *Pragmatics & Cognition*, 23(1), pp. 117-149.

Neuhaus, L. (2019). *Linguistik der Litotes im Deutschen: Syntax, Semantik und Pragmatik einer ›nicht uninteressanten‹ Redefigur*. Berlin, Boston: De Gruyter.

PaGeS Parallel Corpus German-Spanish. Recuperado de <https://www.corpuspages.eu/>.

Sketch Engine. Recuperado de <https://www.sketchengine.eu/>.

Staffeldt, S. (2011). Die phraseologische Konstruktionsfamilie [X Präp Hand Verb]. *Zeitschrift für Germanistische Linguistik*, 39(2). Recuperado de <https://doi.org/10.1515/ZGL.2011.015>.

Stumpf, S. y Mollica, F. (2023). Konstruktionsfamilien im Deutschen: Begriffsverständnis, Forschungsstand und Konzeption des Bandes.

En Mollica F. y Stumpf, S. (Ed.), *Konstruktionsgrammatik IX. Konstruktionsfamilien im Deutschen* (pp. 10-25). Tübingen: Stauffenburg.

Torrent-Lenzen, A. (2014). La figura de la lítotes en los sistemas fraseológicos del español y del alemán desde el punto de vista de la traductología. En Mellado Blanco C. (Ed.), *Kontrastive Phraseologie, Deutsch-Spanisch. Sprachkontraste und Sprachbewusstsein* (pp. 23-37). Band 1. Tübingen: Stauffenburg.

Traugott, Elizabeth C. (2008). Grammaticalization, constructions and the incremental development of language: Suggestions from the development of degree modifiers in English. En Eckardt, R., Jäger, G., Veenstra, T. (Ed.), *Variation, Selection, Development—Probing the Evolutionary Model of Language Change* (pp. 219-250). Berlin: Mouton de Gruyter.

Wittgenstein, L. (1988). *Investigaciones filosóficas*. Traducción castellana de A. García Suárez y U. Moulines. Barcelona: Crítica.

# Unidades fraseológicas que contienen *pan* y *Brot* en las culturas española y alemana: incoherencias entre su descripción semántica formal y su uso real

*Sara Barroso Tapia*
(Universidad de Valladolid)

**ABSTRACT**

Already in the nineteenth century, German researchers such as the Grimm brothers or Wilhelm von Humboldt, argued that culture is expressed especially through language. The culture of a country is therefore established and preserved through words and sentences with cultural connotations, as is the case of many idioms. Bread is strongly rooted in German and Spanish culture and also in their language. In everyday language the words for bread are synonymous with *food* and *sustenance*. Because work is often done in order to provide for this sustenance, the term also takes on the meaning of "money", as reflected in the equivalent expressions *ganarse el pan* and *seine Brötchen verdienen*. In this paper we propose to analyse the current use of 134 Spanish and 116 German expressions with the lexemes *pan* and *Brot*, respectively, using *Sketch Engine*. The aim is to determine both the currency of these idioms in both languages and their tendency to change.

***Keywords:*** Phraseology, *pan*, *Brot*, variation, modification, corpus-based analysis.

**RESUMEN**

Ya en el siglo XIX, estudiosos alemanes como los hermanos Grimm o Wilhelm von Humboldt defendían que la cultura se expresa sobre todo a través de la lengua; por lo tanto, la cultura de un país se refleja en palabras y oraciones con connotación cultural, como es el caso de gran parte de los fraseologismos. El pan como alimento está fuertemente arraigado en las culturas alemana y española y, por ende, en su lengua. En el lenguaje cotidiano los términos *pan* y *Brot* se utilizan como sinónimo de alimento y sustento. Debido a que el trabajo suele realizarse con el fin de asegurar este sustento, ambos términos adquieren además el sentido de "dinero", como se refleja en las expresiones equivalentes *ganarse el pan* y *seine Brötchen verdienen*. En este trabajo nos proponemos a analizar el uso actual de 134 expresiones españolas y 116 alemanas con los lexemas *pan* y *Brot*, respectivamente, usando *Sketch Engine*. Se pretende determinar tanto la vigencia de estos fraseologismos en ambos idiomas como su tendencia a la modificación.

***Palabras clave:*** Fraseología, *pan*, *Brot*, variación, modificación, análisis de corpus

## 1 Introducción

Estudiosos alemanes como los hermanos Grimm o Wilhelm von Humboldt sostenían ya en el siglo XIX que la cultura se expresa principalmente a través del lenguaje. Es el lenguaje, y especialmente las unidades fraseológicas (UF), el encargado de transmitir la cultura de generación en generación. Estas UF forman parte de lo que Coseriu denominaba *discurso repetido*, por lo tanto fueron creadas en algún momento y, desde entonces, las utilizamos tal como se establecieron originalmente o, en algunos casos, como veremos en este trabajo, con modificaciones adaptadas al contexto conversacional. Sin embargo, para que la conversación fluya es necesario que tanto el hablante como el oyente pertenezcan al mismo contexto cultural, ya que, de lo contrario, habría problemas al descodificarlas (Messina Fajardo 2017: 24).

La importancia del pan como alimento esencial está fuertemente arraigada en las culturas alemana y española. Es por ello por lo que frecuentemente utilizamos expresiones, tanto en alemán como en español, con los lexemas *pan* y *Brot*. El uso recurrente de estas expresiones en el lenguaje cotidiano despertó nuestro interés por realizar el presente estudio, con el objetivo de analizar en qué medida se utilizan y de qué forma se mantienen vigentes. Para ello, hemos analizado 134 UF españolas y 116 alemanas, recogidas en los diccionarios consultados (v. bibliografía), mediante la ayuda de la herramienta de análisis textual *Sketch Engine*, con el fin de averiguar no solo su vigencia en el lenguaje cotidiano actual, contrastando ambos idiomas, sino también haciendo hincapié en la variación, concretamente en la modificación. Queremos poner así de manifiesto las incoherencias que presenta la descripción formal y semántica de las características de las UF, como es entre otras la fijación, dadas por inamovibles en los primeros estudios de la Fraseología y que hoy sabemos que no son tal. Creemos, además, que los estudios basados en corpus son la herramienta más adecuada para analizar la vigencia y el uso de las UF en el lenguaje cotidiano actual. Su capacidad para proporcionar datos empíricos permite identificar patrones de uso, frecuencia y variación en contextos reales, superando así las limitaciones de los diccionarios, que no siempre recogen todas las UF por falta de espacio ni especifican su uso actual, o, como veremos a continuación, lo hacen de forma errónea.

## 2 El pan como sinónimo de alimento y sustento

Desde la prehistoria, el pan ha sido un alimento básico, por lo que no es de extrañar que se encuentre tan presente en nuestro lenguaje cotidiano. *Pan* designa, metonímicamente, el alimento y el sustento en general, como vemos, por ejemplo, en la petición contenida en la traducción al español del Padre Nuestro: *Danos hoy nuestro pan de cada día*. Trabajar para ganar el sustento se refleja, por lo tanto, en expresiones como *ganarse el pan*, en español, y *sich seine Brötchen verdienen*, en alemán. Sulikowska (2019: 205) explica que el pan es un símbolo cultural muy extendido en el ámbito occidental cristiano, mediante expresiones como *anderer Leute Brot essen*, con el significado de 'depender económicamente de alguien', mientras que en el ámbito cultural asiático sería el arroz el equivalente del pan.

## 3 Fijación, variación y modificación fraseológicas

Una de las características que presentan las UF (en mayor o menor medida) es la fijación, que, según el *Diccionario de Lingüística* de Cerdá Massó (1986: 117), es el "proceso de gramaticalización mediante el cual se consolida paulatinamente el uso, exclusivo o no, de ciertas palabras en una expresión dada hasta formarse un significado conjunto inanalizable".

Algunos lingüistas como Thun (1978) o Zuluaga Ospina (1975) se centraron especialmente en esta característica. Para este último autor es tan importante que prefiere la denominación de *expresiones fijas* en vez de la de UF. Sin embargo, aunque si bien es cierto que la fijación es importante para reconocer una UF, parece que estas pueden variar en cierta medida sin perder su condición. Luque Nadal (2012: 11), por ejemplo, defiende que "la mayoría de los fraseologismos no son unidades rígidas y petrificadas sino entidades vivas y cambiantes, agrupadas alrededor de un símbolo matriz que tiene capacidad de desarrollar distintas realizaciones".

En cuanto al fenómeno de la variación, un problema al que nos enfrentamos es el de la denominación. Sinner y Tabares (2016) constatan que la Fraseología aún no ha podido dar respuesta definitiva al problema de diferenciar entre *variante*, *variación* y *modificación*. Los autores (Sinner / Tabares 2016: 36) consideran "que es necesario adoptar como punto de partida el concepto de variante para todos los fenómenos de variación fraseológica antes de subsumir estos en otras categorías como lapsus, error, formación ad hoc, etc.". No obstante, podría definirse la variación como la posibilidad de expresar una misma idea mediante diferentes realizaciones lingüísticas, las cuales constituyen las variantes. García-Page Sánchez (1996: 479) define *variante* como "una construcción prefabricada que permite la sustitución de alguno de sus componentes léxicos sin que el significado de la construcción se vea alterado", y clasifica las variantes en léxicas, morfológicas, gramaticales y gráficas. Montoro del Arco (2005: 138-144), a su vez, defiende que la variación y la fijación están unidas estrechamente y distingue entre variantes internas y variantes externas. Al primer grupo pertenecen las variaciones léxicas, morfoléxicas y gramaticales y al segundo las diatópicas, diastráticas, diafásicas y diacrónicas. Además de las variantes, también incluye lo que él denomina variaciones estructurales, entre las que se encuentran la variación léxico-cuantitativa o por extensión y las variaciones morfosintácticas.

En alemán, Burger (2000: 105) hace una distinción entre variantes gramaticales (aquellas que modifican, por ejemplo, el número del sustantivo) y variantes léxicas (las que modifican el sustantivo). Ejemplo del primer tipo sería *die Beine unter den Arm / die Arme nehmen* y del segundo *die Klappe / Fresse halten*.

Sin embargo, en este trabajo no vamos a tratar las variantes, sino las modificaciones. La modificación creativa e intencionada de una UF no debe confundirse con los tipos de variantes que acabamos de citar. En este aspecto, Corpas Pastor (1996: 29) defiende que

> el grado de modificación que permiten las UF para que sigan siendo reconocibles es directamente proporcional al grado de fijación de las mismas. Así, cuanto mayor es su fijación, y por ende su institucionalización, más posibilidades hay de que sufran modificación en el discurso, y de que tal modificación y su efecto sean reconocidos por los hablantes.

Por lo demás, según Llopart Saumell (2020: 135), la modificación fraseológica se encuentra restringida por patrones específicos que garantizan que el significado original de la UF no se pierda, al mismo tiempo que facilita la introducción de nueva información.

Martínez Marín (1996) distingue entre las UF modificadas por ampliación, por reducción y por sustitución léxica, en concreto, por reemplazo del referente.

Uno de los conceptos relacionados con la modificación es la *desautomatización*, acuñada por Zuluaga en 1975. Este autor emplea este término para describir los cambios estructurales o semánticos que ocurren en la forma canónica de una UF, siempre y cuando se cumplan estas condiciones (cfr. Mellado Blanco 2020: 19):

a) Que el hablante realice esa modificación de forma ocasional, voluntaria e intencionada, y que al receptor no le resulte extraña;
b) Que el emisor y el receptor reconozcan sin dificultad la UF original;
c) Que la UF modificada sea novedosa, poco común.

Sin embargo, no podemos asumir sin más que toda modificación de una UF suponga una desautomatización. Es necesario que se perciba la modificación en la UF, pero tampoco puede ser excesiva, ya que, si el receptor no la relaciona con la forma canónica de la UF, dejaría de considerarse desautomatización (cfr. Mellado Blanco 2020: 19). También es importante conocer la intencionalidad del emisor para determinar el porqué de dicha modificación, ya que en algunos casos (no tan infrecuentes) puede estar relacionada con el desconocimiento o la confusión entre varias UF, incluso en hablantes nativos.

Para explicar el funcionamiento de la desautomatización nos ayudaremos del esquema que da Mena Martínez (2003, esquema 1).

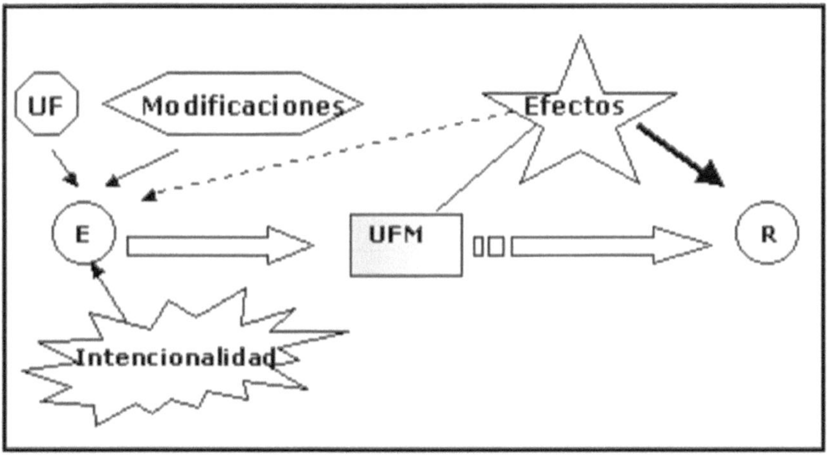


**Esquema 1.** Funcionamiento de la desautomatización según Mena Martínez (2003)

En él se observa cómo el emisor (E), considerando las UF originales y sus modificaciones, decide deliberadamente crear una UFM (unidad fraseológica modificada) dirigida al receptor (R), con el objetivo de lograr un resultado o efecto específico. Al recibir el mensaje, el receptor puede experimentar ciertos efectos (indicados por flechas) que influyen tanto en el receptor como en el propio emisor, ya que, aunque el mensaje no esté dirigido a este, también percibe dichos efectos (cfr. Mena Martínez 2003).

## 4 Unidades fraseológicas (UF) analizadas

En el presente estudio hemos analizado 134 UF españolas y 116 alemanas, que, según la clasificación de las UF de Wotjak (cfr. 2014: 54), serían tanto *fraseologismos infraoracionales*, como los denominan estos autores, es decir, UF que no forman enunciados completos y que por lo tanto necesitan otros componentes en la oración, como *fraseologismos con valor de oración y de texto*, también denominados *enunciados fraseológicos*. Por falta de espacio solo expondremos aquí las UF con más ocurrencias encontradas, que, en el caso del español, son las que se incluyen en la Tabla 1.

**Tabla 1.** UF españolas con más ocurrencias

| | |
|---|---|
| *A falta de pan, buenas son tortas* | *No solo de pan vive el hombre* |
| *Al pan, pan y al vino, vino (llamar)* | *pan y circo* |
| *a pan y agua (estar, poner, etc.)* | *(ser una cosa) el pan (nuestro) de cada día* |
| *de toma pan y moja (estar)* | *ser (una cosa) pan comido* |
| *ganarse el pan* | *ser (algo) pan para hoy y hambre para mañana* |
| *nacer/ venir con un pan debajo del brazo* | *ser un cacho / pedazo de pan* |
| *negar el pan y la sal a alguien* | |

Las UF alemanas, de las que tenemos más de 100 ocurrencias, son las que se dan en la Tabla 2.

**Tabla 2.** Algunas UF alemanas analizadas

| | | |
|---|---|---|
| *das Brot brechen* | *etw. für / um ein Butterbrot kaufen / bekommen / verkaufen / hergeben* | *etw. nötig haben / brauchen wie das tägliche / liebe Brot* |
| *Der Mensch lebt nicht vom Brot allein* | *in Lohn und Brot stehen / sein* | *sich nicht die Butter / den Käse vom Brot / Toast nehmen lassen* |
| *sich die Wurst vom Brot nehmen / ziehen lassen* | *jmd. in Lohn und Brot kommen* | *weggehen / sich verkaufen wie warme Semmeln / geschnitten Brot / frische Weggli* |
| *dumm / doof wie Brot / Stulle* | *etw. wie geschnitten Brot laufen* | *wer nie sein Brot mit Tränen aß* |
| *eine brotlose Kunst* | *mein / dein / … alltägliches / täglich(es) Brot sein* | *Wes Brot ich ess' / schling', des Lied ich sing'* |

## 5 Análisis de los ejemplos con el término *pan*

Para clasificar las modificaciones que se dan en las ocurrencias encontradas en *Sketch Engine* seguiremos la distinción que hace Martínez Marín, mencionada en el tercer apartado. Hemos limitado la búsqueda al español europeo, puesto que, de no ser así, se habrían generado demasiados ejemplos sin poder garantizar su justa valoración como modificación o variante, por no ser expertos en otras variedades distinta a la peninsular. Por falta de espacio, mostramos aquí las cinco UF con los términos *pan* de las que hemos encontrado más ocurrencias[1] con modificaciones.

### 5.1 *A falta de pan, buenas son tortas*

La UF *A falta de pan, buenas son tortas*, según el diccionario de Cantera Ortiz de Urbina (2011: 249), se usa "para recomendar conformarse con lo que hay, aunque sea poco y de no excelente calidad, sin dejarse ofuscar por la esperanza

1 Aunque no pretendemos hacer un estudio cuantitativo, sino cualitativo, creemos necesario dar una serie de cifras para que se vea la importancia del número de UF modificadas.

de cosas mucho mejores". En las 184 ocurrencias recopiladas de *Sketch Engine* tenemos 122 ejemplos con la UF en su forma canónica, 29 sustituciones, 24 ampliaciones y 9 reducciones.

En lo que respecta a las sustituciones, tenemos 6 ocurrencias en las que se ha sustituido el término *tortas*, como, por ejemplo, en (1) y (2).

1. El sitio no es el ideal, pero *a falta de pan ... buenos son garajes comunitarios*[2] jaja. os pondré mas [*sic*] fotos a medida que vaya avanzando la cosa, me estoy volviendo bastante loco para poder pasar los tubitos. [esTenTen18, 1166776]
   1) Los gestos son importantes en la vida, en política más y en tiempos de crisis, *a falta de pan buenos son gestos*. [esTenTen18, 8646446]

23 casos en los que se han sustituido los dos sustantivos (*pan* + *tortas*), como en (3), (4) y (5):

2) Para criar a un niño se necesita una tribu entera dice un proverbio africano, y *a falta de tribu buenos son amigos* en Facebook. [esTen-Ten18, 12361818]
3) Frente a esta crisis económica el discurso de algunos es tirar de terrorismo y *a falta de ETA buenos son los islamistas*. [esTenTen18, 6677437]
4) Las penas, *a falta de pan*, con toros serían menos. [esTenTen18, 16980526]

Creemos que el ejemplo (5) debe tratarse de una confusión o contaminación, puesto que se han mezclado dos UF: *a falta de pan, buenas son tortas* y *las penas con pan son menos*, quizás porque en ambas aparece el término *pan*.

Casos en los que esta UF se ha modificado mediante una ampliación son, por ejemplo, los siguientes:

5) Dice usted que "aquí –afortunadamente– cabe cualquiera, y *a falta de pan (buenos argumentos) buenas son tortas*, las reparten amasadas

2 La cursiva para marcar la UF en los ejemplos es nuestra, no está así en el original.

como insultos y coacciones, como necias criaturas" [esTenTen18, 1398506]

6) aunque sí, *a falta de pan (personas protestando de forma masiva), buenas son tortas* (4 que nos representen y atraigan a los medios para que lo veamos por la tele). [esTenTen18, 41070248]

El tipo de modificación del que menos casos (nueve) tenemos en el corpus es el de reducción, como vemos en (8) y (9):

7) Y es que *a falta de pan …* La homosexualidad como ejercicio, no como tendencia inexorable, es una posibilidad para cualquiera. [esTenTen18, 32044233]
8) Encontré un palo de fregona en un contenedor de basuras. "*A falta de pan …*", pensé. [esTenTen18, 20889320]

## 5.2 *Nacer / venir con un pan debajo del brazo*

La UF *nacer / venir con un pan debajo del brazo*, que, según el diccionario de Buitrago, está actualmente en desuso, cosa que nuestros datos contradicen claramente:

> se empleaba para significar la fortuna que entraba en una casa tras el nacimiento de un hijo. Seguramente, la alusión al pan tiene que ver con el hecho de que el nuevo miembro de la familia fuera una nueva fuente de ingresos, es decir, dos brazos más para trabajar la tierra o para cuidar el ganado si el nacido era varón, y dos brazos más para trabajar en la casa si era hembra (Buitrago 2000: CD-ROOM)

En las 485 ocurrencias que detectamos, la UF se ha utilizado en 195 casos en su forma canónica, en 269 se ha sustituido el sema *pan* y en 21 constatamos ampliaciones. No hay ningún caso de reducción.

Dentro de las sustituciones del lexema *pan* tenemos los casos (10), (11) y (12):

9) Dicen que los niños ya *nacen con un móvil bajo el brazo*, que son nativos digitales, pero a veces parece que, aunque sepan manejar tan bien sus dispositivos, no saben hacer buen uso de ellos. [esTenTen18, 14740410]
10) Muchos padres ante una situación compleja en la crianza de sus hijos, suelen decir que los niños "podrían *venir con un manual bajo el brazo*". [esTenTen18, 40246036]

11) Para colmo de felicidad, *los presupuestos vinieron crecidos y con un niño bajo el brazo*, el primero de Alberto Núñez Feijoo, que apenas se tomó unos días en febrero para ejercer de padre a tiempo completo. [esTenTen18, 12332730]

En este último (12) encontramos, además de una sustitución, una ampliación de la UF. Otros ejemplos de ampliación de esta UF son:

12) Como no podía ser de otra manera, les deseaba que Ale jr., haya *llegado a este mundo no con un pan debajo del brazo, sino con toda una panificadora*. [esTenTen18, 1386659]
13) Los niños ya no *vienen con un pan debajo del brazo, sino con smartphones*. [esTenTen18, 5605914]

## 5.3 *No solo de pan vive el hombre*

La tercera UF española que analizaremos, *no solo de pan vive el hombre*, según el DUE, "expresa que para que el hombre alcance su plenitud deben cubrirse otras necesidades además de la manutención". De las 443 ocurrencias recopiladas solo en 72 se ha utilizado la UF en su forma canónica y en 371 ha habido una sustitución. No hallamos ningún caso de reducción ni de ampliación.

Dentro de las sustituciones podemos diferenciar tres tipos:
a) Sustitución del sustantivo *pan*, con 155 casos, como los siguientes:

14) Pero *no solo de amor vive el hombre* ... así que la operadora se vale de los mensajes de los usuarios para éstos propongan a sus enamorados un móvil como regalo. [esTenTen18, 13597611]
15) Pero *no solo de coches vive el hombre*, también podrás tunear otros vehículos. [esTenTen18, 1573437]

b) Sustitución del sustantivo *hombre*, con solo 3 casos, como:

16) ¿de qué podría hablar yo en una sección de nombre "*No solo de pan vive el traductor*"? [esTenTen18, 21520162]
17) Pero *no solo de pan vive el becario*. [esTenTen18, 2055400]

c) Sustitución de ambos sustantivos (*pan* + *hombre*), dando así lugar al patrón *no solo de X vive Y.*[3] Ponemos un par de ejemplos de los 213 casos recopilados:

18) Pero *no solo de fútbol vive el héroe* así que centrémonos en nuestro mundo particular. [esTenTen18, 1768095]
19) Sin embargo, *no solo de París vive Francia* [esTenTen18, 8277835]

## 5.4 *(Ser una cosa) el pan (nuestro) de cada día*

El diccionario de Cantera Ortiz de Urbina y Gomis Blanco (2007: 286) define así la expresión *(ser una cosa) el pan (nuestro) de cada día*: "se dice de algo a lo que estamos acostumbrados por repetirse constantemente". En la mayoría de los casos documentados encontramos esta UF en su forma canónica, aunque también tenemos 206 sustituciones de los términos *pan* o *día*. No hemos encontrado modificaciones por ampliación o reducción.

Contamos con 184 sustituciones del sustantivo *pan*, como vemos en (21) y (22):

20) Se podría decir que son como *el adjetivo nuestro de cada día*. [esTenTen18, 3154129]
21) Y su desmedida afición al fútbol le llevó a preparar una de las primeras antologías de poesía futbolera, *El gol nuestro de cada día* (Vaso Roto). [esTenTen18, 12594675]

En 15 de los casos documentados se ha sustituido el término *día*, como se observa en (23) y (24):

22) Esto *es el pan nuestro de cada municipio en España*. [esTenTen18, 16864920]
23) En definitiva, *el pan nuestro de cada pretemporada*, que hoy vivirá una nueva etapa con una sesión matinal prevista en El Alcoraz y desplazamiento a Fustiñana para un amistoso contra el Tudelano. [esTenTen18, 19869483]

---

3 Para más información a cerca de este patrón, tanto en la expresión española como en la alemana, que veremos en el apartado 6.4., puede consultarse el artículo de Mellado Blanco (2024).

En 7 casos se da la sustitución de ambos términos siguiendo el patrón *ser algo el/la X nuestro/a de cada Y,* como se muestra en (25) y (26):

24) Hugo Sánchez *es el gol nuestro de cada domingo.* [esTenTen18, 16904154]
25) Tampoco de la posibilidad de que las gasolineras dejen de ser concesiones de Pemex, y ya podamos comprar el carburante sin esperar *el gasolinazo nuestro de cada mes.* [esTenTen18, 55365463]

## 5.5 *Ser (algo) pan para hoy y hambre para mañana*

La última UF española que analizaremos es ser (algo) pan para hoy y hambre para mañana. El diccionario de Seco, Andrés y Ramos la define como "solucionar solo de manera imperfecta y pasajera un problema dado" (2004: 731). En el corpus recopilado contamos con 701 casos en los que esta expresión se ha utilizado sin modificar, 41 en los que se ha sustituido *pan* o *hambre* y solo 2 ampliaciones. El término *pan* se ha sustituido en 22 casos, como vemos en (27) y (28):

26) Mire, la política-propina no funciona, porque esos *son pagos para hoy y hambre para mañana.* [esTenTen18, 20114576]
27) Tanto la abstención como el sí de Sánchez, ante una hipotética investidura de Rajoy, supondría *comida para hoy y hambre para mañana.* [esTenTen18, 6559358]

El sustantivo *hambre* ha sido sustituido en 9 casos, como los siguientes:

28) El pan para hoy y miseria para mañana, ya no lo quiere nadie. [esTenTen18, 149308]
29) ¿Todo lo que toca el credito [sic] blando se convierte en pan para hoy y batacazo para mañana? [esTenTen18, 9470747]

En 10 casos se han sustituido tanto *pan* como *hambre*, dando lugar al patrón *ser algo X para hoy y Y para mañana*, como, por ejemplo, en (31) y (32):

30) La sonrisa poco mordedora de Albert Rivera *es vitaldent para hoy y sacamuelas para mañana.* [esTenTen18, 16107123]

31) O hay garantía de control del crecimiento de ese regadío o, si no, estamos *haciendo agua para hoy y sed para mañana*. [esTenTen18, 9470615]

En los ejemplos (33) y (34) podemos ver una ampliación de esta UF:

32) Entrar en una espiral continua de reducción de precios con tal de ganar cuota de mercado es pan (poco, muy poco) para hoy y hambre para mañana. [esTenTen18, 13526054]
33) La profundización de la crisis tiene sus raíces en la política del PP, de "pan con jamón para hoy y hambre para mañana" [esTenTen18, 38974461]

## 6 Análisis de los ejemplos con el término *Brot*

Pasamos a realizar el análisis de los ejemplos alemanes que hemos encontrado en *Sketch Engine* de las cinco UF con más casos de modificación. En este caso la búsqueda no ha estado limitada por cuestiones regionales, como sí lo estuvo en español.

### 6.1 *Sich die Wurst vom Brot ziehen / nehmen lassen, die Wurst vom Brot ziehen*

En primer lugar, analizaremos las UF *sich die Wurst vom Brot ziehen / nehmen lassen* y *die Wurst vom Brot ziehen*, que, aunque las dos primeras no son sinónimas de la tercera, sí tienen estructuras similares. Según el diccionario en línea *Redensarten-Index*, las expresiones alemanas *sich die Wurst vom Brot ziehen lassen* y *sich die Wurst vom Brot nehmen lassen* significan "eine Schädigung (widerspruchslos) hinnehmen". En cambio, *die Wurst vom Brot ziehen* es definida por Duden así: *beeindrucken, verblüffen* (2002: 862). De los 299 casos encontrados, tenemos 228 en los que se ha utilizado la forma canónica de la UF, 46 sustituciones, 23 en los que creemos que podría tratarse de una variante y 2 ampliaciones.

Dentro de las sustituciones tenemos dos tipos:

a) Sustitución del sustantivo *Wurst* o *Brot*, como en:

7 Ich hab doch nur wissen wollen, ob es *die Salami vom Brot zieht*, und das hast du ja mit deiner Antwort schon bestätigt. [deTenTen20, 1922082]

8 Das ist jetzt aber kein Wert, der *die Wurst vom Tisch zieht*, oder? [deTen-Ten20, 252220]

b) Sustitución del verbo por un sinónimo. Algunos autores podrían considerar estos casos variantes, pero desde nuestro punto de vista serían modificaciones, puesto que hay una intencionalidad detrás de ese cambio, como se observa en:

9 Da sie kaum Empathie haben, denken sie in erster Linie auch nur an sich und haben Angst man könnte ihnen ja was *wegnehmen* bzw. *die Wurst vom Brot klauen*. [deTenTen20, 20494259]

10 Die Benzinpreise-Spritkosten, um zur Arbeit zu kommen, *rauben* einem schon die "*Wurst vom Brot*". [deTenTen20, 30120093]

Los dos casos en los que ha habido una ampliación son:

11 Naja, jedenfalls wird man mit diesem Motor nicht *die Wurst vom Butterbrot ziehen*. [deTenTen20, 29015476]

12 Doch mit den neuen Speed Twin könnte Triumph *die Wurst vom Roadster-Brot ziehen*. [deTenTen20, 4517716]

Por último, tenemos 23 casos en los que se ha sustituido el término *Wurst* por *Butter*. Lo hemos considerado variante puesto que son muchos ejemplos y no podría hablarse de modificación. Sin embargo, creemos que esto puede ser debido a una mezcla o contaminación por parte de los hablantes con la UF *sich nicht die Butter / den Käse vom Brot / Toast nehmen lassen*, que analizaremos a continuación, puesto que ambas tienen estructuras similares y en ellas se utiliza el término *Brot*.

13 Auf der anderen Seite hat der mitgelieferte Blitz *nicht die Butter vom Brot gezogen*. [deTenTen20, 23179291]

14 Wäre doch auch gelacht, wenn *sich* die deutschen Automobilbauer *die Butter vom Brot ziehen lassen würden* … [deTenTen20, 27071793]

### 6.2 *Sich nicht die Butter / den Käse vom Brot / Toast nehmen lassen*

La segunda UF alemana que analizaremos es *sich nicht die Butter / den Käse vom Brot / Toast nehmen lassen*, con el significado de "sich nichts gefallen lassen, sich nicht benachteiligen lassen", según Duden (1995: CD-ROOM). En la búsqueda que hemos realizado hemos encontrado 3.783 casos con la UF en su forma canónica, 32 sustituciones, 16 ampliaciones y 90 ocurrencias que podríamos considerar variantes, o, como ya vimos en el análisis de la UF anterior, la mezcla entre ambas expresiones.

Las sustituciones que hemos encontrado son de los sustantivos *Butter* / *Käse*, como en:

15 Nun wollten die Blau-Weißen sich nicht noch einmal die Nutella vom Brot nehmen lassen und zeigten in der Folge weiterhin ein körperbetontes Spiel. [deTenTen20, 14396368]

16 Warum lassen sich die Europäer immer wieder die Zukunft vom Brot nehmen. [deTenTen20, 42676094]

Entre las ampliaciones encontradas se incluyen los siguientes ejemplos:

17 Das Kino seinerseits ließ sich die Innovationsbutter vom Brot nehmen, mochte die Fortschritte der Konkurrenz nur matt mit Remakes von mehr oder weniger kultigen Retro-Serien kontern. [deTenTen20, 1861575]

18 Na, Kühne lässt sich diesbezüglich ja nicht die Markenbutter vom Brot nehmen. [deTenTen20, 39753513]

Las que podríamos considerar variantes, o una contaminación entre UF serían casos como los ejemplos (47) y (48):

19 Dass sich Lewis hier nicht die Wurst vom Brot nehmen lässt und noch haufenweise Gags anbringt, versteht sich von selbst. [deTenTen20, 39187727]

20 Motivierte, junge Leute mit Biss, die sich nicht so leicht die Wurst vom Brot nehmen lassen, sind bei uns genau richtig! [deTenTen20, 41085765]

## 6.3 *In der Not schmeckt die Wurst auch ohne Brot*

La siguiente expresión alemana que analizaremos es *In der (allergrößten) Not schmeckt die Wurst auch ohne Brot*. Definida así por Duden (1995: CD-ROOM): "das Sprichwort spielt in ironischer Umkehrung mit der Situation, dass in Not geratene Menschen sich nur Brot ohne Wurst leisten können", es equivalente de la UF española *A falta de pan, buenas son tortas*. En los 45 ejemplos recopilados hemos encontrado 33 en los que esta expresión se utiliza tal como la encontramos en los diccionarios, 10 sustituciones, 1 ampliación y 1 reducción.

Tenemos 7 casos en los que se ha sustituido el sustantivo *Wurst* y 3 en los que se ha sustituido, además de este, también *Brot*, dando así lugar al esquema *In der Not schmeckt X auch ohne Y*, como vemos en:

6 „*In der Not schmeckt die Gans auch ohne Brot*" scherzte der Glasmacher zu seiner Frau. [deTenTen20, 34552953]
7 Nun gut, *in großer Not schmeckt das Ei auch ohne Brot*. [deTenTen20, 4231823]
8 Test bestanden: *Zur Not schmeckt der Apfelstrudel auch ohne Passfahrt* [deTenTen20, 3898095]
9 Naja, muss ich es wohl mit diesem Oma-Spruch halten „*In der Not schmeckt die Schnitte auch ohne Butter*". [deTenTen20, 35612548]

Los casos de ampliación y reducción son los siguientes:

10 „*In aller Not schmeckt die Mettwurst auch ohne Brot*" lautete die Antwort von gegenüber. [deTenTen20, 27053430]
11 Im Kuhstall der Burg saugt Rüdiger – um seinen Hunger zu stillen – erst einmal eine Runde Kuhblut (*in der Not schmeckt das Vampiren* auch). [deTenTen20, 6864449]

En el ejemplo (54), además de la reducción, se ha dado una sustitución del término *Wurst*.

## 6.4 *Der Mensch lebt nicht vom Brot allein*

La siguiente UF, que analizaremos, *Der Mensch lebt nicht vom Brot allein*, es equivalente a la española *no solo de pan vive el hombre*, analizada en el apartado 5.3. Duden (2002: 517) explica así su significado: "die Menschen haben nicht nur materielle Bedürfnisse. –Diese Redensart ist ein Zitat aus der Bibel (Matthäus 4, 4)". De las 1.182 ocurrencias encontradas, en 901 la UF aparece en su forma canónica, en 275 se ha dado la sustitución de *Brot* o *Mensch* y en 1 tenemos una ampliación.

En lo que respecta a las sustituciones tenemos 3 tipos:
a) Sustitución del sustantivo *Brot* en 165 casos, como podemos ver en:

12 *Der Mensch lebt nicht vom Bier allein* – aber [wer] verschiedene Alkohole in einem Glas zusammenschütten möchte, der sollte in etwa wissen, was er da tut. [deTenTen20, 6628431]
13 Selbst die nimmermüden Kleinaktionäre haben erkannt: *Der Mensch lebt nicht vom* DAX allein. [deTenTen20, 11927778]

b) En 24 ocurrencias se ha sustituido el sustantivo *Mensch*, como en:

14 Doch auch *der Bonstetter lebt nicht vom Brot allein* und huldigt - wie seine Alt-Vorderen - gerne der Geselligkeit. [deTenTen20, 9847218]
15 *Der Marktbesucher lebt nicht vom Brot allein*: geschälte Wildschwein-Rohwurst der Metzgerei Steinemann aus Thayngen. [deTenTen20, 8038235]

c) En 91 casos se han sustituido los sustantivos *Brot* y *Mensch*, dando así lugar a, como ya veíamos en español, el patrón *X lebt nicht vom Y allein*, como se aprecia en los ejemplos:

16 Natürlich, *Bildungsreform lebt nicht vom Geld allein* [deTenTen20, 14887837]
17 „Auf die Branche Chor übertragen müsste es demzufolge heißen: „*Ein Chor lebt nicht vom Gesang allein!* [deTenTen20, 39636920]
18 *Der Literaturjournalismus lebt nicht von Kritik allein*, und dieses Buch möchte die Vielfalt seiner Möglichkeiten zeigen. [deTenTen20, 43675294]

La única ampliación que tenemos es:

19 Für alle die das gemeinsame Essen erst einmal virtuell üben möchten, gibt es nun also die passenden Videos, frei nach dem Motto: *Der Mensch (und die Beziehung) lebt nicht vom Brot allein*. [deTenTen20, 12611343]

### 6.5 *Sich verkaufen wie geschnitten Brot*

La última UF alemana que analizaremos es *sich verkaufen wie geschnitten Brot*, que, según el DWDS significa: "über (sehr beliebte) Waren, Produkte sich schnell und in großer Menge verkaufen; sich sehr gut absetzen lassen". De los 2.448 casos que hemos encontrado, en 2.420 la UF está en su forma canónica, en 26 se ha sustituido el término *Brot* y en 5 hay una ampliación.

Entre las sustituciones encontramos casos del tipo:

6 Seine Alben *verkaufen sich wie geschnitten Biltong* und sacken allesamt mehrfaches Edelmetall ein. [deTenTen20, 44008527]
7 Aber wenn selbst Mifa Baumarkttrekker *sich verkaufen wie geschnitten Pizza*, dann gibt es sicherlich auch einen Markt für Smart Repair am Bike. [deTenTen20, 39499156]

Las ampliaciones encontradas son:

8 Aber auch die Mädchen, von denen einige aus Deutschland stammen, *gehen weg wie geschnitten Milchbrot*. [deTenTen20, 40627263]
9 Und als solcher im Namen der Blut- und Hirnmasseentsorgung für die Firma Lausen unterwegs in der wahrscheinlich besten und erfolgreichsten Fernsehserie, die der NDR jemals hinbekommen hat (läuft auf Netflix, in den USA mit Untertiteln, *verkauft sich* als DVD-Box *wie geschnitten Franzbrötchen*). [deTenTen20, 17515706]

En el ejemplo (65) vemos que, además de la ampliación de *Brot*, el verbo *sich verkaufen* se ha sustituido por el sinónimo *weggehen*.

## 7 Conclusiones

A partir de los datos expuestos hasta este punto, se puede concluir que la fijación no es en la actualidad la característica más relevante de las UF, como sí lo afirmaba Zuluaga Ospina (1980:124) cuando defendía que "toda expresión idiomática es fija", sino que las UF no solo son susceptibles de ser modificadas, sino que, de hecho, se modifican. Además, el número de casos de modificaciones con los que contamos sugiere que el uso modificado de estas expresiones es una práctica común en el lenguaje cotidiano actual. También observamos que, como ya indicaba Corpas Pastor (cfr. 1996: 29), una fijación e institucionalización alta conlleva una mayor modificación de la UF, como vemos, por ejemplo, en las UF *No solo de pan vive el hombre* y *Der Mensch lebt nicht vom Brot allein*. Sin embargo, al estar almacenada la UF en su forma canónica en el léxico mental de los hablantes, esta es fácilmente reconocible a pesar de la modificación. Es decir, la UF modificada sólo funciona como tal si se produce sobre el fondo de la UF canónica, a la manera de un esquema FIGURA-FONDO (FIGURE-GROUND).

Se ha observado, además, que la modificación por reducción se manifiesta principalmente en aquellas UF compuestas por dos oraciones, como por ejemplo *Al pan, pan y al vino, vino*, en español o *Wes Brot ich ess', des Lied ich sing'*, en alemán. En lo que respecta a las modificadas por sustitución, en la mayoría de los casos se reemplaza un sustantivo por otro, aunque también hay sustituciones del verbo. En alemán, muchas de las ampliaciones se producen a través de *Komposita*.

En lo que respecta a la vigencia de las UF, nuestro corpus solo contiene ejemplos actuales, lo que confirma que siguen vigentes actualmente, tanto en su forma canónica como modificadas, a pesar de que algunos diccionarios indiquen que ciertas expresiones están anticuadas. Un ejemplo de ello son las expresiones *jmdn. in Lohn und Brot nehmen*, con 25 casos, y *nacer / venir con un pan debajo del brazo*, que, aunque los diccionarios Duden (1995) y Buitrago (2000) indican que están anticuadas y en desuso, observamos que siguen presentes en el lenguaje cotidiano. En nuestro corpus contamos con 25 casos de la UF alemana y 485 de la española, una cifra que consideramos significativa.

## Referencias citadas

Buitrago Jiménez, A. (2000). *Diccionario de dichos y frases hechas*. Madrid: Espasa Calpe. (CD-ROM)

Burger, H. (2000). La variación en fraseología. En Pamies Bertrán, A. y Luque Durán, J. de D. (Eds.), *Trabajos de lexicografía y fraseología contrastivas* (pp. 105-117). Granada: Método.

Cantera Ortiz de Urbina, J. (2011). *Diccionario de dichos y expresiones del español: su interpretación al alcance de todos*. Madrid: Abada Editores.

Cantera Ortiz de Urbina, J. y Gomis Blanco, P. (2007). *Diccionario de fraseología española: locuciones, idiotismos, modismos y frases hechas usuales en español (su interpretación)*. Madrid: Abada Editores.

Cerdá Massó, R. (1986). *Diccionario de lingüística*. Madrid: Anaya.

Corpas Pastor, G. (1996). *Manual de fraseologia española*. Madrid: Gredos.

DUDEN (1995). *Duden Redewendungen und sprichwörtliche Redensarten*. Mannheim: Dudenverlag. (CD-ROM). *Band 11.*

DUDEN (2002). *Redewendungen. Wörterbuch der deutschen Idiomatik*. Mannheim: Dudenverlag. *Band 11.*

DWDS = *Das Wortauskunftssystem zur deutschen Sprache in Geschichte und*

*Gegenwart*. Recuperado de <https://www.dwds.de/>.

García-Page Sánchez, M. (1996). Sobre las variantes fraseológicas en español. *Revista canadiense de estudios hispánicos*, XX(3), pp. 477-490.

Llopart Saumell, E. (2021). Desautomatización fraseológica: de la norma a la creatividad. *CLINA Revista Interdisciplinaria de Traducción Interpretación y Comunicación Intercultural*, 6(2), pp. 119-136.

Martínez Marín, J. (1996). *Estudios de fraseología española*. Málaga: Ágora.

Mellado Blanco, C. (2020). La desautomatización desde el prisma de la Gramática de Construcciones: un nuevo paradigma de la variabilidad fraseológica. *Nasledje*, 45, pp. 17-34.

Mellado Blanco, C. (2024). The ways of phraseology are mysterious: Humour and snowclones in Spanish and German Bibleisms from a Construction Grammar perspective. En Babič, S., Williams, F. C., Grandl, C. y Litovkina, A. T. (Eds.), *"Standing on the shoulders of giants": A Festschrift in honour of Wolfgang Mieder on the occasion of his 80th birthday* (pp. 495-512). Recuperado de <https:/<doi.org/https://doi.org/10347/33277>.

Mena Martínez, F. (2003). En torno al concepto de desautomatización fraseológica: aspectos básicos. *Tonos digital*, 5. Recuperado de <https://digitum.um.es/digitum/handle/10201/50794>.

Moliner, M. (2008). *Diccionario de uso del español*. Madrid: Gredos.

Montoro del Arco, E. T. (2005). Hacia una sistematización de la variabilidad fraseológica. En Pastor Milán, M. A. (Ed.), *Estudios lingüísticos en recuerdo del profesor Juan Martínez Marín* (pp. 125-152). Granada: Universidad de Granada.

Nedwed, S. y Romau Nedwed, C. (2009). *Diccionario fraseológico: español y alemán = Phraseologisches Lexikon Deutsch und Spanisch*. Barcelona: Ediciones del Serbal.

Schemann, H. *et al.* (2012). *Idiomatik Deutsch-Spanisch*. Hamburg: Buske.

Seco, M., Andrés, O. y Ramos, G. (2004). *Diccionario fraseológico documentado del español actual: locuciones y modismos españoles*. Madrid: Aguilar.

Sinner, C., Tabares Plasencia, E. (2016). El problema de las variantes fraseológicas desde la perspectiva de la lingüística de variedades. *RLA: Revista de lingüística teórica y aplicada*, 54(2), pp. 13-41.

Sulikowska, A. (2019). *Kognitive Aspekte der Phraseologie*. Bern: Lang.

Thun, H. (1978). *Probleme der Phraseologie*. Tübingen: De Gruyter.

Torrent i Alamany-Lenzen, A. y Uría Fernández, L. (2020). *Spanisch-deutsches Wörterbuch der Redewendungen*. Hamburg: Buske.

Wotjak, B. / Wotjak, G. (s. f.). La teoría del campo y otras propuestas clasificadoras para la fraseografía. En Durante, V. (Ed.), *Fraseología y paremiología: enfoques y aplicaciones*. Madrid: Instituto Cervantes. Biblioteca Fraseológica y Paremiológica, 5, (pp. 51-79). Recuperado de <https://cvc.cervantes.es/lengua/biblioteca_fraseologica/n5_durante/default.htm>.

Zuluaga Ospina, A. (1975). La fijación fraseológica. *Thesaurus*, XXX, pp. 225-248.

Zuluaga Ospina, A. (1980). *Introducción al estudio de las expresiones fijas*. Frankfurt am Main: Lang.

# *Cuando la negación no tiene polaridad negativa. Incoherencia entre semántica, sintaxis y léxico en las expresiones de negación obligatoria*[1]

*Valentina Piunno*
(Università degli Studi di Bergamo)

**ABSTRACT**

This investigation discusses the results of a qualitative and quantitative analysis of Spanish and Italian phraseological expressions involving obligatory negation. Obligatorily negated expressions reveal an incoherence between semantics and syntax/lexicon, which deserves a more detailed analysis. The corpus-based investigation here proposed aims to answer the following questions: what is the function of negative polarity in obligatorily negated expressions?; what types of classifications are possible? On the one hand, the quantitative analysis aims at identifying the different syntactic patterns of the obligatory negated sequences. On the other hand, the qualitative investigation explores the function of the negation marker as well as the relationship between the "falseness" of the negation and the degree of lexicalization of a sequence.

***Keywords:*** Negation, false negative polarity, degree of lexicalization, Spanish, Italian.

**RESUMEN**

Este artículo propone una descripción cualitativa y cuantitativa de las expresiones fraseológicas del español y del italiano que llevan la negación obligatoria. Las expresiones de negación obligatoria ponen en evidencia una incoherencia entre semántica y sintaxis/léxico que merece un análisis más detallado. Este análisis, basado sobre corpus, mira a responder a las siguientes preguntas: ¿cuál es la función de la polaridad negativa en las expresiones fraseológicas de negación obligatoria?; ¿qué tipos de clasificaciones son posibles? Por un lado, el análisis cuantitativo revela los diferentes patrones que caracterizan estas secuencias y sus frecuencias. Por otro lado, el análisis cualitativo explora la función de la negación la relación entre la *falsedad* de la negación y el grado de lexicalización de las secuencias.

***Palabras clave:*** Negación, falsa polaridad negativa, niveles de lexicalización, español, italiano

---

1 Trabajo realizado en el marco del proyecto de investigación "Strutture lessicali nel *continuum* lessico-sintassi", financiado en 2024 por la Università degli studi di Bergamo. Este artículo reelabora y amplía el contenido analizado en Piunno (2018).

## 1 Las expresiones fraseológicas de negación obligatoria

La negación se puede definir generalmente como una operación morfosintáctica que puede ser utilizada para contrastar el valor de verdad de una frase, mediante la inversión del significado de un elemento léxico o de una construcción. La negación es una categoría universal (Willis *et al.* 2013: 1): aunque los sistemas lingüísticos puedan mostrar sus propios dispositivos específicos (Bernini / Ramat 1996: 1-2), muchas lenguas del mundo pueden expresar la polaridad negativa.

Las lenguas pueden emplear recursos muy diferentes para expresar la polaridad negativa (Dahl 1979; Miestamo 2007). Tanto en inglés como en las lenguas románicas (como el español y el italiano), la negación está implicada tanto por recursos morfológicos (es decir, prefijos) como léxicos o sintácticos (es decir, pronombres, adjetivos y adverbios de negación).

**Tabla 1.** Recursos empleados mayoritariamente para expresar la negación

| TIPO | INGLÉS | ESPAÑOL | ITALIANO |
|---|---|---|---|
| **Prefijos** | *un-*<br>*dis-*<br>*a-*<br>*il-* | *in-/im-*<br>*dis-*<br>*a-*<br>*il-* | *in-/im-*<br>*dis-*<br>*a-*<br>*il-* |
| **Adverbios** | *no*<br>*neither* | *no*<br>*ni* | *non*<br>*neanche* |
| **Pronombres** | *Nobody* | *nadie* | *nessuno* |
| **Adjetivos** | *non, no* | *no, ninguno* | *non, nessuno* |

En el ámbito de la Fraseología, en un estudio reciente sobre el italiano se observó que la polaridad negativa puede caracterizar distintos tipos de unidades: además, en muchos casos, la negación tiene que ser expresarse obligatoriamente expresada. Los ejemplos que siguen representan algunas unidades fraseológicas de negación obligatoria en español, en italiano y en inglés:

1) ES: *no-violencia*
   IT: *non vedente*
   IN: *no entry* 'prohibido el paso'

2) ES: *no cerrar los ojos*
   IT: *non avere parole* 'no tener palabras'
   IN: *not to have a prayer* 'no tener oportunidad'
3) ES: *de no te menees*
   IT: *non indifferente* 'importante'[2]
   IN: *not half bad* 'bastante bien'
4) ES: *a más no poder*
   IT: *non per niente* 'no en vano'
   IN: *no longer* 'ya no'

Los diferentes ejemplos identifican expresiones fraseológicas con función nominal (1), verbal (2), adjetival (3), adverbial (4). La negación obligatoria se encuentra también en las expresiones fraseológicas con función gramatical, como las que se comportan como conjunciones (5), las que tienen la misma función de los pronombres (6) y de las interjecciones (7):

5) ES: *por poco no*
   IT: *ciò non toglie che* 'eso no quita que'
   IN: *not to mention* 'sin mencionar'
6) ES: *no sé cuántos*
   IT: *non pochi* 'muchos'
   IN: *no one* 'ninguno'
7) ES: *¡que no!*
   IN: *no way!* 'ni hablar!)
   IT: *no signore*! '¡No señor!'

Esta investigación propone una descripción cualitativa y cuantitativa de las *expresiones fraseológicas de negación obligatoria*. Entre ellas, se prestará especial atención a las secuencias verbales, caracterizadas por la presencia de una marca de negación que no puede eliminarse, como en los siguientes ejemplos:

8) *El verano ya se acerca, y* no vemos la hora de *disfrutar de la playa* [esTenTen token 244574614]

[2] Merece la pena señalar que muchos de los usos adjetivales (3) y pronominales (6) son casos de litotes (sobre este tema, cfr. Esteban-Fonollosa 2024).

9) *Mañana trataré de [...]* no perder ripio *hasta las doce del mediodía*
[esTenTen token 100740299]
10) *Este verano* no ha sido para menos *y nuestras influencers favoritas nos han dejado una serie de lugares que han triunfado en la red.*
[esTenTen token 633391116]

El marcador de negación es obligatorio y es un componente estructural de las unidades fraseológicas, aunque su valor semántico sea diferente de lo habitual. Algunas secuencias solo existen con polaridad negativa, y no pueden presentar una polaridad afirmativa.

## 2 Objetivos y método de análisis

En esta investigación se analiza la negación y los recursos para expresar la polaridad negativa en las expresiones fraseológicas, y en particular la función de la negación (que se presenta como obligatoria en esas unidades). El análisis se realiza mediante una prospectiva sea cualitativa sea cuantitativa que tiene por objeto identificar i) las clases que (más frecuentemente) llevan la negación obligatoriamente y ii) la función de la polaridad negativa. Los datos recogidos servirán para clasificar este tipo de unidades y se compararán con expresiones fraseológicas similares en otras lenguas románicas.

El análisis tendrá en cuenta tanto el punto de vista empírico (i-ii) como el teórico (iii-iv), analizando:

i. extracción de las expresiones fraseológicas negadas y resultados cuantitativos;
ii. comparación con algunos datos del italiano;
iii. función de la negación (polaridad, obligatoriedad y semántica);
iv. tipos de negación y tipos de construcciones negadas (propiedades sintácticas y grados de fijación).

Desde el punto de vista empírico, es importante determinar los modelos computacionales que permiten identificar y extraer las expresiones fraseológicas negadas en los corpus; esta parte del análisis también implica una perspectiva comparativa con algunos datos del italiano. Desde el punto de vista teórico, será considerada la función de la negación en las expresiones fraseológicas y, en particular, el tipo la polaridad (el tipo de polaridad que el marcador de negación expresa), la obligatoriedad de la negación, y las propiedades semánticas de la negación y de las secuencias. Además, este estudio propone una clasificación de las expresiones fraseológicas negadas que tiene en cuenta la existencia de una correlación entre el tipo de negación y las propiedades sintácticas, así como el grado de lexicalización y de fijación de las secuencias. Además, me referiré a la negación considerando tanto el punto de vista sintáctico como el semántico. Por esta razón, tendré en cuenta dos tipos de negación: la negación sintáctica y la negación semántica.

## 2.1 *Extracción de los datos*

Para este estudio fueron recogidas 465 expresiones fraseológicas con negación obligatoria en español. La extracción de las secuencias negadas fue realizada principalmente a través de diccionario sy, en particular, el *Diccionario de la lengua española* y el *Diccionario de Locuciones Idiomáticas del Español Actual* (Penadés Martínez 2019), que incluye locuciones de la variedad del español hablado en España. Los ejemplos de las unidades en contexto fueron extraídos para el corpus *esTenTen18* que está disponible en la plataforma *Sketch Engine* (Kilgarriff *et al.* 2004 y 2014). Los datos fueron clasificados con base en las siguientes propiedades:

i. la categoría léxica;
ii. el patrón sintáctico;
iii. el tipo de negación expresada (la negación semántica frente a la sintáctica);
iv. el tipo de marcador de negación utilizado.

A continuación, se compararon los datos del español con los datos cuantitativos del italiano y, en particular, con el estudio realizado en Piunno (2018). En este caso fueron recogidas 200 expresiones fraseológicas negadas del italiano, cuya extracción se operó a través de las siguientes obras lexicográficas: el *Diccionario CombiNet* (Piunno 2016; Simone / Piunno 2017; Lenci *et al.* 2017) y el *Diccionario GRADIT* (De Mauro 1999). Los datos de concordancia y las expresiones fueron extraídas desde el corpus de italiano *La Repubblica* (Baroni *et al.* 2004).

## 3 Resultados cuantitativos y comparación con algunos datos del italiano

Por la clasificación de las expresiones fraseológicas se ha considerado, en primero lugar, el tipo de marcador de negación. El primer dato que se detecta al comparar las distintas expresiones del español y del italiano es el predominio de un único marcador de negación: el marcador *no* es el más frecuente en las expresiones del español, en las que ocurre en el 71% de los casos; el marcador de negación más frecuente de las expresiones fraseológicas del italiano es *non* 84%. En ambos casos, se trata de un lexema especializado para la marca de negación; *no* y *non* predominan claramente sobre los demás marcadores de negación del español y del italiano respectivamente, en la construcción de oraciones con polaridad negativa.

En segundo lugar, las secuencias fueron clasificadas con base en sus funciones en la expresión y en el valor asignado las categorías léxicas; aparte de los determinantes, están representadas todas las demás categorías léxicas. Los verbos, los adverbios y los adjetivos son los que aparecen con más frecuencia con negación, como se puede ver en el gráfico (Fig. 1).

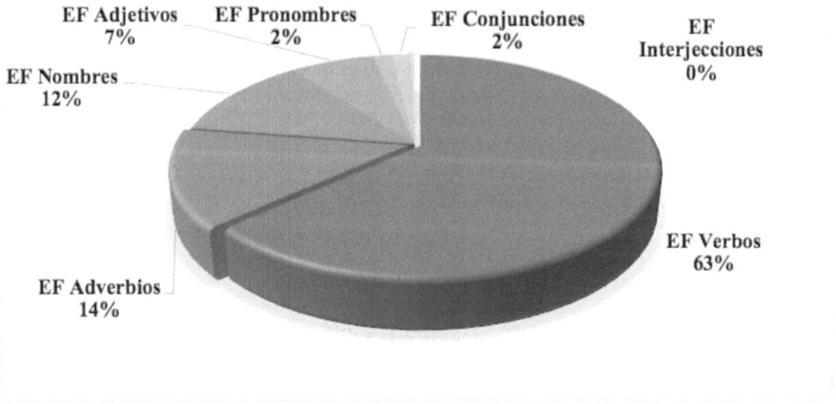


**Figura 1.** Clases léxicas con negación obligatoria del español

En la tabla que sigue (Tabla 2) se presentan los datos del español en comparación con los del italiano. Los porcentajes se encuentran normalizados porque los totales de los datos de las dos lenguas son diferentes.

**Tabla 2.** Clases léxicas con negación: comparación entre español e italiano

| Clases de EF | Español | Italiano |
|---|---|---|
| EF Verbos | 63,91% | 60,20% |
| EF Adverbios | 14,23% | 14,43% |
| EF Nombres | 11,68% | 13,43% |
| EF Adjetivos | 6,79% | 6,47% |
| EF Pronombres | 1,49% | 2,99% |
| EF Conjunciones | 1,49% | 1,99% |
| EF Interjecciones | 0,42% | 0,50% |

El resultado importante es que, también en italiano, las expresiones fraseológicas verbales con negación obligatoria son mucho más frecuentes que las otras clases. Esto se debe al hecho de que las secuencias verbales son sintácticamente las más cercanas a la unidad y también al hecho de que el marcador de negación que ha sido seleccionado opera, sobre todo, con los verbos. Lo sorprendente no es tanto la representatividad de la categoría léxica a la que pueden atribuirse las secuencias, sino sus propiedades morfosintácticas. De hecho, tanto los elementos verbales como los adverbiales se caracterizan por un número muy elevado de ejemplares (es decir *tokens*, en los términos de la lingüística de corpus) y por el mayor número de patrones morfosintácticos (es decir, *types*, en los términos de la lingüística de corpus). El gráfico que sigue (Fig. 2) representa la distribución de las categorías léxicas del español:

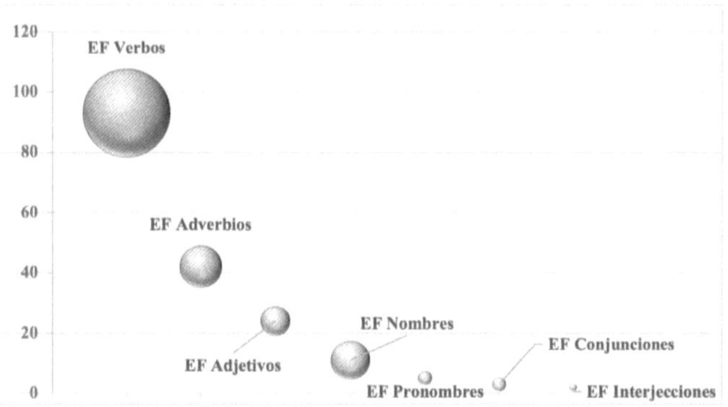


**Figura 2.** Distribución de las categorías léxicas de negación obligatoria del español

Cada esfera del gráfico representa una categoría. El diámetro de la esfera representa la cantidad total de ejemplos que han sido recogidos por cada categoría: las secuencias verbales (seguidas de los elementos adverbiales) muestran el mayor número de ejemplos. Cuanto mayor es el diámetro, mayor es el número de los ejemplos de una categoría. Por otra parte, la distribución espacial de las esferas identifica el número de patrones sintácticos asociados a una misma categoría. Cuanto más alta es la posición en el gráfico, mayor es la variabilidad de la estructura sintáctica. Es importante señalar que las expresiones verbales también ocupan la posición más alta en el gráfico: esto podría ponerse en relación con el grado de fijación de estas unidades. De hecho, las expresiones fraseológicas que ocupan posiciones más altas en el gráfico muestran una mayor variabilidad en términos del tipo de patrón sintáctico y en términos del número de posiciones sintácticas; este tipo de unidades pueden ser más flexibles que otras. Por el contrario, una posición más baja en el gráfico podría sugerir un mayor grado de fijación de este tipo de unidades (cuanto menor sea el número de posibilidades de configuración, mayor será la fijación de la secuencia).

El gráfico no incluye información sobre la frecuencia absoluta de aparición de cada patrón en el corpus. Aunque esta información podría ser útil para medir el grado de fijación de cada configuración e identificar los patrones más productivos para cada categoría, no es fácilmente localizable mediante las tecnologías de extracción habituales, porque no todas las secuencias individuadas por un patrón son fijas. Por este motivo, no se tendrá en cuenta de este dato en el análisis.

El gráfico que sigue muestra que la situación en italiano es muy similar con respecto a los verbos y adverbios, con una ligera diferencia relativa a las otras clases.[3]

---

[3] Por ejemplo, el número de patrones sintácticos asociados a los sustantivos del español es inferior a los del italiano. En cambio, los patrones asociados a los adjetivos son muchos más que los del italiano. Por razones de espacio y dados los objetivos de este análisis, no comentaremos más a fondo esta diferencia.

El análisis cuantitativo no solo puede revelar diferentes patrones de las secuencias, sino también puede individualizar su productividad. Por ejemplo, las configuraciones sintácticas verbales son bastante variables, y la mayoría de ellas aparecen una sola vez, como muestra el gráfico (Fig. 3):

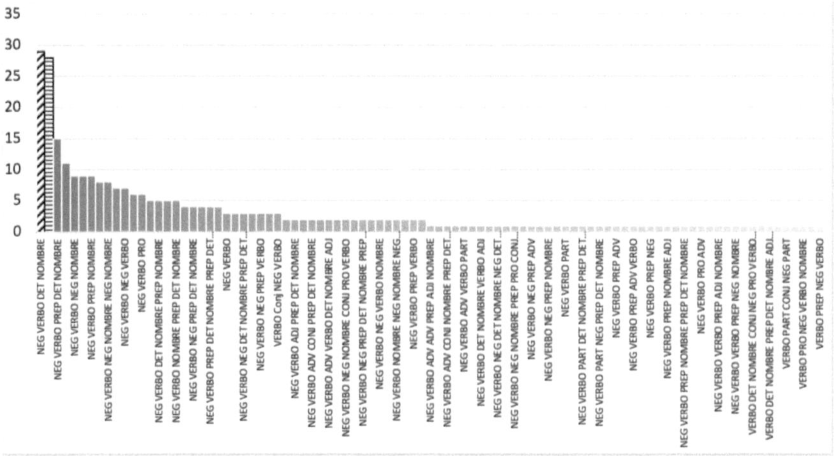


**Figura 3.** Frecuencia de los patrones verbales de negación obligatoria en español

Los dos patrones verbales que registran la mayor frecuencia de ocurrencia son los siguientes, que juntos abarcan el 20% de las configuraciones verbales:

11) NEG VERBO DET NOMBRE: *no ver la hora, no abrir la boca* (9.8%)
12) NEG VERBO NOMBRE: *no pegar ojo, no tener precio* (9,5%)

En italiano hay una situación parecida a la del español. En este caso, la diferencia entre patrones verbales es aún más pronunciada, ya que los dos primeros patrones verbales cubren el 38% de las configuraciones verbales. Lo interesante es la correspondencia entre las dos lenguas: los patrones más frecuentes son los que implican una estructura bi-argumental transitiva en ambas lenguas (Fig. 4).

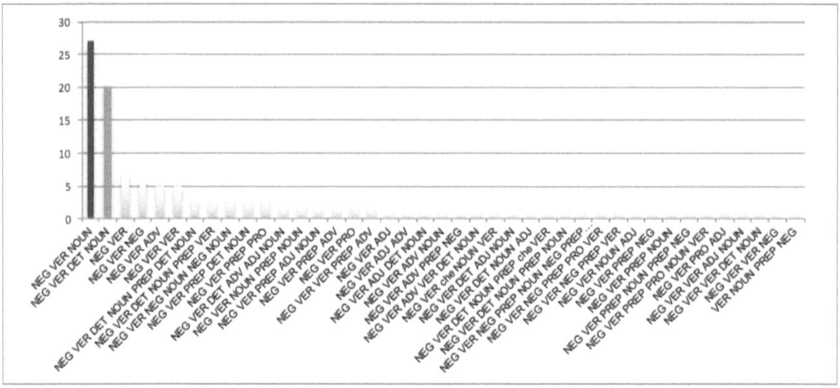


**Figura 4.** Frecuencia de los patrones de las expresiones fraseológicas verbales en italiano (Piunno 2018: 131)

## 4 La función de la negación

Al igual que ocurre con las palabras simples, la gran mayoría de las expresiones fraseológicas pueden modificar su polaridad mediante marcadores de negación. Así pues, los marcadores de negación pueden modificar la polaridad de distintos tipos de expresiones (p. ej., sustantivos, verbos, expresiones idiomáticas):

13) ES: a. *tomar el pelo*
b. ***no** tomar el pelo*
IN: a. *to fall head over heels* 'enamorarse perdidamente'
b. *to **not** fall head over heels* 'no enamorarse perdidamente'
IT: a. *bevanda alcolica* 'bebida alcohólica'
b. *bevanda **non** alcolica* 'bebida **no** alcohólica'

En las expresiones fraseológicas, la negación no solo puede modificar la polaridad de una secuencia, sino también su semántica general. Además, muchas palabras simples (principalmente verbos) adquieren una semántica peculiar cuando se niegan, que no está presente si la polaridad es afirmativa. En estos casos, la negación puede producir nuevas expresiones independientes:

14) ES: a. *poder ver*
b. ***no** poder ver* 'no poder ver - detestar'

IN: a. *stop* 'parar'
b. ***non**-stop* 'sin parar'
IT: a. *andare* 'ir'
b. ***non** andare* 'no ir – no funcionar'

En cuanto a la función de negación, en algunos casos la polaridad negativa también puede utilizarse como *marcador atenuante*, ya que mitiga el significado del constituyente que la sigue:

15) SP: ***no** lejos*
IT: ***non** ultimo* 'no ultimo'

En otros casos, los marcadores de negación no solo pueden proporcionar polaridad negativa, sino también un valor intensificador. Esto es especialmente evidente, por ejemplo, en las construcciones negativas discontinuas expresadas mediante una doble negación:

16) SP: *no vender una escoba*
IT: *non avere un centesimo* 'no tener ni un céntimo'
IN: *not to have a penny* 'no tener ni un penny'

La construcción con doble negación se utiliza como una forma enfática de expresar 'cero' (Bolinger 1972: 120). En estas construcciones, el verbo suele ir seguido de elementos léxicos semánticamente ligeros (por ejemplo, *centesimo* 'céntimo' y *penny*) los que denotan cantidades mínimas (van der Wouden 1997) o tienen carácter tabú (Postma 2000), o denotan objetos de poco valor, como la *escoba* (Mellado Blanco 2020).[4] Cuando se emplean en una expresión fraseológica de este tipo, estos sustantivos adquieren una interpretación de

[4] La doble negación es un fenómeno que se da con frecuencia en las lenguas y que ha sido objeto de diversos análisis lingüísticos. Entre algunos estudios, cabe destacar los realizados sobre el danés (Jespersen 1917), el francés (Hoppenbrouwers 1983), el neerlandés (Van der Wouden 1997) y el español (Mellado Blanco 2020). El fenómeno también ha sido muy estudiado desde la perspectiva de la gramaticalización, en la que, sin embargo, no profundizaremos, dado que no es el propósito de este trabajo.

cuantidad, representando el punto más bajo de una escala (Haspelmath 2005), al igual que hacen los pronombres indefinidos.

### 4.1 *Tipos de expresiones fraseológicas negadas y verdad de la negación*

Las lenguas registran muchas expresiones fraseológicas que son obligatoriamente negadas y que no existen en la polaridad positiva opuesta. En tales casos, la omisión de la negación daría lugar a secuencias gramaticalmente correctas, pero semánticamente anómalas. A veces, la elipsis de la negación solo cambia la interpretación de la secuencia en su significado composicional. Eso ocurre en los ejemplos (17ab) y (18ab), que representan los diferentes usos que pueden asociarse a las secuencias *no mover un dedo/mover un dedo*, y *no quitar ojo/*quitar ojo*:

17) a. *no mover un dedo*
¿Crees sinceramente que la UE *no movería un dedo* en caso de intervención militar?
[esTenTen token 245866238]
b. *mover un dedo*
IntelliWebSearch: buscar información con sólo *mover un dedo* ... (bueno, tres:)
[esTenTen token 6707204]

18) a. *no quitar ojo*
El chófer *no quitaba ojo* de la carretera
[esTenTen token 1594134869]
b. *quitar ojo*
Los tratamientos utilizados para *quitar ojos de pescado* en las manos son los mismos usados para los ojos de pescado de los pies
[esTenTen token 875516600]

Ambos ejemplos muestran que la ausencia de la negación hace desaparecer el valor idiomático. En (18) hay un valor completamente diferente de lo de la expresión fraseológica *no quitar ojo*: en ese caso el verbo *quitar* conserva su valor literal y el nombre *ojo* entra en una combinación sintagmática con *de pescado.*

A veces, la ausencia de la negación obligatoria produce combinaciones sin sentido semántico (19b), porque la expresión existe exclusivamente en la forma negada (19a):

19) a. *no quitar ojo de encima*
El barón al decir eso *no le quita ojo* de encima
[esTenTen token 1513847370]
b. * *quitar ojo de encima*
*El barón al decir eso *le quita ojo* de encima

Por lo tanto, en estas secuencias, la negación no niega el valor de verdad de la unidad (es decir, no afecta a la polaridad de la construcción), pero es un componente estructural de las unidades fraseológicas.

Además, desde un punto de vista semántico, aunque la gran mayoría de las expresiones fraseológicas tienen una semántica negativa, algunos de ellas pueden no implicar realmente un significado negativo, sino más bien uno afirmativo. Por lo tanto, se pueden distinguir dos grupos diferentes, en función de la expresión de la polaridad negativa. El primer grupo (20) comprende los fraseologismos que pueden tener una correspondencia afirmativa (no negada), y el segundo grupo (21) se refiere a las expresiones que no permiten ninguna correspondencia afirmativa plausible (no negada):

20) a. *no cruzar palabra*
b. *no abrir la boca*
c. *no llamar a engaño*
21) a. *no ver la hora*
b. *no caber en su pellejo*
c. *no caberle a alg. el alma en el cuerpo*

En el primer grupo, la negación es sea sintáctica sea semántica (afecta realmente a la semántica del verbo contenido en el fraseologismo), mientras que, en el segundo, la negación es solo sintáctica (no cambia realmente la polaridad del verbo). En ambos casos, la negación es obligatoria (la polaridad positiva cambiaría el significado de las expresiones hacia una interpretación composicional). El valor de verdad de la negación puede comprobarse añadiendo un segundo marcador de negación. Teniendo en cuenta que los marcadores de polaridad negativa son sensibles a la presencia de negación verbal sintáctica (Horn 1989; Givón 2001: 396), es posible comprobar el valor de negación con el adverbio *tampoco*, que tiene un correspondiente positivo. Los siguientes ejemplos muestran el uso de *tampoco* con expresiones de negación obligatoria:

22) *Tampoco no abre la boca*
[esTenTen token 3488497245]

23) *No abrió la boca* durante la sesión *ni tampoco* a petición de los medios de comunicación
[esTenTen token 12306908247]

24) *No veo la hora* de que llueva, me dice Rosi. - Yo *también*, le digo
[esTenTen token 16784174374]

Mientras que las construcciones negativas *verdaderas* admiten *tampoco* (22-23), las expresiones negativas falsas, al igual que las oraciones afirmativas, aceptan el afirmativo *también* (24).

El italiano, como el español, admite la doble negación: si una expresión está doblemente negada, su polaridad sigue siendo negativa. Lo importante en italiano es la posición del segundo marcador de negación: si el segundo marcador de negación precede al verbo, el primero debe eliminarse. En los ejemplos, el segundo operador negativo *mica* se ha añadido al primer marcador negativo *non* ('no'). Si *mica* precede al verbo, es obligatorio omitir el primer marcador de negación, creando una secuencia de tipo NEG$_2$ + ~~NEG$_1$~~ Verbo. Eso ocurre en el ejemplo (25), en el que la secuencia expresa semántica negativa (cfr. Piunno 2018):

25) Semántica negativa: *non aprire bocca* 'no abrir boca'
NEG$_2$ + ~~NEG$_1$~~ + Verbo *mica* apro bocca 'no hablo para nada'

Por el contrario, el segundo marcador de negación no se elimina si la secuencia no expresa la verdadera polaridad negativa, como en el ejemplo (26), en el que se admite la presencia de un segundo marcador de negación delante del elemento verbal (NEG$_1$ NEG$_2$ Verbo)[5]:

5 A partir del análisis basado en el corpus, se puede suponer que el fenómeno está menos presente en español, para el que no existen secuencias de este tipo.

26) Semántica positiva: *non vedere l'ora* 'no ver la hora'
$NEG_2 + NEG_1 + Verbo$ *mica non* vedo l'ora 'no es verdad que no veo la hora'

Así, en base a su semántica afirmativa o negativa, las expresiones fraseológicas pueden distinguirse en dos clases diferentes: *verdaderas* negativas o *falsas* negativas. Mientras que *verdaderas* negativas muestran una polaridad negativa real (donde la negación afecta semántica y sintácticamente al verbo contenido), las *falsas* negativas no son semánticamente negativas, ya que la negación no cambia realmente la polaridad de la unidad. En consecuencia, mientras que las expresiones fraseológicas con polaridad negativa verdadera están negadas sintácticamente y semánticamente, las con falsa polaridad negativa están sintácticamente pero no semánticamente negadas.

Por lo tanto, las expresiones fraseológicas de negación obligatoria ponen en evidencia una incoherencia entre semántica y sintaxis/léxico, que merece un análisis más detallado a otros niveles.

## 4.2 *La incoherencia entre semántica y sintaxis/léxico y el nivel de lexicalización*

¿Cómo puede justificarse la incoherencia entre semántica y sintaxis / léxico que se acentúa a través de las obligadas estructuras fraseológicas negadas con polaridad positiva? Mi hipótesis es que existe una relación entre el valor semántico de una unidad y sus propiedades sintácticas y el nivel de lexicalización. Por eso, se puede aplicar aquí la distinción entre unidades fraseológicas *totalmente* y *parcialmente especificadas* a nivel léxico (cfr. Fillmore *et al.* 1988).

Las unidades *totalmente especificadas* son combinaciones estables desde el punto de vista léxico, son semánticamente impredecibles (suelen tener significados idiomáticos e idiosincrásicos), son sintácticamente fijas, y no permiten ninguna variación léxica o sintáctica. Este tipo de expresiones fraseológicas incluye las que tienen una falsa polaridad negativa. Dentro del grupo de las expresiones fraseológicas, las unidades totalmente especificadas pueden ser las más incoherentes: esto se debe al grado de fijación de los constituyentes, que no solo han perdido autonomía sintáctica, sino que a veces también pueden perder valor semántico.

El grupo de las expresiones fraseológicas *parcialmente especificadas* (o *parcialmente saturadas*) es muy variable (cfr. Piunno 2024). En este trabajo está representado por las construcciones con negación discontinua, que contienen un cuantificador nominal como los ejemplos en (27)-(28)[6]:

27) *no* + decir, saber, conocer, hablar + *ni* + una palabra
28) *no* + pagar, gastar, tener, costar + *ni* + un céntimo

Estas unidades se caracterizan por las siguientes propiedades:

i) tienen tres posiciones fijas: los marcadores de negación, por un lado, y el determinante, típicamente indefinido, por otro;
ii) una posición semivariable: el elemento nominal, que puede seleccionarse entre una gama específica de sustantivos que a veces están semánticamente relacionados y que cumplen determinadas restricciones semántico-léxicas exigidas por el tipo de verbo seleccionado;
iii) una posición totalmente variable: el verbo.

Este tipo de estructura puede asociarse a un esquema más abstracto, como el que se muestra en (29):

29) a. esquema: NEGACIÒN + $X_{\text{VERBO}}$ + NEGACIÒN + DETERMINANTE + $Y_{\text{NOMBRE}}$
b. valor semántico: 'no $X_{\text{VERBO}}$ para nada'

Las unidades parcialmente especificadas i) no están completamente especificadas al nivel léxico, ii) están relacionadas con un mismo esquema fraseológico y, por lo tanto, comparten las mismas configuraciones sintácticas, iii) contienen posiciones abiertas que pueden ser ocupadas por unidades léxicas semánticamente relacionadas, iv) tienen propiedades y restricciones semánticas similares, v) muestran niveles de productividad diferentes. Se encuentran "a medio camino entre el polo gramatical y el polo léxico del sistema de la lengua" (Mellado Blanco 2020: 106). A causa del menor grado de fijación de los constituyentes, las unidades parcialmente especificadas no son expresiones fraseológicas prototípicas al igual que las secuencias totalmente

6 En los ejemplos se utiliza la fuente cursiva para marcar las posiciones fijas y la fuente redonda para las posiciones variables o semivariables.

especificadas. Sin embargo, pertenecen a la zona regular del léxico. Al no estar completamente especificadas al nivel léxico, las combinaciones parcialmente especificadas muestran un bajo grado de fijación de sus constituyentes. El grupo de las expresiones parcialmente especificadas incluye las expresiones con negación discontinua, que se utiliza generalmente para intensificar la polaridad negativa de una frase. Estas expresiones dan lugar una negación verdadera. En consecuencia, cuanto menor sea el grado de fijación de la construcción, más verdadera será la negación.

## 5 Conclusiones

Es posible afirmar que existe una relación entre el valor semántico de una unidad, sus propiedades sintácticas, el tipo de negación (verdadero/falso, semántico/sintáctico) y los grados de lexicalización. En particular, esta investigación ha explorado la relación entre la *falsedad* de la negación y el grado de lexicalización de las expresiones fraseológicas negadas. Existe una relación entre la obligatoriedad de la negación y la lexicalización de las expresiones fraseológicas: cuanto menos verdadera es la negación, mayor es la lexicalización, la fijación y la especificidad léxica. Esto puede representarse a lo largo de un *continuum* de lexicalización, fijación y especificidad léxica (Fig. 5):

**Figura 5.** Negación verdadera y falsa en el *continuum* de lexicalización

Cuanto mayor sea el grado de lexicalización y fijación de los elementos de una unidad (y, por tanto, su especificidad léxica), mayor será la probabilidad de que esa expresión muestre una falsa negación. Cuanto menor es el grado de fijación y lexicalización, más verdadera es la negación.

Este fenómeno no es exclusivo del español: ocurre en otras lenguas (cfr. Piunno 2018, 2025) y necesitaría una investigación más profunda desde una perspectiva tipológica más amplia.

## Referencias citadas

Baroni, M. *et al.* (2004). Introducing the La Repubblica corpus: a large, annotated, TEI(XML)-compliant corpus of newspaper Italian. En Lino, T. *et al.* (Eds.): *Proceedings of the Fourth International Conference on Language Resources and Evaluation* (pp. 1771-1774). Paris: ELRA – European Language Resources Association.

Bernini, G. y Ramat, P. (1996). *Negative sentences in the languages of Europe. A typological approach.* Berlin: Mouton de Gruyter.

Dahl, Ö. (1979). Typology of sentence negation. *Linguistics*, 17, pp. 79-106.

De Mauro, T. (Ed.) (1999). *Grande Dizionario Italiano dell'Uso* (GRADIT). Torino: Utet.

Fillmore, C. J., Kay, P. y O'Connor, M. C. (1988). Regularity and idiomaticity in grammatical constructions: the case of let alone. *Language*, 64, pp. 501-538.

Esteban-Fonollosa, M. (2024). La traducción de la lítote. Análisis contrastivo alemán-español de la construcción fraseológica [*nicht gerade* x]. En Lozano-Sañudo, B., *et al.* (Eds.) *Nuevas perspectivas sobre la traducción del alemán y el español* (pp. 103-121). Berlin: Frank & Timme.

Givón, T. (2001), *Syntax: An introduction*. Amsterdam, Philadelphia: John Benjamins, vol. I.

Haspelmath, M. (2005). Negative indefinite pronouns and predicate negation. En Haspelmath, M. *et al.* (Eds.) *World atlas of language structures* (pp. 466-469). Oxford: Oxford University Press.

Hoppenbrouwers, G. (1983). *Negatief en Positief Polaire Elementen* in *de Taal: Een Onderzoek* naar *het Syntactisch en Semantisch gedrag van Negatief-en Positief Polaire Elementen* (M.A. thesis). Nijmegen: University of Nijmegen.

Horn, L.R. (1989). *A natural history of negation*. Chicago/London: The University of Chicago Press.

Jespersen, O. (1917). *Negation in English and other languages*. København: A. F. Host & Son.

Kilgarriff, A., Rychlý, P., Smrž, P., Tugwell, D. (2004). The Sketch Engine. *Proceedings of the 11th EURALEX International Congress*. Lorient, pp. 105-116.

Kilgarriff, A. *et al.* (2014). The Sketch Engine: ten years on. *Lexicography* (pp. 7-36). Recuperado de <https://www.sketchengine.eu/wp-content/uploads/The_Sketch_Engine_2014.pdf>.

Lenci, A. *et al.* (2017). How to harvest Word Combinations from corpora. Methods, evaluation and perspectives. *Studi e Saggi Linguistici*, 55(2), (pp. 45-68).

Mellado Blanco, C. (2020). *(No) me importa un comino* y sus variantes diatópicas. *ELUA* Anexo VII, pp. 89-111.

Miestamo, M. (2007). Negation – An Overview of Typological Research. *Language and Linguistics Compass* 1(5), pp. 552-570.

Penadés Martínez, I. (Ed.) (2019). *Diccionario de locuciones idiomáticas del español actual*. Recuperado de <http://www.diccionariodilea.es>.

Piunno, V. (2016). CombiNet. A Corpus-based Online Database of Italian Word Combinations. En Kernerman, I. *et al.* (Eds.), *GLOBALEX 2016. Lexicographic resources for human language technology* (pp. 45-51). Paris: ELRA - European Language Resources Association.

Piunno, V. (2018). Negated Multiword Expressions. Types, properties and lexicalization degrees. En Filatkina, N. y Stumpf, S. (Eds.), *Konventionalisierung und Variation / Conventionalization and variation* (pp. 125-147). Frankfurt am Main: Lang.

Piunno, V. (2024). Fraseologismi schematici. Parametri definitori e metodi di analisi quantitativa. En Casadei, F. y Kösters Gensini, S. E. (Eds.). *I fraseologismi schematici: questioni descrittive e teoriche* (pp. 17-50). Roma: Aracne.

Piunno, V. (2025). Oltre la polarità negativa. Il rapporto tra negazione e lessicalizzazione. En Lombardi Vallauri, E., Piunno, V. Y Pompei, A. (Eds.), *Temi e argomenti. Omaggio a Lunella Mereu* (pp. 175-196). Roma: Roma Tre Press.

Postma, G. (2000). Negative polarity and the syntax of taboo. En Hoeksema, J., Rullmann, H., Sánchez-Valencia, V. y van der Wouden, T. (Eds.), *Perspectives on negation and polarity items* (pp. 283-330). Amsterdam, Philadelphia: Benjamins.

Real Academia Española y Asociación de Academias de la legua española (2014). *Diccionario de la lengua española*. Madrid: Espasa-Calpe.

Simone, R. y Piunno, V. (2017). Combinazioni di parole che costituiscono entrata. Rappresentazione lessicografica e aspetti lessicologici. *Studi e Saggi Linguistici*, 55(2), pp. 13-44.

van der Wouden, T. (1997). *Negative contexts: Collocation, polarity, and multiple negation*. London, New York: Routledge Studies in Germanic Linguistics.

Willis, D., Lucas, C. y Breitbarth A. (2013). *The History of Negation in the Languages of Europe and the Mediterranean*. Oxford: Oxford University Press.

# Incoherencias en el tratamiento de los préstamos en fraseología

*J. Agustín Torijano Pérez*
(Universidad de Salamanca)

**ABSTRACT**

The presence of a lexical unit (LU) in a phraseologism is one of the demonstrations that it belongs fully to the stock of a language. Lexical borrowings usually follow a path from the first mentions to a second stage of diffusion and penetration in the lexical flow and, finally, in some cases, to the definitive stage that crystallises in their inclusion in a phraseological unit (PU) or in their poetic use, which we call the *nativisation* of a LU. The variants of this path make it impossible to predict what its trajectory and eventual phraseological development will be. We will analyse some of these variants with examples of PUs formed by more and less established loans, and how they have been accepted in the language, to better understand why we have *un hambre canina*, while *hacer un día de perros*, or why it is not the same *meterse en un jardín* as to *llevarse a alg. al huerto*.

***Keywords:*** Phraseology, lexical borrowings, norm, diachrony

**RESUMEN**

La presencia de una unidad léxica (UL) en un fraseologismo es una de las demostraciones de su pertenencia plena al caudal de una lengua. Los préstamos suelen seguir un recorrido que transcurre desde las primeras menciones a una segunda etapa de difusión y penetración en el caudal léxico y, por último, en algunos casos, a la etapa definitiva que se cristaliza en su inclusión en una unidad fraseológica (UF) o en su uso poético, lo que denominamos la *nativización* de una UL. Las variantes de ese recorrido impiden predecir cuál va a ser su trayectoria y su eventual desarrollo fraseológico. Analizaremos algunas de esas variantes con ejemplos de UF formadas por préstamos más y menos asentados, y cómo ha sido su grado de aceptación en el idioma, para entender mejor por qué tenemos *un hambre canina*, mientras *hacer un día de perros*, o por qué no es lo mismo *meterse en un jardín* que *llevarse a alg. al huerto*.

***Palabras clave:*** Fraseología, préstamos, norma, diacronía

## 1 Introducción

La aparentemente azarosa vida de las palabras en las lenguas ha suscitado desde siempre el interés de los lingüistas, que han abordado la cuestión desde perspectivas muy variadas, desde la Etimología a la Gramática diacrónica, pasando por la Fonética, la Lexicografía, la Sociolingüística, la Pragmática y, por supuesto, la Fraseología.

En efecto, tratar de analizar la fraseología de un idioma significa necesariamente hacerlo con los elementos básicos para la formación de cualquier colocación, locución o enunciado fraseológico, es decir, con las unidades léxicas (UL) de que dispone un idioma, independientemente de la fecha de introducción y asentamiento que tenga en él.

O, al menos, teóricamente porque analizaremos cómo algunas de las UL que han alcanzado el rango de formar parte constituyente de una unidad fraseológica (UF) no han pertenecido durante muchos años al caudal léxico o han desplazado a otras que sí lo han hecho, fenómeno que, en principio, parecería incompatible con la necesidad de asentamiento en el conocimiento pasivo de los hablantes, que precisan de cierto tiempo para considerar, aunque sea de forma inconsciente, una palabra patrimonial idónea para aparecer en una UF.

La presencia de UL en expresiones fijas, llegadas en aluviones al idioma, revela la flexibilidad de estas para incluir aquellas, aunque sea difícil prever cuáles de ellas y bajo qué circunstancias se producirá dicha incorporación, dado que presentan comportamientos muy diferentes, desde la mera sustitución hasta la coexistencia con otras formas anteriores.

## 2 Primera incoherencia: las unidades fraseológicas, que son fijas, son variables

Aunque posiblemente existan razones para ello, lo cierto es que, por extraño que parezca, la Fraseología no ha mantenido relaciones demasiado fluidas con la Lexicografía. Este hecho se manifiesta en dos fenómenos diferentes, que explicamos a continuación.

En primer lugar, la Fraseología como ciencia no ha sido merecedora de un término propio hasta hace pocos años, dado que han tenido que transcurrir mucho tiempo para que el *DLE* (*s.v. fraseología*) haya reconocido la acepción de *Fraseología* como "Parte de la lingüística que estudia las frases, los refranes, los modismos, los proverbios y otras unidades de sintaxis total o parcialmente fijas", incluida en fecha tan relativamente reciente como 2001. En todas las ediciones anteriores, el término solamente hacía referencia al "conjunto de expresiones conjunto de frases hechas de un individuo de algún grupo", incluso al valor despectivo de "palabrería" o de "expresiones intricadas pretenciosas o falaces".

El segundo fenómeno está todavía sin resolver de manera satisfactoria, si bien no debe recaer toda la responsabilidad en la Lexicografía, sino que debe compartirse con la propia Fraseología, dado que es innegable la aparente incoherencia terminológica en el mismo momento en que una *expresión fija* acepta *variación*, generalmente en su núcleo, lo que parecería significar que ya no es tan fija.

La vinculación del concepto de la fijeza[1] con las UF se observa ya desde muchas de las denominaciones tradicionales que han ido estableciendo los diferentes autores para referirse a ellas, como sucede con *frases hechas*, *colocaciones*, *expresiones (verbales) fijas*, *lenguaje repetido*, *modismos*, *unidad pluriverbal lexicalizada y habitualizada* o *unidad léxica pluriverbal*, en las que los términos *unidad*, *hecho*, *repetido* o, por supuesto, *fijo*, hacen referencia a esta circunstancia de modo inequívoco. Asimismo, las históricas caracterizaciones de las UF basan su existencia y su esencia, además de en su idiomaticidad, en el alto grado de *fijación*, estabilización y repetición que les confieren la radical diferencia sobre el lenguaje espontáneo.

Uno de los autores clásicos que más atención ha dedicado a la fijación de la UF, Zuluaga Ospina (1975), estableció para el español una clasificación detallada de la fijación en torno a cuatro aspectos concretos: inalterabilidad del orden de los componentes (**a moche y troche*); invariabilidad de categoría gramatical (**no dejar títeres con cabezas*); inmodificabilidad del inventario de los componentes (**poner ambos pies en polvorosa*) e insustituibilidad de los elementos (**común y moliente*). De forma que años más tarde, Zuluaga Ospina (1980: 16) consideró la fijación —de forma casi fundacional— como la característica intrínseca de estas expresiones, hasta el punto de que, pese a la eventual *defectividad* léxica y morfosintáctica de muchas de estas unidades, que parece atentar contra la norma del idioma, optó por denominarlas *unidades fijas*,

1 Hacemos nuestra la diferenciación y explicación de *fijación* frente a *fijeza* que ofrecen Pato y Pla Colomer, (2022: 17): "La fijación constituye el proceso diacrónico por el que una combinación locucional adquiere de forma progresiva un carácter estable en su estructura gramatical, al tiempo que la fijeza se corresponde con el resultado mismo de ese proceso histórico; es, pues, la consecuencia de un proceso de fijación [...]".

y caracterizarlas de esta forma: "construcciones anteriores al acto de habla que no las crea, sino que las repite; en otras palabras: las expresiones fijas son producto del proceso de repetición en la diacronía de la lengua".

Corpas Pastor aseguraba ya en 1996 y posteriormente (1998, 2001), referido al caso de las colocaciones, que entre sus rasgos distintivos figuran los siguientes: "polilexicalidad, alta frecuencia de aparición y de *coaparición*, institucionalización, estabilidad (fijación y especialización semántica), idiomaticidad y variación potenciales" (Corpas Pastor 1998: 167). Y los trabajos focalizados sobre este aspecto no han cesado de incrementar e intensificar el carácter imprescindible de la fijeza en estas expresiones, como observamos en los innumerables trabajos de Echenique Elizondo, como los de 2003, 2019 o 2021, en los que estudia la cuestión y su contraparte, la variación diacrónica. Y, precisamente ahí, en la solidez e inherencia de la fijeza de las UF es donde surge la aparente incoherencia de que ese carácter fijo esté indisolublemente unido a la *variación*, como las dos *caras de la misma moneda*, por retomar la metáfora tantas veces utilizada por otros investigadores, como Montoro del Arco (2004: 593 y 2005: 149), y que continúan utilizando en la actualidad autores como Mogorrón Huerta (2020: 13) o Penadés Martínez (2022: 23).

Como ya afirmaba Martínez Marín en 1996 (el mismo año del *Manual de fraseología española* de Corpas), la fijación, aunque se considere una de las características esenciales de las UF, es *variable* y depende, precisamente, del grado de integración que haya alcanzado cada una de ellas.

Han sido también numerosos los autores que han trabajado sobre este binomio fijeza/variación, como pueden ser los de Sinner / Tabares (2016), para quienes "la variación es considerada actualmente como la capacidad de las lenguas naturales de producir distintas realizaciones concretas en el habla" (2016: 16), Penadés Martínez (2022), que sintetiza la cuestión de esta forma: "En el ámbito de la fraseología, la variación de las UF está inexorablemente vinculada a la fijación, una de sus características específicas" (2022: 23) o Pato y Pla Colomer (2022).[2]

En efecto, creemos con estos dos autores (Pato Maldonado / Pla Colomer 2022: 75) que la variación fraseológica, entendida como una serie de cambios

2 Si bien reconocen Sinner / Tabares Plasencia (2016: 27–29) que este interés entre muchos investigadores por la variación y sus muchos intentos de clasificación han dado lugar a cierto "caos terminológico".

lingüísticos que producen la modificación de la estructura gramatical de una UF "se vincula con el proceso de fijación en términos de gradualidad e institucionalización, es decir, se trata de un proceso conocido, igualmente previsto y autorizado por la comunidad de hablantes".

No nos referimos ahora a la *desautomatización*, un término recogido —y desarrollado— por Zuluaga Ospina (2001) de los formalistas rusos, que ha sido utilizado por otros fraseólogos españoles como Ruiz Gurillo (1997), Corpas Pastor (1998) o Zamora Muñoz (2000), para referirse a la alteración intencionada de los componentes de una UF cuando los hablantes, por diferentes motivos, tratan de producir una manipulación o modificación creativa con fines humorísticos, políticos, propagandísticos, publicitarios, etc.

Pero lo que nos ocupa en este trabajo es otro tipo de variación, la que Penadés Martínez (2022) clasifica como "variación formal léxica",[3] la producida por la asimilación o no para su incorporación al eventual *hueco* de una UF de los préstamos léxicos que se incorporan a nuestro vocabulario, creando así la aparente paradoja de sustituir en un tiempo relativamente corto al término patrimonial que se esperaría que hubiera ocupado ese *espacio léxico*.

De las muchas tipologías de variación que hemos mencionado, nosotros proponemos una mucho más básica que se ajusta a nuestros objetivos:

Por un lado, podríamos sintetizar diferentes clases de variación en aquellas que se producen por causas *endógenas*, es decir, la producida siguiendo los ejes tradicionales de la variación (diatópico, diacrónico, diastrático, y diafásico) y, por tanto, paralela a la variación general de la lengua. En muchas ocasiones se debe a la existencia de dos UF similares formalmente, o de paremias parciales. Ejemplifican esta clase de variación casos como *hacer agua* frente a *hacer aguas* (ambas admitidas por el *DPD*), *en pelota* frente a *en pelotas* (también aceptadas), *entre la espada y la pared* frente a **entre la espalda y la pared*, *ser como una bota malaya* frente a **ser como una gota malaya*, o *nadar en la abundancia* frente a **nadar en la ambulancia*, en algunos casos debidos a los denominados *malapropismos*, a veces de forma intencionada (con sus diferentes fines), a veces espontánea.

---

3 La autora lo ejemplifica del siguiente modo: "Aunque con distintos grados de frecuencia, para la invariante 'Actuar de manera inoportuna o equivocada', el español dispone, al menos, de las variantes léxicas *meter la pata ~ meter la gamba ~ meter el remo ~ meter la pezuña*" (Penadés Martínez 2022: 99).

Por otro lado, diferenciamos la variación por causas *exógenas* como aquella producida por la entrada de préstamos de otras lenguas que sustituyen, temporal o definitivamente, los núcleos léxicos de las unidades fraseológicas o que generan nuevas expresiones, en ocasiones nunca antes formadas por las voces sustituidas, con unidades léxicas como *azul*, *bigote*, *blanco*, *jamón* o *largo*, que veremos en 3.2.

## 3 Segunda incoherencia: comportamientos divergentes

### 3.1 *Tres procedimientos diferenciados*

La creación de la compleja estructura significativa de los fraseologismos exige un análisis exhaustivo que puede abordarse desde diferentes ángulos, como hace la semántica cognitiva, al ofrecer mecanismos y herramientas de estudio que facilitan el examen preciso del proceso de creación de estas unidades, lo que sirve de necesario complemento para comprender el uso que hacen de ellas los hablantes.

Estos mecanismos hunden sus raíces en la esencia propia de la lengua, dado que dichos procesos —el desarrollo de la aplicación de la experiencia vital, la creación de las redes semánticas, etc.— necesitan de un tiempo más o menos largo para que las UF puedan crearse, asentarse, divulgarse y normalizarse entre los hablantes.

Sin embargo, y aquí aparece la posible incoherencia, existen muchas UL que han alcanzado el rango de formar parte de una UF, pero que no han pertenecido durante muchos años al caudal léxico o han desplazado a otras que sí lo han hecho, fenómeno que, en principio, parecería incompatible con esa necesidad de asentamiento en el conocimiento pasivo de los hablantes.

Como establece Alvar Ezquerra (2019), el porcentaje de unidades léxicas del latín en el español actual se calcula en torno al 91 %, pero matiza inmediatamente que esta cifra no es tan elevada como parece, dado que el latín es también el origen de más del 80 % de los préstamos posteriores a la formación del castellano, y este grupo léxico representa en torno a un 41 % del vocabulario total, dado que muchos préstamos procedentes de otras lenguas deben su origen también al latín. En realidad, podría hablarse de un 60 % de herencia directa, aunque no es fácil determinarlo con precisión por las palabras de raíces discutidas, los cruces, las dobles entradas, etc.

Los más de 1.000 años de vida de la lengua han permitido la entrada de centenares de préstamos que han ido llegando a su caudal léxico en tiempos, circunstancias y evoluciones muy diferentes que, afectan, lógicamente a su inclusión en las UL. Esas llegadas han producido que, por muy diferentes razones, tales UL hayan experimentado comportamientos dispares.

A continuación, analizaremos algunos casos para comprobar cómo ese comportamiento impredecible es indicativo de las dificultades de establecer previsiones matemáticas sobre un organismo vivo, por el mero hecho de ser usado, conservado y modificado por personas.

Podríamos sintetizar esas trayectorias, que explicamos y ejemplificamos a continuación, de esta forma:

1. *Comportamiento 1: sustitución. Préstamos posteriores al latín que sustituyen las voces patrimoniales y ocupan el hueco o casilla (slot) del núcleo nominal (NN) de la UF.*
2. *Comportamiento 2: coexistencia. Préstamos que conviven con las voces patrimoniales y alternan su presencia por variación.*
3. *Comportamiento 3: bloqueo. Préstamos que reúnen condiciones de ser sustitutos, pero que no llegan a ocupar el hueco del NN.*

## 3.2 *Comportamiento 1: sustitución o la veteranía no es un grado*

Como indicábamos más arriba, podríamos considerar de aparente incoherencia el hecho de que un préstamo incorporado al caudal léxico de una lengua muchos años después de su sinónimo patrimonial llegue a ser susceptible de formar parte de una UL en detrimento de otras voces que llevan en la lengua más tiempo y que forman parte del caudal patrimonial léxico.

Las razones para tal hecho se multiplican y pueden deberse a diferentes causas que tienen que ver con la propia evolución de la lengua, debidas a aspectos a veces extralingüísticos como modas, hechos históricos, fenómenos sociológicos, etcétera, que. conceden a un préstamo *recién llegado* una especial categoría, de tal manera que como decimos, sin aparente motivo lógico, suponga la desaparición del sinónimo patrimonial, procedente del léxico latino heredado.

Ejemplificaremos este hecho, que hemos titulado con la negación de la clásica frase proverbial que aseguraría cierta ventaja a aquellos que ya llevan un tiempo en algún oficio o lugar sobre los recién llegados.

La incoherencia de este comportamiento radicaría en que, por razones diversas, muchas unidades léxicas consiguen formar parte de una UF en detrimento de otras voces similares de antigua raigambre que no han alcanzado tal grado.

A modo de muestra, citemos algunos ejemplos realmente significativos, como son los casos de *azul, bigote, blanco, jamón* o *largo*, que comentamos brevemente a continuación.

En el caso de *azul*, nos encontramos con un préstamo del árabe, llegado, por tanto, después de los equivalentes latinos, lo cual no fue óbice no solo para imponer su supremacía sobre formas tan variadas y precisas como *caerŭl[e]us, caesĭus,* ***cȳaneus****, glaucus, līvĭdus* o *vĕnĕtus*. Es más que probable que influyera también en este fenómeno el hecho de que, si bien hasta la Edad Media existían las diferentes adjetivaciones para denotar el color azul que hemos citado (a las que podían añadirse *āĕrĭus, ferrĕus*, etc.), en realidad no hacían referencia a tonos precisos de azul ni se usaban de forma sistemática, por lo que el arabismo concentró prácticamente todos los significados en una sola forma, lo que facilitó que pudiera ocupar todas las posibilidades de crear UF e impedir, al mismo tiempo, que ninguna de las otras patrimoniales ocupara la casilla vacía en ninguna de ellas. *Príncipe azul* o *sangre azul*,[4] son algunos de esos casos.

El germanismo *bigote* muestra una evolución similar, dado que, mucho después que *azul*, obtuvo más fortuna que sus sinónimos latinos *mystax, subium, mustaceus* o *barba labri superioris*, que no lograron ocupar ningún *slot* fraseológico, a diferencia de que lo que observamos en *[ser algo] de bigote(s), jugarse el bigote, mover el bigote, tener* algo o alguien *bigotes*, etc.

Especialmente interesante, por las circunstancias culturales del término, es el caso de *jamón*, llegado del francés hacia el siglo XIV, que compitió durante bastante tiempo *pernil*[5] con su predecesora *perna*, pero terminó imponiéndose también en la formación de UF, como en las expresiones irónicas *(y) un jamón, (y) un jamón con chorreras, (ser/estar) jamona*, etc.

---

4 Cfr. el trabajo de Corpas Pastor (2007) realizado con corpus en torno al par de fraseologismos al. *von blauem Blut* y esp. de *sangre azul*.

5 Hoy todavía presente en el cat. *pernil*, pero ya no en el it. *prosciutto* ni en el port. *presunto*, aunque en algunos usos se mantiene *pernil de porco*.

Pero quizá el caso más llamativo sea el de *largo*, que experimentó un cambio semántico prácticamente exclusivo en nuestra lengua al mudar hacia el siglo XV[6] su significado original latino de 'ancho' (además de 'abundante' o 'generoso'), por el actual, que antes correspondía a *luengo* —del latín *longus*—, todavía presente en topónimos y otros contextos semicultos o similares, pero ya sin valor apelativo.[7] No es de extrañar, pues, que la producción fraseológica haya cristalizado en ejemplos como *[ganar] de largo*, *ser muy largo* (astuto, listo), *dar largas*, o el más significativo *a lo largo y ancho*, donde se observa el contraste entre el significado antiguo y el nuevo.

## 3.3 *Comportamiento 2: coexistencia o* tanto monta, monta tanto

Constituyen este grupo aquellos préstamos que conviven con las voces patrimoniales y alternan su presencia por variación, por lo que comparten su presencia en UF como reflejo del grado de vigencia y uso entre los hablantes, que eligen unas formas u otras para crear dichas expresiones.

Pueden servir como ejemplos voces como *blanca (moneda)*, *coche*, *cohete*, *jardín*, *moto*, *perro*, *sauna*, *torpedo*, etc., que comentamos brevemente a continuación.

El adjetivo *blanco* (analizado de forma extensa en Recio Ariza / Torijano Pérez 2023) —y más exactamente el sustantivo *blanca*, en cuanto moneda— es un germanismo (procedente de **Blank*) que arraigó profundamente en el léxico, además de por la denominación del color, por el hecho de formar parte del nombre de la moneda "blanca del Agnus Dei", acuñada en el siglo XIV (1379-1390) por la Corona de Castilla, y cuya abreviación (*blanca*) ya se usaba en 1438 como 'moneda de escaso valor' (Corominas / Pascual 1991: 598). Así, no es extraño que ese profundo enraizamiento en la lengua haya pervivido hasta la actualidad y se refleje en la existencia de *estar sin blanca*, en convivencia con otras UF más contemporáneas como *estar sin /no tener un chavo*, *un duro*, *una perra chica*, ciertamente algunas de ellas ya en desuso. etc.

De época similar es el sustantivo *cohete*, registrado —según Corominas / Pascual (1991, 3: 126)— en Aragón en 1488 y en Castilla en el siglo XVI, y podría proceder de un catalán *coet*, como diminutivo dialectal de *coa* ('cola'),

---

6 Si bien en el Siglo de Oro todavía sigue empleándose en el sentido de 'abundante o generoso'.

7 Cfr. fr. *long*, ing. *long*, it. *lungo*, port. *longo*, cat. *llong*, rum. *lungo*.

*cua* en la actualidad. Como se observa, *cohete* forma parte de UF del tipo *correr / salir / escapar como un cohete*, que coexiste perfectamente con *escapar como un rayo / una flecha / un torpedo*, algunas de fechas más remotas y otras, más recientes.

Esquemas análogos siguen voces más modernas como *ficha* (datada lexicográficamente en 1803), que ha generado, especialmente entre los hablantes más jóvenes, la expresión *tirar fichas*, en plena coexistencia con *tirar los tejos/ los trastos*, pese a que haya siglos de diferencia entre la llegada del préstamo (del fr. *fiche*) y las voces más antiguas. Igualmente *moto* aparece en *vender la moto*, lo que no deja de ser una actualización lingüística del patrimonial *vender la burra*, aunque una no ha supuesto la exclusión de la otra. El préstamo del francés *motocyclette*, lógicamente más moderno, se ha incorporado también como NN a estructuras que también formaban parte del caudal léxico asentado, como se observa en *estar como una moto*, al lado de *estar como una cabra / una chiva*, del mismo modo que el préstamo de finés *sauna*, incorporado oficialmente al español en época tan reciente como 1983, coexiste con *horno* para referirse a un lugar muy caliente: *ser algo/un lugar una sauna/un horno.*

Concluimos este sucinto repaso de este tipo de préstamos con dos voces que ejemplifican perfectamente esa coexistencia. Por un lado, el galicismo *jardín* (< *jardin* < franco **gard*), presente en UF como *ciudad jardín*, *jardín de infancia*, *meterse en un jardín / en jardines*, se convirtió en una de las dos opciones posibles de la expresión latina *hortus gardinus*, mientras que el otro elemento del binomio también alcanzó dicho grado, como comprobamos en *llevar(se) a alg. al huerto.*

Por otro, como máximo exponente de este fenómeno, encontramos el vasquismo *perro*, ajeno con este significado en las demás lenguas romances,[8] pero documentado en español desde 1134, y que sustituyó parcialmente a *cane(m)* en todos los niveles del sistema, incluido el fraseológico. Su peculiaridad, no obstante, reside en haber sido capaz de compartir, de forma tan extendida, el NN con su antecesor latino. Así, al lado de unas escasa expresiones formadas por vía de (semi)cultismo como *diente canino, hambre canina, lengua canina*[9]

8 Aunque en portugués existe con valores como 'obstinado, pertinaz', 'irritado' o 'canalla'.

9 Traducción romance del término científico *cinoglosa*, planta herbácea también conocida como *bizniega*, *oreja de liebre* o *viniebla.*

o *letra canina,*[10] encontramos *perra chica/grande/perras* (dinero), *perrito caliente* (comida), *día de perros, a cara de perro, humor de perros, como el perro y el gato, ser un perro / ser muy perro, morir (solo) como un perro, perrito faldero, hijo de perra, coger una perra, berza perruna, rosal perruno, sarna perruna, tos perruna* o *perrunilla.*

## 3.4 *Comportamiento 3: bloqueo o quedarse asperges*

El tercer y último grupo de préstamos reunido por su comportamiento ante las UF lo constituyen aquellas voces que reunirían las mismas condiciones lingüísticas de otras para ocupar la casilla léxica nuclear de un fraseologismo, pero, por diferentes razones, parecen ser objeto de un bloqueo léxico que les impide adquirir ese grado de *nativización* que ya hemos estudiado en trabajos anteriores (Torijano Pérez 2017) y que supone pertenecer de pleno derecho a una lengua, cristalizado tanto en el lenguaje poético como en la fraseología.

El valor que expresa la locución verbal que encabeza este epígrafe se usaba para expresar la sensación de quien no obtenía algo que esperaba, incluso de quien se quedaba en ayunas. Procede del salmo 50 (*Asperges me, Domine, hyssopo et mundabor*) y se cantaba en misa y, como tradicionalmente antes de comulgar no podía comerse nada, *estar asperges* adquirió el sentido de estar en ayunas o de no cumplirse lo que se espera, Así esta sensación antigua ejemplifica el hecho de que algunos préstamos, de características similares a las de otros, podrían haber ascendido ese escalón último, pero —al menos, de momento— no lo han hecho. La imprevisibilidad de las lenguas impide que podamos conocer de antemano cuáles de ellos llegarán, en qué circunstancias semánticas y morfológicas, y cuándo se produciría esa eventualidad.

Para ejemplificar esta impredecibilidad, podemos cotejar elementos unidades léxicas características realmente similares, pero de comportamientos divergentes, salvadas, por supuesto, variantes geográficas o sociológicas que no forman parte de la masa léxica común de la lengua.

Así, frente a UF formadas en torno a sustantivos (analizados más arriba) relacionados con el dinero como *blanca, perra chica/grande, perras, pesetas,*

---

10 Forma tradicional de referirse a la letra *r*, "llamada así por la fuerza con que se pronuncia", según el *DLE*.

*duros, pelas* o *lucas*,[11] no parece que suceda lo mismo, al menos de momento, con *euro*.

El fenómeno se reproduce con nombres de fruta del tipo *pera, naranja, melón, tomate, coco, calabaza, pimiento*, etc., todas ellos presentes en fraseologismos, pero no ocurre así con *kiwi, lichi, lima*[12] o *tamarindo*, si bien hay situaciones intermedias, como son los casos de *mango* o el de *guayaba*, que en España no forma ninguna UF, mientras que en otros países de habla hispana el fenómeno es exactamente el contrario. Así, en México, Nicaragua y Ecuador existe *hijo de la guayaba* para designar a una mala persona, al tiempo que aparece muy extendido como núcleo de complemento directo de verbos como *aflojar, pelar, quitar o soltar* en diferentes países y con diversos significados.

Igualmente vinculado con la fruta, hallamos este tipo de fenómeno con voces como *pescado, bacalao, besugo, sardina, tiburón* o *pulpo*, aunque no (todavía) con *sashimi* o *sushi*, aunque pueda haber expresiones que tomen, por metáfora, alguna de sus características para aplicarlas a otra realidad: crudo, artesanal, japonés, caro, etc. Valga como curiosidad que ejemplifica esas variantes diatópicas el hecho de que restringido a la zona de Roma y alrededores es posible oír *Ti do una pizza in faccia*, donde *pizza* ha ocupado la casilla de *torta* en *dar una torta*, lógicamente por las similitudes que comparten ambos alimentos.

Para finalizar este bloque y en contraste con lo que veíamos en 3.3. merece especial atención la cuestión de los préstamos tecnológicos. Así, frente a lo que veíamos con *sauna*, no existe documentación, por ejemplo, con *microondas*, pese a que se trate de un tipo de horno, porque el elemento tecnológico influye en el bloqueo de algunos términos, como ocurre con *carro, carroza,*

---

11 Su origen parece situarse en torno al siglo XVIII, época en la que se utilizaba la forma popular *pelucona* para denominar la onza de oro que mostraba a los reyes españoles Felipe V y Felipe VI tocados con peluca. Ese uso se extendió y se modificó, semántica y morfológicamente, por muchos países como Argentina, Uruguay Chile, de manera que en la actualidad significa 'Cantidad de dinero equivalente a mil pesos' (*DAMER: s.v. luca*).

12 Puede citarse la locución verbal *volar lima*, 'jugar de forma brusca', pero, según el *DAMER, su* uso está doblemente restringido: solo se registra en Costa Rica y únicamente en el ámbito futbolístico.

*berlina*, pero no así con *coche* (salvo en *el coche de S. Fernando*), similar a lo que sucede con los neologismos informáticos que, lejos de formar parte de fraseologismos (salvo, quizá, *pasar de pantalla, estar en otra pantalla*, etc.), atraen palabras patrimoniales a su campo semántico: *virus, viral, aplicación, programa, grupo*, etc.

## 4 Conclusiones

A lo largo de las páginas precedentes hemos tratado de presentar un panorama esquematizado del proceso de transformación que sufren las UL procedentes de préstamos hasta poder llegar a convertirse en NN de una UF.

Como hemos podido comprobar, parece quedar demostrado el carácter imprescindible de una intervención más profunda y coordinada de la lexicografía en el estudio de la fraseología, básicamente debido a tres factores: por un lado, por la necesidad de disponer de una terminología adecuada para nombrarla; por otro, para poder llevar a cabo mejores análisis de los elementos constituyente (bases autosemánticas); y, por otro y como consecuencia, para poder desarrollar y profundizar el conocimiento de los límites lingüísticos de la creación y uso de las UF.

Asimismo, consideramos innegable la normalización y estandarización científica del concepto de variación fraseológica, dado que es inherente al discurso repetido, no solo por el catálogo de variantes (diatópicas, diastráticas, etc.), sino sobre todo por la evolución de la lengua. Esas variaciones son parte de la lengua y, por tanto, de la fraseología, en permanente convivencia de una base estable con una masa variable, representado en ocasiones como el árbol, que reúne el tronco y las ramas.

Esta misma variación sincrónica en cualquier fase de su evolución, es también diacrónica, lo cual hace prácticamente impredecible su evolución, tanto de carácter general como aplicado a la fraseología, de forma particular, lo que produce esas aparentes incoherencias en los comportamientos de las UL en su eventualidad de formar parte o no de una UF. Pese a los conocimientos seculares de la evolución de la lengua, se hace prácticamente imposible predecir y hasta explicar por qué algunas de esas voces patrimoniales o prestadas pasarán a ser NN de UF y, si lo logran, cuándo será y bajó que modificaciones semánticas y morfológicas.

## Referencias citadas

Alvar Ezquerra, M. (2019). *La formación de palabras en español.* Madrid: Arco Libros (9ª ed.).

Asociación de Academias de la Lengua Española (ASALE). (2010). *Diccionario de americanismos.* Madrid: Santillana.

Casares Sánchez, J. (1992 [1950]). *Introducción a la lexicografía moderna.* Madrid: CSIC.

Corominas, J. y Pascual, J. A. (1991-1997). *Diccionario crítico etimológico castellano e hispánico.* Obra completa. Madrid: Gredos.

Corpas Pastor, G. (1998). Criterios generales de clasificación del universo fraseológico de las lenguas, con ejemplos tomados del español y del inglés. En Alvar Ezquerra, M. y Corpas Pastor, G. (Eds.), *Diccionarios, frases, palabras* (pp. 157-187). Málaga: Servicio de Publicaciones de la Universidad.

Corpas Pastor, G. (2001). La creatividad fraseológica. efectos semántico–pragmáticos y estrategias de traducción. *Paremia,* 10, pp. 67-78.

Corpas Pastor, G. (2007): Europäismen – von Natur aus phraseologische Äquivalente? Von blauem Blut und *sangre azul.* En Emsel, M. y Cuartero Otal, J. (Eds.). *Übersetzen und interkulturelle Kommunikationen* (pp. 65-77). Berlin: Lang.

Echenique Elizondo, M.ª T. (2003). Pautas para el estudio histórico de las unidades fraseológicas. En Girón Alconchel *et al.* (Eds.), *Estudios ofrecidos al profesor José Jesús de Bustos Tovar. Vol. 1,* (pp. 545-560). Madrid: Universidad Complutense.

Echenique Elizondo, M.ª T. (2019). Léxico apresado en la fraseología. En Cazorla Vivas, M. C., García Aranda, M. Á. y Nuño Álvarez, M. P. (Eds.), *Lo que hablan las palabras. Estudios de lexicología, lexicografía y gramática en honor de Manuel Alvar Ezquerra* (pp. 161-172). Lugo: Axac.

Echenique Elizondo, M.ª T. (2021): P*rincipios de fraseología histórica española,* Madrid: Instituto Universitario «Seminario Menéndez Pidal», Colección Ars Maiorum.

Martínez Marín, J. (1996): *Estudios de fraseología española*, Málaga: Ágora.

Mogorrón Huerta, P. (2020). Locuciones verbales, variación fraseológica y diatopía. En Mogorrón, P. y Cuadrado Rey, A. (Eds.), *Fraseología y variaciones (socio)lingüísticas y diatópicas. Anexo VII de Estudios de*

*Lingüística. Universidad de Alicante* (pp. 11-31). Alicante: Universidad de Alicante.

Montoro del Arco, E. T. (2004). La variación fraseológica y el diccionario. En Battaner, P.y DeCaesaris, J. (Eds.), *De Lexicografia. Actes del I Symposium Internacional de Lexicografia,* (pp. 591-604). Barcelona: Institut Universitari de Lingüística Aplicada, Universitat Pompeu Fabra.

Montoro del Arco, E. T. (2005). Hacia una sistematización de la variabilidad fraseológica. En Pastor Milán, M.ª Á. (Ed.), *Estudios lingüísticos en recuerdo del profesor Juan Martínez Marín* (pp. 125-152). Granada: Editorial Universidad de Granada.

Pato Maldonado, E. y Pla Colomer, F. P. (2022). Fijación, fijeza y variación en las locuciones nominales: el caso de *metedura de pata*, *tomadura de pelo* y *comedura de coco. Philologica Canariensia*, 28, pp. 71-94.

Penadés Martínez, I. (2022): La variación en las unidades fraseológicas. *Revista Nebrija de Lingüística aplicada a la enseñanza de Lenguas (RNAEL),* 16(32), pp. 21-38.

Real Academia Española (1984). *Diccionario manual e ilustrado de la lengua española.* Tercera edición revisada. Tomo VI. (Sal–Zuzón). Madrid: Espasa–Calpe.

Real Academia Española. (1992). *Diccionario de la lengua española.* 21ª ed. Madrid: Espasa–Calpe. (*DRAE U 1992*).

Real Academia Española (2001): *Diccionario de la lengua española,* Madrid: Espasa Calpe, 22ª edición. *(DRAE 2001*).

Recio Ariza, M.ª Á. y Torijano Pérez, J. A. (2023). La gramática cognitiva y la traducción de la fraseología. *Philologica Canariensia*, 29, pp. 307-324.

Ruiz Gurillo, L. (1997). *Aspectos de fraseología teórica española.* Valencia: Universitat.

Sinner, C. y Tabares Plasencia, E. (2016). El problema de las variantes fraseológicas desde la perspectiva de la lingüística de variedades. *RLA: Revista de lingüística teórica y aplicada,* 54(2), II Sem. pp. 13-41.

Torijano Pérez, J. A. (2017): Los neologismos en ELE: universos paralelos. En: Sánchez Ibáñez, M. *et al.* (Eds.). *La renovación léxica en las lenguas románicas. Proyectos y Perspectivas* (pp. 107-122). Murcia: Editum. Universidad de Murcia.

Zamora Muñoz, P. (1999), Desautomatización y traducción de expresiones fijas italianas en español. En Iglesias Ovejero, Á. (Ed.), *Expressions figées: idiomaticité, traduction, Actes du Colloque International 26-27 noviembre, 1998.* (pp. 423-440). Orléans: Université D´Orléans: Presses universitaires D´Orléans,

Zuluaga Ospina, A. (1975). La fijación fraseológica. Thesavrvs, 30(2), pp. 225-24.

Zuluaga Ospina, A. (1980). *Introducción al estudio de las expresiones fijas*. Frankfurt am Main: Lang.

Zuluaga Ospina, A. (2001). Análisis y traducción de unidades fraseológicas desautomatizadas. *PhiN*, 16, pp. 67-83.

## Studien zur romanischen Sprachwissenschaft und interkulturellen Kommunikation

Herausgegeben von
José Juan Batista Rodríguez, Dolores García-Padrón und Encarnación Tabares Plasencia
Begründet von Gerd Wotjak †

Die vollständige Liste der in der Reihe erschienenen Bände finden Sie auf unserer Website https://www.peterlang.com/view/serial/SRSIK

Band 110 Joaquín García Palacios / Goedele De Sterck / Daniel Linder / Nava Maroto / Miguel Sánchez Ibáñez / Jesús Torres del Rey (eds): La neología en las lenguas románicas. Recursos, estrategias y nuevas orientaciones. 2016.

Band 111 André Horak: Le langage fleuri. Histoire et analyse linguistique de l'euphémisme. 2017.

Band 112 María José Domínguez Vázquez / Ulrich Engel / Gemma Paredes Suárez (eds.): Neue Wege zur Verbvalenz I. Theoretische und methodologische Grundlagen. 2017.

Band 113 María José Domínguez Vázquez / Ulrich Engel / Gemma Paredes Suárez (eds.): Neue Wege zur Verbvalenz II. Deutsch-spanisches Valenzlexikon. 2017.

Band 114 Ana Díaz Galán / Marcial Morera (eds.): Estudios en Memoria de Franz Bopp y Ferdi- nand de Saussure. 2017.

Band 115 M.ª José Domínguez Vázquez / M.ª Teresa Sanmarco Bande (eds.): Lexicografía y didáctica. Diccionarios y otros recursos lexicográficos en el aula. 2017.

Band 116 Joan Torruella Casañas: Lingüística de corpus: génesis y bases metodológicas de los corpus (históricos) para la investigación en lingüística. 2017.

Band 117 Pedro Pablo Devís Márquez: Comparativas de desigualdad con la preposición "de" en español. Comparación y pseudocomparación. 2017.

Band 118 María Cecilia Ainciburu (ed.): La adquisición del sistema verbal del español. Datos empíricos del proceso de aprendizaje del español como lengua extranjera. 2017.

Band 119 Cristina Villalba Ibáñez: Actividades de imagen, atenuación e impersonalidad. Un estu- dio a partir de juicios orales españoles. 2017.

Band 120 Josefa Dorta (ed.): La entonación declarativa e interrogativa en cinco zonas fronterizas del español. Canarias, Cuba, Venezuela, Colombia y San Antonio de Texas. 2017.

Band 121 Nekane Celayeta / Inés Olza / Carmela Pérez Salazar (eds.): Semántica, léxico y fra- seología. 2018.

Band 122 Alberto Domínguez Martínez: Morfología. Procesos Psicológicos y Evaluación. 2018.

Band 123 Julia Lobato Patricio / Adrián Granados Navarro: La traducción jurada de certificados de registro civil. Manual para el Traductor-Intérprete Jurado. 2018.

Band 124 Elia Hernández Socas / José Juan Batista Rodríguez / Carsten Sinner (eds.): Clases y categorías lingüísticas en contraste. Español y otras lenguas. 2018.

Band 125 Miguel Ángel García Peinado / Ignacio Ahumada Lara (eds.): Traducción literaria y dis- cursos traductológicos especializados. 2018.

Band 126 Emma García Sanz: El aspecto verbal en el aula de español como lengua extranjera. Hacia una didáctica de las perífrasis verbales. 2018.

Band 127 Miriam Seghiri (ed.): La linguística de corpus aplicada al desarrollo de la competencia tecnológica en los estudios de traducción e interpretación y la enseñanza de segundas lenguas. 2020.

Band 128 Pino Valero Cuadra / Analía Cuadrado Rey / Paola Carrión González (eds.): Nuevas tendencias en traducción: Fraseología, Interpretación, TAV y sus didácticas. 2018.

Band 129 María Jesús Barros García: Cortesía valorizadora. Uso en la conversación informal española. 2018.

Band 130 Alexandra Marti / Montserrat Planelles Iváñez / Elena Sandakova (éds.): Langues, cul- tures et gastronomie: communication interculturelle et contrastes / Lenguas, culturas y gastronomía: comunicación intercultural y contrastes. 2018.

Band 131 Santiago Del Rey Quesada / Florencio del Barrio de la Rosa / Jaime González Gómez (eds.): Lenguas en contacto, ayer y hoy: Traducción y variación desde una perspectiva filológica. 2018.

Band 132 José Juan Batista Rodríguez / Carsten Sinner / Gerd Wotjak (Hrsg.): La Escuela traduc- tológica de Leipzig. Continuación y recepción. 2019.

Band 133 Carlos Alberto Crida Álvarez / Arianna Alessandro (eds.): Innovación en fraseo-didác- tica. Tendencias, enfoques y perspectivas. 2019.

Band 134 Eleni Leontaridi: Plurifuncionalidad modotemporal en español y griego moderno. 2019.

Band 135 Ana Díaz-Galán / Marcial Morera (eds.): Nuevos estudios de lingüística moderna. 2019.

Band 136 Jorge Soto Almela: La traducción de la cultura en el sector turístico. Una cuestión de aceptabilidad. 2019.

Band 137 Xoán Montero Domínguez (ed.): Intérpretes de cine. Análisis del papel mediador en la ficción audiovisual. 2019.

Band 138 María Teresa Ortego Antón: La terminología del sector agroalimentario (español- inglés) en los estudios contrastivos y de traducción especializada basados en corpus: los embutidos. 2019.

Band 139 Sara Quintero Ramírez: Lenguaje creativo en el discurso periodístico deportivo. Estudio contrastivo en español, francés e inglés. 2019.

Band 140 Laura Parrilla Gómez: La interpretación en el contexto sanitario: aspectos metodológi- cos y análisis de interacción del intérprete con el usuario. 2019.

Band 141 Yeray González Plasencia: Comunicación intercultural en la enseñanza de lenguas extranjeras. 2019.

Band 142 José Yuste Frías / Xoán Manuel Garrido Vilariño (eds.): Traducción & Paratraducción I. Líneas de investigación. 2020.

Band 143 María del Mar Sánchez Ramos: Documentación digital y léxico en la traducción e inter- pretación en los servicios públicos (TISP): fundamentos teóricos y prácticos. 2020.

Band 144 Florentina Mena Martínez / Carola Strohschen (eds.): Teaching and Learning Phra- seology in the XXI Century. Phraseologie Lehren und Lernen im 21. Jahrhundert. Challenges for Phraseodidactics and Phraseotranslation. Herausforderungen für Phra- seodidaktik und Phraseoübersetzung. 2020.

Band 145 Yuko Morimoto / Rafael García Pérez (eds.): De la oración al discurso: estudios en espa- ñol y estudios contrastivos. 2020.

Band 146 Miguel Ibáñez Rodríguez (ed.): ENOTRADULENGUA. Vino, lengua y traducción. 2020.

Band 147 Miguel Ángel García Peinado / José Manuel González Calvo (eds.): Estudios de literatura y traducción. 2020.

Band 148 Fernando López García (ed.): La involuntariedad en español. 2020.

Band 149 Julián Sancha Vázquez: La injerencia del sexo en el lenguaje. Dos siglos de historia del género gramatical en español. 2020.

Band 150 Joseph García Rodríguez: La fraseología del español y el catalán.Semántica cognitiva, simbolismo y contrastividad. 2020.

Band 151 Melania Cabezas-García: Los términos compuestos desde la Terminología y la Traduc- ción. 2020.

Band 152 Inmaculada Clotilde Santos Díaz: El léxico bilingüe del futuro profesorado. Análisis y pautas para estudios de disponibilidad léxica. 2020.

Band 153 Alfonso Corbacho Sánchez / Mar Campos Fernández-Fígares (eds.): Nuevas reflexio- nes sobre la fraseología del insulto. 2020.

Band 154 Míriam Buendía Castro: Verb Collocations in Dictionaries and Corpus: an Integrated Approach for Translation Purposes. 2020.

Band 155 Guiomar Topf Monge: Traducir el género. Aproximación feminista a las traducciones españolas de obras de Annemarie Schwarzenbach. 2020.

Band 156 Miriam Seghiri / Lorena Arce-Romeral: La traducción de contratos de compraventa inmobiliaria: un estudio basado en corpus aplicado a España e Irlanda. 2021.

Band 157 Emmanuel Bourgoin Vergondy / Ramón Méndez González (eds.): Traducción y paratra- ducción: Lineas de investigación II. 2021.

Band 158 Clara Inés López Rodríguez / Beatriz Sánchez-Cárdenas: Theory and Digital Resour- ces for the English-Spanish Medical Translation Industry. 2021.

Band 159 Alicia Mariscal: Categorización de los errores ortográficos en zonas de contacto lingüís- tico entre inglés y español. 2021.

Band 160 Esther Linares-Bernabéu (ed.): Gender and Identity in Humorous Discourse / Género e identidad en el discurso humorístico. 2021.

Band 161 Matteo De Beni / Dunia Hourani-Martín (eds.): Corpus y estudio diacrónico del discurso especializado en español. 2021.

Band 162 María Clara von Essen: Identidad y contacto de variedades. La acomodación lingüística de los inmigrantes rioplatenses en Málaga. 2021.

Band 163 Juana Luisa Herrera Santana / Ana Díaz-Galán (eds.): Aportaciones al estudio de las lenguas. Perspectivas teóricas y aplicadas. 2021.

Band 164 Juan M. Carrasco González: Dialectología fronteriza de Extremadura. Descripción e historia de las variedades lingüísticas en la frontera extremeña. 2021.

Band 165 Álvaro Molina García: Fundamentos acústico-perceptivos de la escisión prestigiosa de /θ/. Estudio sociofonético en Málaga. 2021.

Band 166 Pau Bertomeu Pi: Peticiones en alemán y español. Un estudio contrastivo a partir de "Gran Hermano". 2022.

Band 167 María Teresa Ortego Antón: La investigación en tecnologías de la traducción. Pará- metros de la digitalización presente y la posible incidencia en el perfil de los futuros profesionales de la comunicación interlingüística. 2022.

Band 168 Jaime Sánchez Carnicer: Traducción y discapacidad. Un estudio comparado de la ter- minología inglés-español en la prensa escrita. 2022.

Band 169 Juan Manuel Ribes Lorenzo: Las palabras diacríticas en fraseología histórica. 2022.

Band 170 Patricia Buján Otero / Lara Domínguez Araújo (eds.): Traducción & Paratraducción III. 2022.

Band 171 Juan Cuartero Otal / Regina Gutiérrez Pérez / Juan Pablo Larreta Zulategui / Montserrat Martínez Vázquez (eds.): La interfaz Léxico-Gramática. Contrastes entre el español y las lenguas germánicas. 2022.

Band 172 Miguel Ibáñez Rodríguez (ed.): Enotradulengua. Géneros y tipos textuales en el sector del vino. 2022.

Band 173 Sara Quintero Ramírez: Estudio pragmático-textual de marcadores discursivos en cró- nicas audiovisuales de eventos deportivos. 2022.

Band 174 Yeray González Plasencia / Itziar Molina Sangüesa (eds.): Enfoques actuales en la investigación filológica. 2022.

Band 175 Irma Mora Aguiar: De Numidia a Canarias: el viaje de la escritura líbico-bereber. 2022.

Band 176 Óscar Ferreiro Vázquez (ed.): Avances en las realidades traductológicas: tecnología, ocio y sociedad a través del texto y del paratexto. 2022.

Band 177 Félix Rodríguez González (ed.): Anglicismos en el español contemporáneo. Una visión panorámica. 2022.

Band 178 Celia Rico Pérez / María del Mar Sánchez Ramos (eds.): La traducción automática en contextos especializados. Una visión panorámica. 2022.

Band 179 Alicia Mariscal: Bilingüismo y contacto lingüístico en la comunidad de Gibraltar a partir del análisis contrastivo y de errores. 2022.

Band 180 María Araceli Losey León / Gloria Corpas Pastor: La terminología del dominio de la seguridad de la navegación marítima en inglés y en español. Formalización ontológica a partir de recursos digitales y corpus especializados. 2022.

Band 181 María del Mar Sánchez Ramos (ed.): Investigaciones recientes en traducción y accesi- bilidad digital. 2022.

Band 182 Encarnación Tabares Plasencia: Terminología y fraseología jurídicas en el "Libro de buen amor". 2022.

Band 183 Catalina Iliescu-Gheorghiu: Metodología de análisis traductológico. El modelo Lambert- Van Gorp y su aplicación a una revista de propaganda cultural durante la Guerra Fría. 2022.

Band 184 Amor López Jimeno (ed.): Estereotipos y pragmática intercultural en la pantalla. El humor como estrategia de aprendizaje y mediación. 2023.

Band 185 Ricardo Connett: El populismo como discurso en Venezuela y en España (1999-2018). Estudio de textos de Hugo Chávez y Pablo Iglesias. 2023.

Band 186 Elke Cases Berbel: Turismo, flujos migratorios y lengua. 2023.

Band 187 Dunia Hourani-Martín: Fraseología en el discurso jurídico-ambiental. Las construccio- nes verbonominales desde una perspectiva contrastiva (español-alemán). 2023.

Band 188 María del Carmen Balbuena Torezano: Identidad, territorio y lengua en torno al vino: aproximaciones desde la terminología y la traducción. 2023.

Band 190 Sara Quintero Ramírez / Reynaldo Radillo Enríquez: Recursos prosódicos en la marca- ción discursiva. 2023.

Band 191 Paola Nieto García: Contextos de interpretación social en España. 2023.

Band 192 Leticia Santamaría Ciordia: Nuevas tecnologías para la interpretación remota. Progresos y retos para la formación y la profesión. 2023.

Band 193 María José Serrano / Miguel Ángel Aijón Oliva (eds.): Form and Meaning. Studies of Grammatical Variation and Communicative Choice in Spanish. 2023.

Band 195 Carles Navarro Carrascosa: Lingüística *queer* hispánica. Las formas nominales de tra- tamiento de la comunidad de habla LGTBI. 2023.

Band 196 Félix Rodríguez González: Enciclopedia del anglicismo (Vol. II). Estudios sobre el angli- cismo en el español actual. Perspectivas lingüísticas. 2023.

Band 197 Celia Rico Pérez: Tecnologías de la traducción en el ámbito de las migraciones. 2023.

Band 198 Domenico Daniele Lapedota / Rossana Sidoti (eds.): Nuevas aportaciones a las investigaciones en fraseología, paremiología y traducción. 2023.

Band 199 Francisco Jiménez Calderón (ed.): Los verbos ditransitivos y su enseñanza: transferen- cia, locación y movimiento. 2023.

Band 200 Rafael García Pérez / Ariana Suárez Hernández (eds.): El adverbio: aproximaciones sincrónicas, diacrónicas y variacionales. 2023.

Band 201 Diana González Pastor (ed.): El impacto de la traducción automática en la traducción profesional en España: tendencias, retos y aspectos socioprofesionales. El proyecto DITAPE. 2023.

Band 202 Fermín Domínguez Santana / Juana Luisa Herrera Santana (eds.): Dinámicas actuales en la investigación lingüística. Teoría y aplicación. 2024.

Band 203 Jaime Sánchez Carnicer / Lorena Arce Romeral (eds.): Nuevos avances tecnológicos en teoría y práctica de la traducción e interpretación. 2024.

Band 204 Fernando López García (ed.): Lingüística de la ausencia. 2024.

Band 205 Verónica Cristina Trujillo González: Los indoamericanismos léxicos en la obra lexicográ- fica de César Oudin (1607, 1616, 1621). 2024.

Band 206 Juan Cuartero Otal (ed.): Problemas de la traducción automática español-alemán- español. 2024.

Band 207 Mariano Quirós-García (ed.): La geoponía en su historia. Aportes filológicos y lexico- gráficos. 2024.

Band 208 Analía Cuadrado Rey: Aproximación fraseológica al español de Argentina. Selección de un corpus y propuesta de traducción al alemán. 2025.

Band 209 José Luis Cifuentes Honrubia: Estudios sobre negación y cuantificación. Sincronía y diacronía. 2025.

Band 210 Héctor Hernández Arocha: La adquisición del alemán como segunda lengua: Un enfoque cognitivo basado en estructuras algorítmicas. 2025.

Band 211 Jesús Castañon Rodríguez / Félix Rodríguez González: Reacciones ante el anglicismo en los medios de comunicación españoles. 2025.

Band 212 Irune Berdún Villamonte: Desarrollo de la inteligencia metafórica en la enseñanza de Español como Lengua Extranjera. 2025.

Band 213 Guadalupe de la Maya Retamar (ed.): Plurilingüismo en Extremadura: análisis de factores afectivos, disciplinares y lingüísticos. 2025.

Band 214 García Pérez: Formación y evolución de los adverbios intensificadores en -mente del español. Clases, subclases y colocaciones. 2025.

Band 215 Marcello Giugliano: Oralidad y poesía en traducción. Robert Frost en español y catalán. 2025.

Band 216 Laura Hernández-Lorenzo: El drama textual herreriano desde las Humanidades Digitales y la Estilometría. 2025.

Band 217 Elia Hernández Socas: Ablative Verbalmodifikation aus kontrastiver Sicht. 2026.

Band 218 Elia Hernández Socas / Marcello Giugliano / José Juan Batista Rodríguez / Carsten Sinner (eds.): Contradicciones, discordancias y paradojas en la lengua española y en la lingüística contrastiva con español como término de la comparación. 2025.

Band 219 Carmen Mellado Blanco, Carsten Sinner y Encarnación Tabares Plasencia (eds.): Contradicciones, incoherencias y paradojas en la fraseología del español. 2026.

Band 220 Celia Rico Pérez y María del Mar Sánchez Ramos (eds.): Traducción y tecnología: diseño de ecosistemas colaborativos. 2026.

**www.peterlang.com**

www.ingramcontent.com/pod-product-compliance
Ingram Content Group UK Ltd.
Pitfield, Milton Keynes, MK11 3LW, UK
UKHW041824290926
8980IPUK00002B/59

9 783631 915677